当代齐鲁文库·20世纪"乡村建设运动"文库

The Library of Contemporary Shandong

Selected Works of Rural Construction Campaign of the 20th Century

山东社会科学院　编纂

/01

梁漱溟　著

自述

朝话

乡村建设大意

中国社会科学出版社

图书在版编目(CIP)数据

自述·朝话·乡村建设大意/ 梁漱溟著. —北京：中国社会科学出版社，2018.11（2020.11重印）
（当代齐鲁文库.20世纪"乡村建设运动"文库）
ISBN 978-7-5203-1953-9

Ⅰ.①自… Ⅱ.①梁… Ⅲ.①城乡建设—中国—文集
Ⅳ.①F299.21-53

中国版本图书馆CIP数据核字（2018）第004791号

出 版 人	赵剑英
责任编辑	冯春凤
责任校对	张爱华
责任印制	张雪娇

出　　版	中国社会科学出版社
社　　址	北京鼓楼西大街甲158号
邮　　编	100720
网　　址	http://www.csspw.cn
发 行 部	010-84083685
门 市 部	010-84029450
经　　销	新华书店及其他书店

印刷装订	北京君升印刷有限公司
版　　次	2018年11月第1版
印　　次	2020年11月第2次印刷

开　　本	710×1000　1/16
印　　张	18.5
插　　页	2
字　　数	258千字
定　　价	68.00元

凡购买中国社会科学出版社图书，如有质量问题请与本社营销中心联系调换
电话：010-84083683
版权所有　侵权必究

《当代齐鲁文库》编纂说明

不忘初心、打造学术精品，是推进中国特色社会科学研究和新型智库建设的基础性工程。近年来，山东社会科学院以实施哲学社会科学创新工程为抓手，努力探索智库创新发展之路，不断凝练特色、铸就学术品牌、推出重大精品成果，大型丛书《当代齐鲁文库》就是其中之一。

《当代齐鲁文库》是山东社会科学院立足山东、面向全国、放眼世界倾力打造的齐鲁特色学术品牌。《当代齐鲁文库》由《山东社会科学院文库》《20世纪"乡村建设运动"文库》《中美学者邹平联合调查文库》《山东海外文库》《海外山东文库》等特色文库组成。其中，作为《当代齐鲁文库》之一的《山东社会科学院文库》，历时2年的编纂，已于2016年12月由中国社会科学出版社正式出版发行。《山东社会科学院文库》由34部44本著作组成，约2000万字，收录的内容为山东省社会科学优秀成果奖评选工作开展以来，山东社会科学院获得一等奖及以上奖项的精品成果，涉猎经济学、政治学、法学、哲学、社会学、文学、历史学等领域。该文库的成功出版，是山东社会科学院历代方家的才思凝结，是山东社会科学院智库建设水平、整体科研实力和学术成就的集中展示，一经推出，引起强烈的社会反响，并成为山东社会科学院推进学术创新的重要阵地、引导学风建设的重要航标和参与学术交流的重要桥梁。

以此为契机，作为《当代齐鲁文库》之二的山东社会科学院

"创新工程"重大项目《20世纪"乡村建设运动"文库》首批10卷12本著作约400万字,由中国社会科学出版社出版发行,并计划陆续完成约100本著作的编纂出版。

党的十九大报告提出:"实施乡村振兴战略,农业农村农民问题是关系国计民生的根本性问题,必须始终把解决好'三农'问题作为全党工作重中之重。"以史为鉴,置身于中国现代化的百年发展史,通过深入挖掘和研究历史上的乡村建设理论及社会实验,从中汲取仍具时代价值的经验教训,才能更好地理解和把握乡村振兴战略的战略意义、总体布局和实现路径。

20世纪前期,由知识分子主导的乡村建设实验曾影响到山东省的70余县和全国的不少地区。《20世纪"乡村建设运动"文库》旨在通过对从山东到全国的乡村建设珍贵历史文献资料大规模、系统化地挖掘、收集、整理和出版,为乡村振兴战略的实施提供历史借鉴,为"乡村建设运动"的学术研究提供资料支撑。当年一大批知识分子深入民间,投身于乡村建设实践,并通过长期的社会调查,对"百年大变局"中的乡村社会进行全面和系统地研究,留下的宝贵学术遗产,是我们认识传统中国社会的重要基础。虽然那个时代有许多的历史局限性,但是这种注重理论与实践相结合、俯下身子埋头苦干的精神,仍然值得今天的每一位哲学社会科学工作者传承和弘扬。

《20世纪"乡村建设运动"文库》在出版过程中,得到了社会各界尤其是乡村建设运动实践者后人的大力支持。中国社会科学院和中国社会科学出版社的领导对《20世纪"乡村建设运动"文库》给予了高度重视、热情帮助和大力支持,责任编辑冯春凤主任付出了辛勤努力,在此一并表示感谢。

在出版《20世纪"乡村建设运动"文库》的同时,山东社会科学院已经启动《当代齐鲁文库》之三《中美学者邹平联合调查文库》、之四《山东海外文库》、之五《海外山东文库》等特色文库的编纂工作。《当代齐鲁文库》的日臻完善,是山东社会科学院坚持问题导向、成果导向、精品导向，实施创新工程、激发科研活力结出的丰硕成果，是山东社会科学院国内一流新型智库建设不断实现突破的重要标志，也是党的领导下经济社会全面发展、哲学社会科学欣欣向荣繁荣昌盛的体现。由于规模宏大，《当代齐鲁文库》的完成需要一个过程，山东社会科学院会笃定恒心，继续大力推动文库的编纂出版，为进一步繁荣发展哲学社会科学贡献力量。

山东社会科学院
2018 年 11 月 17 日

编纂委员会

顾　　　问	徐经泽　梁培宽
主　　　任	李培林
编辑委员会	唐洲雁　张述存　王兴国　王志东
	袁红英　杨金卫　张少红
学术委员会	（按姓氏笔画排列）
	王学典　叶　涛　刘显世　孙聚友
	杜　福　李培林　李善峰　吴重庆
	张　翼　张士闪　张凤莲　林聚任
	杨善民　宣朝庆　徐秀丽　韩　锋
	葛忠明　温铁军　潘家恩
总　主　编	唐洲雁　张述存
主　　　编	李善峰

总 序

从传统乡村社会向现代社会的转型，是世界各国现代化必然经历的历史发展过程。现代化的完成，通常是以实现工业化、城镇化为标志。英国是世界上第一个实现工业化的国家，这个过程从17世纪资产阶级革命算起经历了200多年时间，若从18世纪60年代工业革命算起则经历了100多年的时间。中国自近代以来肇始的工业化、城镇化转型和社会变革，屡遭挫折，步履维艰。乡村建设问题在过去一百多年中，也成为中国最为重要的、反复出现的发展议题。各种思想潮流、各种社会力量、各种政党社团群体，都围绕这个议题展开争论、碰撞、交锋，并在实践中形成不同取向的路径。

把农业、农村和农民问题置于近代以来的"大历史"中审视不难发现，今天的乡村振兴战略，是对一个多世纪以来中国最本质、最重要的发展议题的当代回应，是对解决"三农"问题历史经验的总结和升华，也是对农村发展历史困境的全面超越。它既是一个现实问题，也是一个历史问题。

2017年12月，习近平总书记在中央农村工作会议上的讲话指出，"新中国成立前，一些有识之士开展了乡村建设运动，比较有代表性的是梁漱溟先生搞的山东邹平试验，晏阳初先生搞的河北定县试验"。

"乡村建设运动"是20世纪上半期（1901到1949年间）在中国农村许多地方开展的一场声势浩大的、由知识精英倡导的乡村改良实践探索活动。它希望在维护现存社会制度和秩序的前提下，通过兴办教育、改良农业、流通金融、提倡合作、办理地方自治与自卫、建立公共卫生保健制度和移风易俗等措施，复兴日趋衰弱的农村经济，刷新中国政治，复兴中国文化，实现所谓的"民族再造"或"民族自救"。在政治倾向上，参与"乡村建设运动"的学者，多数是处于共产党与国民党之间的'中间派'，代表着一部分爱国知识分子对中国现代化建设道路的选择与探索。关于"乡村建设运动"的意义，梁漱溟、晏阳初等乡建派学者曾提的很高，认为这是近代以来，继太平天国运动、戊戌变法运动、辛亥革命运动、五四运动、北伐运动之后的第六次民族自救运动，甚至是"中国民族自救运动之最后觉悟"。[①] 实践证明，这个运动最终以失败告终，但也留下很多弥足珍贵的经验和教训。其留存的大量史料文献，也成为学术研究的宝库。

"乡村建设运动"最早可追溯到米迪刚等人在河北省定县翟城村进行"村治"实验示范，通过开展识字运动、公民教育和地方自治，实施一系列改造地方的举措，直接孕育了随后受到海内外广泛关注、由晏阳初及中华平民教育促进会所主持的"定县试验"。如果说这个起于传统良绅的地方自治与乡村"自救"实践是在村一级展开的，那么清末状元实业家张謇在其家乡南通则进行了引人注目的县一级的探索。

20世纪20年代，余庆棠、陶行知、黄炎培等提倡办学，南北各地闻风而动，纷纷从事"乡村教育""乡村改造""乡村建设"，以图实现改造中国的目的。20年代末30年代初，"乡村建设运动"蔚为社会思潮并聚合为社会运动，建构了多种理论与实践的乡村建设实验模式。据南京国民政府实业部的调查，当时全国从事乡村建设工作的团体和机构有600多个，先后设立的各种实验区达1000多处。其中比较著名的有梁漱溟的邹平实验区、陶行知的晓庄实验区、晏阳初的定县实验区、鼓禹廷的宛平实验区、黄炎培的昆山实

[①] 《梁漱溟全集》第五卷，山东人民出版社2005年版，第44页。

验区、卢作孚的北碚实验区、江苏省立教育学院的无锡实验区、齐鲁大学的龙山实验区、燕京大学的清河实验区等。梁漱溟、晏阳初、卢作孚、陶行知、黄炎培等一批名家及各自领导的社会团体，使"乡村建设运动"产生了广泛的国内外影响。费正清主编的《剑桥中华民国史》，曾专辟"乡村建设运动"一节，讨论民国时期这一波澜壮阔的社会运动，把当时的乡村建设实践分为西方影响型、本土型、平民型和军事型等六个类型。

1937年7月抗日战争全面爆发后，全国的"乡村建设运动"被迫中止，只有中华平民教育促进会的晏阳初坚持不懈，撤退到抗战的大后方，以重庆璧山为中心，建立了华西实验区，开展了长达10年的平民教育和乡村建设实验，直接影响了后来台湾地区的土地改革，以及菲律宾、加纳、哥伦比亚等国家的乡村改造运动。

"乡村建设运动"不仅在当事者看来"无疑地已经形成了今日社会运动的主潮"，① 在今天的研究者眼中，它也是中国农村社会发展史上一次十分重要的社会改造活动。尽管"乡村建设运动"的团体和机构，性质不一，情况复杂，诚如梁漱溟所言，"南北各地乡村运动者，各有各的来历，各有各的背景。有的是社会团体，有的是政府机关，有的是教育机关；其思想有的左倾，有的右倾，其主张有的如此，有的如彼"②。他们或注重农业技术传播，或致力于地方自治和政权建设，或着力于农民文化教育，或强调经济、政治、道德三者并举。但殊途同归，这些团体和机构都关心乡村，立志救济乡村，以转化传统乡村为现代乡村为目标进行社会"改造"，旨在为破败的中国农村寻一条出路。在实践层面，"乡村建设运动"的思想和理论通常与国家建设的战略、政策、措施密切

---

① 许莹涟、李竟西、段继李编述：《全国乡村建设运动概况》第一辑上册，山东乡村建设研究院1935年出版，编者"自叙"。

② 《梁漱溟全集》第二卷，山东人民出版社2005年版，第582页。

相关。

在知识分子领导的"乡村建设运动"中,影响最大的当属梁漱溟主持的邹平乡村建设实验区和晏阳初主持的定县乡村建设实验区。梁漱溟和晏阳初在从事实际的乡村建设实验前,以及实验过程中,对当时中国社会所存在的问题及其出路都进行了理论探索,形成了比较系统的看法,成为乡村建设实验的理论根据。

梁漱溟曾是民国时期宪政运动的积极参加者和实践者。由于中国宪政运动的失败等原因,致使他对从前的政治主张逐渐产生怀疑,抱着"能替中华民族在政治上经济上开出一条路来"的志向,他开始研究和从事乡村建设的救国运动。在梁漱溟看来,中国原为乡村国家,以乡村为根基与主体,而发育成高度的乡村文明。中国这种乡村文明近代以来受到来自西洋都市文明的挑战。西洋文明逼迫中国往资本主义工商业路上走,然而除了乡村破坏外并未见都市的兴起,只见固有农业衰残而未见新工商业的发达。他的乡村建设运动思想和主张,源于他的哲学思想和对中国的特殊认识。在他看来,与西方"科学技术、团体组织"的社会结构不同,中国的社会结构是"伦理本位、职业分立",不同于"从对方下手,改造客观境地以解决问题而得满足于外者"的西洋文化,也不同于"取消问题为问题之解决,以根本不生要求为最上之满足"的印度文化,中国文化是"反求诸己,调和融洽于我与对方之间,自适于这种境地为问题之解决而满足于内者"的"中庸"文化。中国问题的根源不在他处,而在"文化失调",解决之道不是向西方学习,而是"认取自家精神,寻求自家的路走"。乡村建设的最高理想是社会和政治的伦理化,基本工作是建立和维持社会秩序,主要途径是乡村合作化和工业化,推进的手段是"软功夫"的教育工作。在梁漱溟看来,中国建设既不能走发展工商业之路,也不能走苏联的路,只能走乡村建设之路,即在中国传统文化基础上,吸收西方文化的长处,使中西文化得以融通,开创民族复兴的道路。他特别强调,"乡村建设,实非建设乡村,而意在整个中国社会之建设。"① 他将乡村建设提到建国的高度来认识，旨在为中国"重建一新社会组织构造"。他认为，救济乡村只是乡村建设的"第一层意义"，乡村建设的"真意义"在于创造一个新的社会结构，"今日中国问题在其千年相沿袭之社会组织构造既已崩溃，而新者未立；乡村建设运动，实为吾民族社会重建一新组织构造之运动。"② 只有理解和把握了这一点，才能理解和把握"乡村建设运动"的精神和意义。

晏阳初是中国著名的平民教育和乡村建设专家，1926年在河北定县开始乡村平民教育实验，1940-1949年在重庆歇马镇创办中国乡村建设育才院，后改名中国乡村建设学院并任院长，组织开展华西乡村建设实验，传播乡村建设理念。他认为，中国的乡村建设之所以重要，是因为乡村既是中国的经济基础，也是中国的政治基础，同时还是中国人的基础。"我们不愿安居太师椅上，空做误民的计划，才到农民生活里去找问题，去解决问题，抛下东洋眼镜、西洋眼镜、都市眼镜，换上一副农夫眼镜。"③ 乡村建设就是要通过长期的努力，去培养新的生命，振拔新的人格，促成新的团结，从根本上再造一个新的民族。为了实现民族再造和固本宁邦的长远目的，他在做了认真系统的调查研究后，认定中国农村最普遍的问题是农民中存在的"愚贫弱私"四大疾病；根治这四大疾病的良方，就是在乡村普遍进行"四大教育"，即文艺教育以治愚、生计教育以治贫、卫生教育以治弱、公民教育以治私，最终实现政治、教育、经济、自卫、卫生、礼俗"六大建设"。为了实现既定的目标，他坚持四大教育连锁并进，学校教育、社会教育、家庭教育统筹协调。他把定县当作一个"社会实验室"，通过开办平民学校、创建实验农场、建立各种合作组织、推行医疗卫生保健、传授

---

① 《梁漱溟全集》第二卷，山东人民出版社2005年版，第161页。
② 同上。
③ 《晏阳初全集》第一卷，天津教育出版社2013年版，第221页。

农业基本知识、改良动植物品种、倡办手工业和其他副业、建立和开展农民戏剧、演唱诗歌民谣等积极的活动，从整体上改变乡村面貌，从根本上重建民族精神。

可以说，"乡村建设运动"的出现，不仅是农村落后破败的现实促成的，也是知识界对农村重要性自觉体认的产物，两者的结合，导致了领域广阔、面貌多样、时间持久、影响深远的"乡村建设运动"。而在"乡村建设运动"的高峰时期，各地所开展的乡村建设事业历史有长有短，范围有大有小，工作有繁有易，动机不尽相同，都或多或少地受到了邹平实验区、定县实验区的影响。

20世纪前期中国的乡村建设，除了知识分子领导的"乡村建设运动"，还有1927－1945年南京国民政府推行的农村复兴运动，以及1927－1949年中国共产党领导的革命根据地的乡村建设。

"农村复兴"思潮源起于20世纪二三十年代，大体上与国民政府推动的国民经济建设运动和由社会力量推动的"乡村建设运动"同时并起。南京国民政府为巩固政权，复兴农村，采取了一系列措施：一是先后颁行保甲制度、新县制等一系列地方行政制度，力图将国家政权延伸至乡村社会；二是在经济方面，先后颁布了多部涉农法律，新设多处涉农机构，以拯救处于崩溃边缘的农村经济；三是修建多项大型水利工程等，以改善农业生产环境。1933年5月，国民政府建立隶属于行政院的农村复兴委员会，发动"农村复兴运动"。随着"乡村建设运动"的开展，赞扬、支持、鼓励铺天而来，到几个中心实验区参观学习的人群应接不暇，平教会甚至需要刊登广告限定接待参观的时间，南京国民政府对乡建实验也给予了相当程度的肯定。1932年第二次全国内政工作会议后，建立县政实验县取得了合法性，官方还直接出面建立了江宁、兰溪两个实验县，并把邹平实验区、定县实验区纳入县政实验县。

1925年，成立已经四年的中国共产党，认识到农村对于中国革命的重要性，努力把农民动员成一股新的革命力量，遂发布《告农民书》，开始组织农会，发起农民运动。中国共产党认为中国农村问题的核心是土地问题，乡村的衰败是旧的反动统治剥削和压迫的结果，只有打碎旧的反动统治，农民才能获得真正的解放；必须发动农民进行土地革命，实现"耕者有其田"，才能解放农村生产力。在地方乡绅和知识分子开展"乡村建设运动"的同时，中国共产党在中央苏区的江西、福建等农村革命根据地，开展了一系列政治、经济、文化等方面的乡村改造和建设运动。它以土地革命为核心，依靠占农村人口绝大多数的贫雇农，以组织合作社、恢复农业生产和发展经济为重要任务，以开办农民学校扫盲识字、开展群众性卫生运动、强健民众身体、改善公共卫生状况、提高妇女地位、改革陋俗文化和社会建设为保障。期间的尝试和举措满足了农民的根本需求，无论是在政治、经济上，还是社会地位上，贫苦农民都获得了翻身解放，因而得到了他们最坚决的支持、拥护和参与，为推进新中国农村建设积累了宝贵经验。与乡建派的乡村建设实践不同的是，中国共产党通过领导广大农民围绕土地所有制的革命性探索，走出了一条彻底改变乡村社会结构的乡村建设之路。中国共产党在农村进行的土地革命，也促使知识分子从不同方面反思中国乡村改良的不同道路。

"乡村建设运动"的理论和实践，说明在当时的现实条件下，改良主义在中国是根本行不通的。在当时国内外学界围绕乡村建设运动的理论和实践，既有高歌赞赏，也有尖锐批评。著名社会学家孙本文的评价，一般认为还算中肯：尽管有诸多不足，至少两点"值得称述"，"第一，他们认定农村为我国社会的基本，欲从改进农村下手，以改进整个社会。此种立场，虽未必完全正确；但就我国目前状况言，农村人民占全国人口百分之七十五以上，农业为国民的主要职业；而农产不振，农村生活困苦，潜在表现足为整个社会进步的障碍。故改进农村，至少可为整个社会进步的张本。第二，他们确实在农村中不畏艰苦为农民谋福利。各地农村工作计划虽有优有劣，有完有缺，其效果虽有大有小；而工作人员确脚踏实地在改进农村的总目标下努力工作，其艰苦耐劳的精神，殊足令人起敬。"① 乡村建设学派的工作曾引起国际社会的重视，不少国家于二次世界大战后的乡村建设与社区重建中，注重借鉴中国乡村建设学派的一些具体做法。晏阳初1950年代以后应邀赴菲律宾、非洲及拉美国家介绍中国的乡村建设工作经验，并从事具体的指导工作。

总起来看，"乡村建设运动"在中国百年的乡村建设历史上具有承上启下、融汇中西的作用，它不仅继承自清末地方自治的政治逻辑，同时通过村治、乡治、乡村建设等诸多实践，为乡村振兴发展做了可贵的探索。同时，"乡村建设运动"是与当时的社会调查运动紧密联系在一起的，大批学贯中西的知识分子走出书斋、走出象牙塔，投身于对中国社会的认识和改造，对乡村建设进行认真而艰苦地研究，并从丰富的调查资料中提出了属于中国的"中国问题"，而不仅是解释由西方学者提出的"中国问题"或把西方的"问题"中国化，一些研究成果达到了那个时期所能达到的巅峰，甚至迄今难以超越。"乡村建设运动"有其独特的学术内涵与时代特征，是我们认识传统中国社会的一个窗口，也是我们今天在新的现实基础上发展中国社会科学不能忽视的学术遗产。

历史文献资料的收集、整理和利用是学术研究的基础，资料的突破往往能带来研究的创新和突破。20世纪前期的图书、期刊和报纸都有大量关于"乡村建设运动"的著作、介绍和研究，但目前还没有"乡村建设运动"的系统史料整理，目前已经出版的文献多为乡建人物、乡村教育、乡村合作等方面的"专题"，大量文献仍然散见于各种民国"老期刊"，尘封在各大图书馆的"特藏部"。本项目通过对"乡村建设运动"历史资料和研究资料的系统收集、整理和出版，力图再现那段久远的、但仍没有中断学术生命的历史。一方面为我国民国史、乡村建设史的研究提供第一手资料，推进对"乡村建设运动"的理论和实践的整体认识，催生出

---

① 孙本文：《现代中国社会问题》第三册，商务印书馆1944年版，第93—94页。

高水平的学术成果；另一方面，为当前我国各级政府在城乡一体化、新型城镇化、乡村教育的发展等提供参考和借鉴，为乡村振兴战略的实施做出应有的贡献。

由于大规模收集、挖掘、整理大型文献的经验不足，同时又受某些实际条件的限制，《20世纪"乡村建设运动"文库》会存在着各种问题和不足，我们期待着各界朋友们的批评指正。

是为序。

2018年11月30日于北京

编辑体例

一、《20世纪"乡村建设运动"文库》收录20世纪前期"乡村建设运动"的著作、论文、实验方案、研究报告等,以及迄今为止的相关研究成果。

二、收录文献以原刊或作者修订、校阅本为底本,参照其他刊本,以正其讹误。

三、收录文献有其不同的文字风格、语言习惯和时代特色,不按现行用法、写法和表现手法改动原文;原文专名如人名、地名、译名、术语等,尽量保持原貌,个别地方按通行的现代汉语和习惯稍作改动;作者笔误、排版错误等,则尽量予以订正。

四、收录文献,原文多为竖排繁体,均改为横排简体,以便阅读;原文无标点或断句处,视情况改为新式标点符号;原文因年代久远而字迹模糊或纸页残缺者,所缺文字用"□"表示,字数难以确定者,用(下缺)表示。

五、收录文献作为历史资料,基本保留了作品的原貌,个别文字做了技术处理。

编者说明

《自述》为梁漱溟先生在山东乡村建设研究院所作的长篇讲话，于1934年1月3—6日分四次讲述，由朱秉国等人笔录。讲话记录稿曾在《乡村建设》旬刊发表，并收入1934年8月山东乡村建设研究院出版发行的《乡村建设论文集》，并出版有单行本。本次编辑，以1934年山东乡村建设研究院出版发行的《乡村建设论文集》版本为基础本，以山东人民出版社2005年出版的《梁漱溟全集》（第二卷）为对校本，收入《20世纪"乡村建设运动"文库》。

《朝话》是梁漱溟先生在山东乡村建设研究院时期，在1932年至1935年期间，每日清晨与研究部学生的部分讲话笔录集成。作者在该书的增订版序言指出，"我若干年来办学，大都率领学生作朝会；尤其自民国二十年夏至二十三年夏一段，我自任乡建院研究部主任时，行之最勤。天天黎明起来就作朝会（冬天都须点灯），极少间断过。"该书非系统性的学术讲演，而只是对同学之日常生活有所诏示启发，或同学提出问题，予以当下指点。内容涉及人生、治学、修养以及社会、文化等方面，反映了作者的人生态度、理想信念、道德观念和教育思想等。该书的部分内容曾陆续发表于《乡村建设》半月刊，大部分文稿经黄省敏整理誊抄，于1937年6月由山东邹平乡村书店出版，1939年经校改与增删后，由重庆乡村书店印行增订版。其后在1940年至1946年间，先后由商务印书馆、中国文化服务社多次再版重印。近年来，又有多家出版社出版了不同版本。本次编辑，以山东邹平乡村书店1937年6月版本为基础本，以山东人民出版社2005年出版的《梁漱溟全集》（第二卷）为对校本，收入《20世纪"乡村建设运动"文库》。

《乡村建设大意》是梁漱溟先生在山东乡村建设研究院时期，在邹平实验县小学教师讲习会上第二届和第三届两次会上讲演的内容，由李志纯、郝心静、侯子温三人笔录，并经作者批改定稿成书，于1936年1月由山东邹平乡村书店出版，1939年曾由重庆乡村书店重印。本次编辑，以山东邹平乡村书店1936年1月版本为基础本，以山东人民出版社2005年出版的《梁漱溟全集》（第一卷）为对校本，收入《20世纪"乡村建设运动"文库》。

总目录

自　述 …………………………………………………（ 1 ）
朝　话 …………………………………………………（ 31 ）
乡村建设大意 …………………………………………（163）

自　述

日昨曾说明本院开办讲习会之意义，并非欲在此短时期内传授诸君以知识技能，赶着应用，一如普通之速成班；本院的意旨是因为吾们皆身在问题中，又生于问题最严重之中国，吾们聚合一处，商讨吾们的问题，找出路子，解决烦闷。

今日所讲之内容将先说明我自己，在说明我自己时最可使诸君明白上面"解决烦闷"之意。今日所讲与日昨所讲实相连贯。诸君如已经看过我所发表的文字，其中有两篇皆是说明我自己的。其一即《如何成功今天的我》见《卅后文录》（商务印书馆发行）。此文系民国十七年在广州中山大学的讲稿，在此文中我曾说明，外间对于个人，往往有许多不同之猜测，以为我为一学问家、哲学家、国学家或其他专家，仿佛看我为学问中人；其实我并无学问。我省思再四，我自己认识我，我实在不是学问中人，我可算是"问题中人"。如果有人问我，我现在何以有一点关于哲学、佛学、经济学、政治学等，各方面的知识？何以在社会中有此地位？我的答复，乃是由于问题逼出来的。我当初并无意于某一方面的学问，或者是哲学，或者是佛学，乃至于政治学、经济学等等，而结果则都知道一点，其所以致此者，问题逼之使然也。当初我亦无意于社会中如何做那种事业，成就一种地位，而结果能做点事业，有点地位；其故无他，亦问题逼之使然也（看下文自明）。

最近我有《中国民族自救运动之最后觉悟》一书的出版，此书系汇集我在村治月刊各期内所发表之论文而成。其中第一篇《主编本刊之自白》一文也是表白我自己，说明我自己所以成为今日的我，所以主编村治月刊的原因，无一非问题逼迫我，不得不如此也。诸君如已看过这两篇文字，皆可以了解我；但我在今日讲辞中仍愿为诸君说明我自己。

因为本院招收讲习会会员时，曾嘱诸君先写一篇"自述"，俾本院同仁对于诸君有所了解；以故我亦应为诸君叙述我自己，使诸君对于我亦得以了解。我之所谓今日所讲与昨日所讲彼此有关系者，意即在斯。以下且先说明我自己。

我之籍贯系广西桂林，我之祖父生于桂林，先父与我则皆生于北京，先母为云南籍。我生于清光绪十九年，今年四十一岁。我生后身体极弱，较之于寻常儿童皆有不及。六岁时，头目时刻晕眩，有时顿感地动天摇，我自己无力支持；医生曾语先父，此子恐难永年，殊可忧也。

八岁时，入北京中西小学堂，此处系北京最先设立之小学堂。入中西小学堂后，即读西文 ABC……与教科书等；所可惜者，未读四书、五经等等。大约凡与我年相若之友朋，类皆读过四书，而我则始终未之读也。我之所以从小时候即入学堂读教科书，实因先父之思想趋向"维新"，暂不欲我诵读古籍也。

小学未届毕业，即入顺天中学（北京原为顺天府），十九岁时中学毕业。我之受正式教育的时日，即止于此。此后即未能再受正规的教育，入较高的学校求学。因此之故，诸君或可明白我不够讲学问，亦无学问可讲。良以讲学问必须具有相当的条件与工具；讲中国学问，非知道文字学（即小学）经学等不可；讲西洋学问，西文不具备相当之根基，亦实不可能。兹二者我皆未尝下过功夫，我又何能讲中国学问或西洋学问？我当初所受的教育，如此浅薄，讲学问的工具，如此不够用，而一般人视我为学问家，目我为学问中人，宁不可怪？然我对于种种学问又似乎都知道者，实即上文所说，问题逼之使然也。我所知者，实是于不知不觉中摸索得来，当初自己并未能料到，乃是误打误撞而来，自己实未尝想到学问究竟何事也。

某年，应清华大学国学研究院之请，作短期讲课。当时梁任公先生介绍我说"梁先生（指我）家学渊源"；我即刻声明，我实在缺乏学问，更谈不到家学渊源。但从别一方面言之，我之一切，受先父所影响者，却又很大。所谓渊源，无宁谓之为性情脾气渊源之为愈也。因此之故，在未说明我自己之前，又不得不先说明先父之为人。

先父为人，天资并不算高，只是太认真，太真实。此点由其思想上可以看出。先父有他自己的思想。本来，为人子者，似不该用批评的口吻，议论其父若祖；但欲诸君了解我，与了解先君之为人能清楚计，又不得不尔。征实言之，先父之思想，原是浅薄，但他有思想。所谓有思想，即是肯认真，以为这样是对，那样则是不对。他有主见（即是思想），所以有主见，因为他肯认真。由于天资不高，虽有主见，而所见者甚简单耳。

最可怪者，先父之思想，实与西洋思想相近。他实在是一个功利主义者。他时时持有一个标准，而依此标准评论一切。他所持有之标准，即是"有用处"三字。他批评世间一切事，有用处即是好，无用处乃是不好，此点仿佛与詹姆士 James、杜威 John Dewey 等之思想相近——所谓实用主义。他自己虽也曾读书考中举人，但他最看不起读书人，最看不起做文章的人；因为读书人不中用，因为文章亦不中用。因之，读书人要不得，文章亦不必要。他最看不惯人做诗词写文章，他时常叹息痛恨中国国事为文人所误；一个人如果读书中举，便快成无用之人，如再中进士点翰林，则更将变成废物而无用。

先父思想之所以如此者，不外下列数种原因：其一、由于他的天资不高，所见未免着重事物，稍涉虚渺处即不能知之，于是所见者皆甚单简。其二、由于当时之社会国家情势，予先父以莫大之刺激与影响。彼时正在曾胡用兵之后，开出崇尚"事功"的风气；与在乾隆、嘉庆时，中国的风气，正是讲汉学者不同。迄于光绪中叶，国际侵略日加；甲午一战，关系尤大。在使先父感伤国势之危殆，问题之严重，不能自已。同时先父又看到西洋各国之强盛，事事有办法、有功效、有用处，而反观中国，则一无办法，事不见功效，人又无用处。先父之倾向于维新者，实即其人感情真挚，关切国事，及其一种实用主义哲学，主张务实不务虚之故。惟其如此，故不令我读经书而使我入学堂也。

以下须转归说明我自己。我自己的性情与脾气，颇多相似于先父之处。先父天资不高，我自己亦甚笨。我越幼小时越笨，此点诸君或不肯置信，而实则我自己反省时确确如此也。在我说明我自己时，仿佛我站在旁边看我的为人，全是客观的态度；用好字样讲自己的好处时并非夸大，用不好的字样亦不是谦虚，此点最盼诸君能加留心。

我为人的真挚，有似于先父。在事情上认真，对待人也真诚。即先父之视我，亦自谓我与他相似；当我十七岁时，先父曾字我曰"肖吾"，于此可见，在今日我自己反省时，我感觉到我的所以如此者，无一不是由于我的性情脾气所造成。诸君能了然于此后，请进而言事实。

吾人幼小时，心胸中空空洞洞，势不免于先入为主。况加我之性情脾气既同于先父。于是先父的思想，乃成为我的思想。先父为一实用主义者，我亦随之而成为一实用主义者。我入中学时十四岁，国文教师教我的唐宋八大家的古文，我最不高兴；国文讲义，我向例不看，尤其不喜欢空洞的议论，如苏东坡之万言书。至若庄子上的文字，更叫我头痛痛恨。因为庄子上的文字，富有哲学意味，玄妙极顶；类如"此一是非，是是非非，非非是是，"实在是故示玄妙，完全是骗人误人的东西。所有《庄子》《老子》一类书，我概不以为然。其他如古文、词章、文选派之六朝文章，我无一不厌恶。我从来没有在国文上，下过功夫。由此种至狭隘之见解中，亦可以看到我之愚笨为何如，我之认真为何如。此种狭隘之见解，二十余岁以后，才渐次解放。我所有的这半生中，变化极多，许多事从前与日后完全不同样，俨若两人。这在我当初实不及料。在今日我反省过去，我却有以下之"四不料"。其第一不料，即当初最反对高玄最嫌厌哲学，却不料以后反而到大学中去讲哲学，致为人目之为哲学家也。

我的至狭隘之见解，几经变化才得逐渐解放。第一次发生变化时，即在顺天中学。同学中有郭仁林君其人者，年长于我两岁，在校中则较我低一班。此君天资极高，彼时不过十八九岁，专看佛经、《易经》《老子》《庄子》等书，因我们不同班，不多往来。某日，在校内假山上遇见，乃相攀谈。我述我的思想，我说我愿为社会为国家做一番事业，慷慨陈词，自命不凡。郭君笑而不以为然。彼所以语我者，认为我既是想做事业，自己必须先身心的修养。我语之，我亦看《理学宗传》、《阳明语录》等书。彼又语我，吾人必先将世间之得失成败利害等等，看来无动于中，由此方可有大无畏之精神，不因稍感挫折而遽尔心灰意懒；如果以我如此之拘谨、狭隘、呆板，专讲有用之学，实不能成大事。必须先明白了很高之学问，日后才有办法。郭君一席谈话，打动了我的心肝，因为这些话无一不是就我当时的思想而加诱导的。自此之后，我不时与他亲近，不时相与往还。他最爱讲谭嗣同之《仁学》。郭君每为我讲时，我即记录其说话；我不敢认他为同学，乃尊之为郭师。每日课后即前往就教，他讲我听，且一一记之。在记录之薄本上题名为"郭师语录"。由此亦不难看出我之认真与愚笨。但好处即在于愚笨与认真。因为愚笨，思想的过程，不能超过他人先走一步，必须走一步后，碰着钉子，乃又反省、转移、变化；"每一步皆是踏实不空，以后又继续追求，向前走去，追求时碰着钉子，乃又反省、转移、变化"。以故我此生时时在变化中。因为有变化，先前狭隘之见解乃得渐次解放，不敢谓佛老为绝无道理矣。以上可说是第一次的解放。

第二次的变化，亦即是第二次之解放，乃是从人生问题烦闷中发生厌世出世之思想而转变了我之为人。关于我的所以发生厌世思想种种，说来话长，非在此短时期内所可言之无遗。《卅前文录》（商务印书馆发行）有《究元决疑论》一文可以参看。此篇文字系一出世主义之哲学，今日不必在此再赘言之。原其所以然，盖由三层原故：一、感情真挚易多感伤感触，佛家所谓烦恼重。二、事功派的夸大心理易反动而趋消极。三、用思太过，不知自休，以致神经衰弱而神经过敏。但在主观上则自有一套理论，持之甚坚且确。因为发生厌世思想，则根本否认人生，更不再讲实利。于是以前之狭隘实利主义乃大解放矣。

我的看佛学书，是自己已经先有了与佛家相近之思想而后才去看佛学书。我看任何书都是如此，必是如此，必是自己先已经有了自己的一些思想而后再参考别人的意见。从未为读书而读书。看西洋哲学书亦复如此。友人张松年（申府）先生以我之思想与叔本华之思想相近，于是乃将叔本华之著作与相关之别人著作介绍给我。这是我看西洋哲学的起缘。总之，我自己必先有问题与思想然后才去看书。如此辗转，如此过渡，如此变化，乃成为今日的我，乃有今日的思想。

讲到这里，可以结束我今日的说话。关于我的人生思想之转变或是哲学的变化，可分为三期。第一时期为实用主义时期，从十四五岁起至十九岁止，以受先父之影响为多。第二时期即为上文所讲之出世思想归入佛家，从二十岁起至二十八九岁止。在此时期中一心想出家做和尚。第三时期由佛家思想转入于儒家思想，从二十八九以后，即发表《东西文化及其哲学》一书之际。在此三个时期中，令人感觉奇巧者，即是第一个时期可谓为西洋的思想，第二个时期可谓为印度的思想，第三个时期可谓为中国的思想。仿佛世界文化中三大流派，皆在我脑海中巡回了一次。

我本来无学问，只是有思想；而思想之来，实来自我的问题，来自我的认真。因为我能认真，乃会有人生问题，乃会有人生思想、人生哲学。不单是有哲学，因为我不是为哲学而哲学。在我的出世思想必要出家做和尚而后已，当初我的思想是从实在的问题中来，结果必回归于实在的行动中去。譬之佛家的实在处所，即在不吃荤、不结婚出家做和尚，我当时即要如此做去。我二十余年茹素习惯即由彼时养成。我中学毕业之后原须升学、求学问，但当时的我，一心想做和尚则又何用升学为？

我之所以能如此者，先父之成就我极大。因先父从来不干涉我、勉强我；从未要我准备功课督促我升学，此实常人所难及也。先父甚不喜欢佛学，但他不禁止我看佛经；先父希望我升学，但他未尝明白语我要升学；先父希望我结婚，但他从未一言及我应当早日结婚。而在我自己，亦未尝不明了先父之意旨，希望我升学，希望我不要研究佛学，希望我结婚。当民国七年，先父以感伤国家的多故，痛心社会的堕落，早怀自杀之念。废历十月初十日，系其生辰，在他六十岁生辰前三日，从容留下许多信件，即行自尽。此中种种，商务印书馆出版之《桂林梁先生遗书》可以参看。普通人一值晚年，类皆希望有后代，能见到后代，先父当亦如此。在他怀下自杀之念时，家兄结婚已十年，未尝有子，此在旁人必督促我结婚，而先父则始终未肯言之。我每念及此，未尝不眷眷于先父不强逼我，其玉成我之重大也。

在我过去之半生中，从最初迄于今日，我皆有我的意志，由我自己去碰钉子，发生转变，自己摸出路子来；如果有人稍加干涉，则步骤必乱。先父不强逼我升学、结婚，一任其自然，实所以成就我；给我以绝对的自由，让我上前追求、转移，用自己的力。否则今日的我，必非如此。我又推究先父对待我所以如此者，盖其心目中以为此子现在要这样，又要那样，事虽荒谬，而动机则为向上心的驱使，处处是要好，并非自甘沦入下流；所行所为心中经过揣量审决，并非一味乱来。现在虽不能"对"，他总会有改转"对"的一日。如果我是趋于下流，则亦必加以干涉与督责了。实则彼时先父如果干涉我，我亦不受，要我听他的说话，我亦是不听；因我意志太强。但我推究先父的心理，他确是了解我，而信任我。

（1934 年 1 月 3 日讲）

今日将继续日昨讲词仍说明我自己的为人。日昨曾提及我二十岁起，倾向出世主义，意志非常坚决，而先父不干涉我，一任我之自然；虽然他心目中不愿我如此。先父在世，未能目见我之转变，且亦未知我日后果有转变。在先父辞世后一二年间我即转变，由佛家思想转变到儒家思想。关于转变种种，前因后果，在此有限之时间内，实无法详细言之。语其时期，则在民国九年至十年春间。此次转变之深刻，前后绝不相同。我编完先父遗书（即《桂林梁先生遗书》，商务印书馆出版）之后，曾有《思亲记》一文之作；在此文中有下列一段说话。

> 漱自元年以来，谬慕释氏。语及人生大道，必归宗天竺；策数世间治理，则矜尚远西。于祖国风教大原，先民德礼之化，顾不如留意；尤大伤公之心。读公晚年笔墨，暨辞世遗言，恒觉有抑郁孤怀，一世不得同心，无可诉语者；以漱溟日夕趋侍于公，翼尝得公欢，而卒昧谬不率教，不能得公之心也。呜呼！痛已！儿子之罪，罪弥天地已！逮后始复有癙于故土文化之微，而有志焉，又狂妄轻率言之，无有一当，则公之见背既三年矣。顾可赎哉！顾可赎哉！

由上列一段说话中，亦可看出我转变之概略。先父辞世三年，我即有《东西文化及其哲学》一书之发表，以阐明中国文化之深微。不知我者恒以为我之喜欢讲中国文化，系受先父之影响，实则先父在日，我最不留心中国文化，此在"语及人生大道，必归宗天竺；策数世间治理，则矜尚远西"数言中，以及上文所讲种种，不难知之也。

我转变之后，即发表《东西文化及其哲学》一书，在此书最后所下之结论，我认为人类的最近的未来，是中国文化的复兴。书中赞扬孔子阐明儒家思想之处极多。诸君听我讲话到此际时，至须注意，《东西文化及其哲学》一书之所以产生，实系问题逼出来也。

民国六年，我应北京大学校长蔡子民先生之邀入北大教书，其时校内文科教授有陈独秀、胡适之、李大钊、高一涵、陶孟和诸先生。陈先生任文科学长。兹数先生即彼时所谓新青年派，皆是崇尚西洋思想，反对东方文化的。我日夕与之相处，无时不感觉压迫之严重（我对于儒家思想之了解系先前之事，而思想转变由佛家而儒家则在此时之后也）。我应聘之前，即与蔡陈两先生说明，我此番到北大，实怀抱一种意志一种愿望，即是为孔子为释迦说个明白，出一口气（出气二字或不甚妥当）。其时文科教授中诸先生有讲程朱老庄之学者，更有其他教员亦是讲中国的学问。《新青年》杂志之批评中国传统文化，非常锋利，在他们不感觉到痛苦；仿佛认为各人讲各人的话，彼此实不相干；仿佛自己被敌人打伤一枪，犹视若无事也。而我则十二分的感觉到压迫之严重，问题之不可忽略，非求出一解决的道路不可。在我未肯定我的答案以前我一时可以缄默不言；但必是时时去找路子，探求答案，不稍甘一如他人之漠不关心也。

民国九年蔡校长出国赴欧洲考察，北大同人为之饯行。席间讲话，多半认为蔡先生此行，于东西洋文化之沟通关系颇大；蔡先生可以将中国文化中之优越者介绍给西方去，将西方文化之优越者带回到中国来。在各人讲话完了之后，我即提出质问。我说：诸先生今日的说话，似颇耐听；但不知东方文化中有什么可以介绍给西方去？诸先生如不能确实言之，则今日一席话，实有类似于普通饯行之客套语，甚少意义与价值。

由上所言，可见我凡是成为问题的，在我心目中从来不肯忽略过去。推究其故，还是不外我肯认真，不能不认真，不能不用心思，不能不加以考究，决不容许我自己欺瞒自己。如果我们说不出某一个问题中的道理，即是我们没有道理，我们看到别人家是好或是对，则别人家即是好或是对，这点不能有迟疑的。我往常恒以旁人之忽略对方的意见，对方的见地之可怪。因为每一个人都会有他自己的见地，即便为荒谬的见地或意见，亦必有其来源。我们须认真了解对方（即是与我不同者）的见地，明白对方的意见，是一件极重要之事，而普通人往往不能注意及此，宁不可怪？诸君中如曾注意阅读我业经发表之文字，可以看出我写文章的方法，多半为辩论体裁，先设身处地将别人的意见，叙述得有条不紊，清清楚楚，而后再转折说出我的意见。我以往凡是批评西洋的民主政治以及批评俄国现行的制度，无一不是先把人家的意见，研究过透彻，说得明明白白；然后再转折到我的批评，批评其不通，批评其不行，在《东西文化及其哲学》一书中，我对于西洋文化的优点先阐明无遗，东方的不行处说个淋漓痛快；然后归折到东方文化胜过西洋文化之处。我原来并不曾想到著书立说、谈学问，只是心目中有问题，在各个问题中都有用过心思，无妨将用过的心思说给大家听；因为我的问题，实即是大家的问题，我自己实实在在，无心著书立说，谈学问也。过去所以讲东西文化及其哲学的原因是如此，现在所以讲"乡村建设理论"的原因仍复如此。

我讲话至此，愿附带为诸君言者，即是我心目中愿写出以下四本书：第一为《东西文化及其哲学》，此已有讲稿出版。第二为《人心与人生》，此书内容于十六年春曾为北京学术讲演会讲过三月，约得书之半，全稿则未暇着笔。第三为《孔学绎旨》。第四为《中国民族之前途》（亦名《乡村建设理论》），即此次为诸君所讲者，拟将记录稿加以修正再行付梓。所以想写"人心与人生"的原因，乃以《东西文化及其哲学》一书发表之后，我自己又发觉了自己的错误。在此书中赞扬孔子与阐明儒家学说之处，不幸有两大不妥。我在此书第八版"自序"中曾有下列一段说话：

> 这书的思想差不多是归宗儒家，所以其中关于儒家的说明自属重要；而后来别有新悟自悔前差的亦都是在此一方面为多。总说起来，大概不外两个根本点：一是当时所根据以解释儒家思想的心理学见解错误；一是当时解释儒家的话没有方法，或云方法错误。大凡是一个伦理学派或一个理想家都必有所据为基础的一种心理学。所有他伦理学上的思想主张无非从他对于人类心理抱如是见解而来。至我在此书中谈到儒家思想，尤其喜用心理学的话为之解释。自今看去，却大半都错了。盖当时于儒家的人类心理观实未曾认得清，便杂取滥引现

在一般心理学作依据。而不以为非；殊不知其适为根本不相容的两样东西。至于所引各派心理学，彼此脉路各异，亦殊不可并为一谈；则又错误中的错误了。

《人心与人生》一书的内容，即在于纠正《东西文化及其哲学》一书中的此种错误。至若《孔学绎旨》一书之所以必须写出，亦复根由于《东西文化及其哲学》一书中，因为在此书中我引征古书、解释古书时又缺乏方法，与从前的人犯了同样病症，随随便便地说来，漫无准则，有意地或无意地附会牵和，委曲失真。从前的人解释古书时往往如此；譬如大学上所讲之"格物致知"，各人即有各人的解释，朱子（熹）有朱子的解释，王阳明有王阳明的解释，其门下人又有各种不同的解释。有人统计过，关于"格物致知"的解释，古今有六百余种之多。如果我们解释古书有一种方法，而此种方法又为人所公认，则路子相同，结果亦必相同也。《孔学绎旨》一书之内容，即愿在这一方面有所贡献，能说明孔子学说以及解释中国古书的方法来，同时亦即是纠正《东西文化及其哲学》一书中的错误。总之《人心与人生》《孔学绎旨》两书之导源，皆系来自《东西文化及其哲学》一书，而《东西文化及其哲学》一书之产生，实由于我对于人生问题的烦闷；因为对于人生问题的烦闷，乃由实利主义的思想转变为出世的思想，又由出世的思想——即佛家思想，转变为儒家的思想。这都是沿着人生问题而发生的变迁而产生的答案。日昨曾讲及最近我省思我的过去，竟不知曾有"四不料"。以下乃可以结束上文，讲到第二个不料。我小时候未尝读四书五经，而后来乃变为一个拥护儒家思想赞扬孔子的人。普通人以为我赞扬孔子，阐明儒家的思想，必是曾经熟读过古书；殊不知我对于中国重要古籍，不过仅如看闲书、看普通杂志般的浏览过。我须引征古书时，必须翻检原文，而且常常不能寻找得到。拥护儒家阐发孔子思想乃偏偏出于我这样一个人，实所不料也。

我的问题虽多，但归纳言之，不外人生问题与社会问题两类。以上所讲皆涉及人生问题。以下请进而为诸君讲我的中国社会问题。此处所谓中国社会问题是以中国政治问题为中心。我今日所提倡并实地从事之乡村运动，即是我对于中国政治问题的一种烦闷而得来之最后答案或结论。至若我之与社会问题，社会问题对于我的刺激究竟如何，此有待于按步说明下去。

日昨我曾为诸君讲及：我肄业顺天中学时，我即很想做一个有用之人，为社会为国家做一番事业，有所建树；于此亦可看出我之关切大局，热心爱国。我记取彼时因为发生国际问题的原故（究为何事已不复记起），全校同学，莫不慷慨激昂，痛心疾首，自愿受严格之军事训练，作御敌之准备，一若"九一八"事件发生各地学生之行动。其时我与同学雷国能君被举为军事训练队队长，要求学堂监督（校长）聘请军官到校授课，此一事也。日昨又曾为诸君讲及我对于国文一科从来未曾下过功夫；可是我一向爱看爱写。其时最爱看之杂志，即是《新民丛报》《国风报》（此系新民丛报之后身）两种；又极爱看普通之日报，每日不看报，则无异于未曾吃饭饮水。这也是留心时事与关切社会问题的表现。当时国内政见有两大极不相同之派别，其一为立宪派，即梁任公先生所领导者；又其一为革命派，即孙中山先生所领导者。革命派的文字，因其时北京尚在皇室统治之下，不易多得；但胡汉民、汪精卫诸先生之见解，亦有若干小册子，由日本转寄得之，可以看到。至若立宪派之文字则取阅较易。当时我最爱看《立宪派与革命派之论战》一书；因书中系搜集双方不同意见文字而成。我与此书，几于无时或离，日间则携之而走，夜间则枕之睡。又因其时年岁尚小，无法参加立宪派与革命派之大战，乃参加小战；因彼时校中有同学甄亮甫者（曾入同盟会，后来担任中山先生秘书，现在在美国）系一赞成革命派之人，而我则赞成立宪派之意见，于是乃互相辩论，以书信体之文字发表，给与同学互相传观，此又一事也。在此种事实中，无不是在表示着我对于社会问题的关切或兴味。

革命论、立宪论，皆是当时改革政治的主张，因为大家看出清廷无诚意实行君主立宪，所以许多人由立宪论者转入为革命论者，辛亥革命随之而发生。其时我亦已由立宪论者而转入为革命论者，并参加秘密工作。民国元年我乃与甄先生办报纸，做新闻记者。在此时期（即二十岁）曾有一短期间，非常热心于社会主义。当时中国本有所谓"社会党"，虽有声势，但内容颇空虚，颇不健全（按即江亢虎所领导者），我并未与之发生关系。其时我偶然从故纸堆中检得一本张溥泉（继）先生翻译的日本社会主义者幸德秋水所著《社会主义之神髓》一书；阅后，心乃为之大动，且深深地反对私有财产制度，认为世间一切罪恶，皆渊于私有财产制度。私有财产制度一日不废除，任凭世间有很严的法律，如军队、警察、司法官维持着不许大家轶出范围，结果都属劳而无功。当时曾有"社会主义粹言"一书之写作，自己向人借来钢板钢笔，自己缮写，自己印刷数十份，分送友好。此点在《卅后文录》一书内《槐坛讲演之一段》一稿中曾经提到。槐坛者山东曹州第六中学唐槐下之讲坛也。但此时期（即热心社会主义之时期）颇短促无多日，由此时期乃一变而入于佛家思想、出世思想。此种变化，乃在热心社会主义思想之后，换言之，即是否认了社会主义理想之后，乃确定了我出世思想，转入于佛家一途。这应归并于人生问题中言之，而无用在此论列也。

我二十岁至二十四岁期间，即不欲升学，谢绝一切，闭门不出，一心归向佛家，终日看佛书。在此时期内自己仍然关心中国问题，不肯放松，不肯不用心想。此点在《思亲记》一文中亦曾言及：

> 公尤好与儿辈共语，恣之言，一无禁。吾兄既早就外傅，及长又出国游；两妹则女儿稚弱；健言者惟漱溟。公固关怀国家，溟亦好论时事，于是所语者什九在大局政治新旧风教之间。始在光宣间，父子并嗜读新会梁氏书。溟日手《新民丛

报》若《国风报》一本,肆为议论;顾皆能得公旨。洎入民国,渐以生乖。公厌薄党人,而溟故袒之。公痛嫉议员并疑其制度,而溟力护国会。语必致忤,诸类于是,不可枚举。时局多事,倏忽日变,则亦日夕相争;每致公不欢而罢。然意不解,则旋复理前语;理前语,则又相持。当午或为之废食,入夜或致晏寝。即寝矣,或又就榻前语不休。其间词气暴慢,至于喧声达户外者有之;悖逆无人子礼。呜乎!痛已!儿子之罪不可赎已!

在彼时我父子两人,既非党员,又非议员,自己皆不在漩涡中,原可闭户安居,而仍如此争辩者,亦无非我父子二人对于社会问题之不肯放松,一种呆气耳。(在《卅前文录》中有《吾曹不出如苍生何》一文,亦系此时所作;当时关切时局战祸的心情与对政治问题的见地,文中颇可见。)

先父六十岁生辰将届之前数日,家人原拟邀约亲友,举行祝贺。因屋宇须加修葺,乃请于先父,先父认可,即去北京城北隅一亲戚家小住;该处有湖名净业湖,其后即投水自尽。先父离家时系在早晨,在他心意中早怀下自尽之念,惟家人不知耳。临行前偶从报上一段国际新闻引起闲谈,尚忆及他最后问我"世界会好吗?"我答复说:"我相信世界是一天一天往好里去的。"他点头说:"能好就好啊。"从此再没见到先父。父子最末一次说话,还说的是社会问题。自从先父见背之日起,因他给我的印象太深,事实上不容许我放松社会问题,非替社会问题拼命到底不可。

(1934年1月4日讲)

日昨已叙述到从前对于社会问题之关切情形,但尚未说明我如何从对于社会问题之关切而转变到"乡村建设"的主张。今日将为诸君讲述此中种种,亦即是我对于社会问题之所以有此项答案之缘由也。

此中种种,即从头至尾,转变之历程,似可分为若干段落说明。其最初一段即是上文，业已说过者：我从前是非常之信佩西洋近代政治制度，认为西洋政治制度是非常合理的，其作用是非常巧妙的。我彼时总是梦想着如何而可以使西洋政治制度到中国来实现，从十五岁起一直到二十余岁都是如此，所谓"策数世间治理，则矜尚远西"者是也。在此际亦正是与先父的思想相背道而驰的时候。诸君如果需要明白我彼时对于西洋政治制度之了解与思想，可参看《中国民族自救运动之最后觉悟》一书中第四篇《我们政治上第一个不通的路——欧洲近代民主政治的路》一文。此文前半篇皆是阐明西洋近代政治制度之优良巧妙也。

日昨又曾为诸君讲及我在清末时为一立宪论者，其后又转变而为革命论者。当我所以赞成立宪论时，实鉴于美国、法国的制度不若英国的制度。当时我对于中国问题之见解，以为最关紧要的是政治改造问题而不是对满洲人报仇问题。如果认作是报仇问题，则推翻满人，赶回满人到关外去固当也。因为认作是改造问题，而西洋政治制度安排最妥善者莫如英国，则趋向英国，乃自然之理。迨至清廷对于立宪无诚意时，大势所迫，不得不转而革命；但我之视辛亥革命仍是认作一种政治改造运动。民国成立之后，我以为政治改造之要求已属达到，或可说已有希望，而事实上乃大不如此。反至一年远似一年，一年不如一年，开始时还似有希望，而日后则越来越绝望。当此时也，一般人类多责难彼时三数强有力者之破坏政治制度，如袁世凯之破坏约法以及其他军阀之攘夺竞争；而在我则始终认为这不是某几个人所能破坏的，我们仅责难少数人，实已蹈于错误之境地。即今日之国民党，党内种种不健全和失败，亦决不是某一个人的过失，或是某某等几个人的过失。我常喜欢对人如此说：我们看任何事，不要只看中心点，须看四周围，看背景、看环境；不能只看近处，还须看远处；不能只看浅处，还须看深处；不能只看一时，还须得看过去所以如此的成因与由来。所以在当时一般人都责难袁世凯和其他军阀有力者，而我则不然。我由此而转变到第二段思想中去。

我深悟到制度与习惯间关系之重大，我深悟到制度是依靠于习惯。西洋政治制度虽好，而在中国则因为有许多条件不够，无法建立起来。许多不够的条件中最有力量者即习惯问题。或关系其他条件而可以包括许多其他条件者即为缺乏习惯这一极重要条件。因为中国社会、中国人（一切的人）缺乏此种习惯，则此种制度便建立不起来。

我常如此说：我之看一个人，就是一团习惯；一个社会（不论是中国社会，意大利的社会乃至于其他的社会）什么都没有，亦不过是一团习惯而已。中国社会之所以成为中国的社会，即是因为中国人有中国人的习惯。吾人须知道人类与其他动物不同，人类受后天影响极多，极大，而其他动物则不然，以先天所形成者为多。人类之生长，即习惯之生长，此在稍稍了解教育学、心理学者，类皆能知之也。吾人一举一动，一颦一笑，皆有其习惯；所谓"习惯"，换言之即是"路子"。譬如我写字，我有我的习惯，有我的路子，一提笔即是如此。推而至于说话，亦复如此：两唇一张，即"那么来"。中国人一向就是"那么来"，有他那种习惯，有那样路子；而他的路子与西洋人本不相同。夫然，西洋政治制度不能在中国建立起来，何足怪异？

民国元年公布之临时约法（即或是其他的新法令、新制度，如国会议员选举法等），在彼时虽然订成，虽然实行；但是这一件东西，只不过投入吾们大社会中一个很小之因子而已，只不过投入很有历史很有旧习惯之社会中一个新的因子而已。这小因子（如上文所说国会选举法）投入社会之后，虽然因着激刺也可以发生反应的事实（即是大家选举国会议员）；但是吾人应该明了，任何事实之构成，因子至多，决不是单纯而简单的，新投入之小因子，不过很多因子中之一极少极小部分，其比例必不及九与一，即新因子不及旧因子之什一也。以故所得之结果有十分之九不是新的。此种结果，当然不是初所预期之结果也。徵实言之，在公布临时约法时，其希望超过事实上所可能做到者。约法之破坏，在一般人视为出乎意料之外，而在我则视为并非意外之事，应该认那最初草订临时约法者自己错误了。因为他们看着社会如白纸一般，看社会中人软面条无异，可以任凭染色，任凭改变；欲红则红，欲绿则绿；欲长则长，欲短则短。而不知事实上所诏示于吾人者，乃大谬不然。我们虽然给予刺激，虽然看到反应，但不过动一动而已。其结果决非若吾人当初所预期者也。总之，小的因子，决不能有把握要社会到怎么一种地步去。

所谓因子多，即是条件多；所谓旧势力大，即是旧习惯深。民国初年之后，国事日非，当时我并不责难某一个人或是少数人，我惟有深深叹息，叹息着中国人习惯与西洋政治制度之不适合。此时我已不再去热心某一种政治制度表面之建立，而完全注意习惯之养成。惟其如是，又从而引入了以下之转变。

当我注意到养成新政治习惯时，即已想到"乡村自治"问题。此中过程颇明显，因为我心目中所谓新政治习惯，即团体生活之习惯，国家为一个团体，国家的生活即团体的生活。要培养团体生活，须从小范围着手，即从乡村小范围地方团体的自治入手，亦即是由近处小处短距离处做起。我心目中所谓新政治习惯可分两方面言之：其一即团体中之分子，对于本团体或公共事务之注意力须培养起来；又其一即为培养其活动力。因为既经有了注意力即有"要如何"之方向，发生是非利害赞成反对等意思并奔走活动。希望活动力大，非团体中人对于此种活动发生与兴趣不可；活动力不大，则团体无生气、无进步。我们要培养新的政治制度习惯，即是要培养分子的注意力活动力或是团体力。因为我有这些觉悟，所以特别注意乡村自治。今日从事于乡村建设运动实萌芽于彼时。简要言之，即是从政治问题看到习惯问题，从习惯问题看到团体力之培养，从团体力之培养问题看到由小范围做起，于是有乡村自治之主张也。

关于上文所述种种，即是我的思想在此一阶段中转变的历程。忆民国十七年在广州政治分会曾有《开办乡治讲习所建议书》之提出，此稿现在尚可看到。其中即从养成新政治习惯立论也。又有"乡治十讲"之笔记稿一束，即在广东地方警卫队编练委员会为各职员所讲述者；惟未暇校正，时下亦未印行耳。

我彼时注意政治习惯问题很自然的转变到乡村自治（即今日之乡村建设）的主张，实在说来，尚不能算是深刻。因为彼时我虽然觉悟到中国如果要实现西洋式的政治制度，非先从培养此种制度之基础即养成新习惯入手不为功。而未悟此种制度原不能实现于中国。日后我乃觉悟到决无法使中国人养成西洋式的政治基础（即是新习惯），决不能培养成此种新习惯，因为其中有梗阻处，有养不成处。而其梗阻则中国数千年文化所陶铸成的民族精神不同于西洋人而来。我所谓民族精神系包含以下两层：其一是渐渐凝固的传统习惯，其二是从中国文化而开出来的一种较高之精神，这两层皆为养成西洋式政治制度或政治习惯的梗阻。关于第一层之所以成为梗阻者，还容易看到；因为中国人，类多消极怕事，不敢出头，忍辱吃苦，退缩安分。此项阻梗或可矫正，不过比较费事耳。但在第二层则成为真的不可能，而又为一般人所不易看出者，因为西洋的政治制度或是习惯，较之于中国民族文化开出来的一种较高之精神为粗浅，为低下，现在已经开发出较高的精神，实无法使之再降低，使之再回转过来。关于第一层乃是吾们中国人的短处。但在第二层则为中国人之优越处，而此优越所在，即是西洋近代政治制度不能在中国建立起来的根本窒碍，无可设法解决的困难。中国人将不能不别求其政治的途径。至若什么是中国文化较高之精神，中国文化较高之精神为什么回不过来，我在《中国民族自救运动之最后觉悟》一书最前四篇论文已分析言之矣。其中尤以第三篇《我们政治上的第一个不通的路——欧洲近代民主政治的路》一文之后半节说得透彻。诸君可参看原文，兹不申论。

我们回想最近二三十年来的经过，是不是政治改造运动失败史？较远之辛亥革命运动，以及十五年国民党北伐后厉行之党治，乃至于其间各次的政治改革，那一次不是失败？有那一次未曾失败得到家？我们回想其间的原因，固然由大多数人不习惯不明白为障碍，更有一种积极的力量，即是那些从事于政治改造运动者，他们不自觉的反对他。否认他，取消他自己的政治改造运动，此乃真正失败原因之所在也。从他们意识方面而言之，可以说他们是向西走或向南走，走向西洋制度的路子上去，而一究其实则是向东走，或向北走，不向西洋政治制度的路子上走去，不自觉的背道而驰，或者是一足向东一足向西。而所以使他们如此者，实由于他们本身有不好的习惯，而同时又有较高之精神，要他们否认自己所要的路子，要他们自己拒绝自己的要求；这却是一般人所未能见到之处。

吾人今日所处之地位为最苦闷，即是因为政治上旧的新的道路都没有了。旧的道路再不能走回去，因为我们在意识上明白的积极的否认了他。在此情势之下，实无异乎吾人的当前筑起一面高墙，阻着道路，想回去亦无方法通过去。从别一方面言之，新的道路又未能建立起来，不特未能建立起来而且又在无意中，不知不觉中挡住了自己的前进。否认了自己所认为的新的道路。以故新轨之不得安立，实与旧辙之不能返归，同其困难，此亦为世人所不之知者。

这种觉悟（即是上文所述各节），比较稍迟，民国十年发表《东西文化及其哲学》一书时犹未之知也。彼时一方面固然觉悟到中国文化开发出来的一种较高之精神，但在同时仍信服西洋政治制度为必由的途径；如果中国能建立西洋政治制度，则经济、工业等等皆可有办法。洎乎民国十一年至民国十六年间，才切切实实认识了，决定了西洋政治制度与中国不能相连。中国虽然可以有政治制度，但决不是近代西洋的政治制度。经过此番觉悟之后，即坚决而肯定了我的主张，从乡村起培养新政治习惯，（与先前所主张者，表面上虽相同，而实在则有别也，其大别不在答案之形式，而在有此答案之由来。）培养中国式的新政治习惯，而不是西洋式的。培养之方，惟有从乡村起为最适宜。舍此以外，别无方法。并且我相信中国今日之地方自治，都市的成功一定是在乡村自治成功之后。从表面上看来，似乎都市中的自治容易办，因为都市方面物质较富，人民有知识，可以开会，会选举，仿佛具备着相当的条件。而其实都市自治，要想办成，虽圣人亦不能也。当初的我，是从小范围的观点上注意到乡村，这时的我却是从新习惯之必为中国的而更加注意到乡村。

（1934年1月5日讲）

明日当开始讲述乡村建设理论，今日将结束我的自述。日昨曾讲起我觉悟到中国人不能用西洋制度，于是吾人遂觉悟到一切政治制度于我们皆用不上。换句话，要吃现成饭是不行的，必须自己创造。我希望大家明了此一项确定的重要，因为我们既经明白了中国之旧有制度以及欧洲近代之政治制度乃至于俄国式的政治制度，皆无法拿来应用，则我们非从头上来不可。前者所云，必须培养新习惯，从小范围，从乡村做起，这虽也是从头上来之觉悟，但此种觉悟，尚未到家。待至此时恍然知无可假借，非从根芽处新生新长不行。这才是到家的觉悟。我有这样的意思，在心头盘旋往还，在上文内业已讲及开始于民国十一年，但心头上老是不能决定，老是迟疑，因为还希望眼前能有一个对付的办法可以使国家略好。盖此心颇不忍国家命运之日濒危境。直到民国十六年之际，我方始明确断定，在政治上，当前实在没有办法。虽然在民国十五年国民党北伐时，胸怀中曾也满储着希望，以为这或许是一个转机，或许是一个办法；而且在彼时即有种种事实，不由得不使我怀着这种观望。迨至民国十五年底十六年初，我先前从朋友中分出的人由南方回北平之后，为我报告此行所得印象与感想等等，其时虽在国民党气势极盛之际，我即已明白了这条路子还是走不通，还是非失败不可。因为中国人都不会走西洋路。一切现成的制度，都无法拿来应用。

民国十六年五月间，我因南方诸友好之殷切邀约，乃偕友人南行抵广州，晤会李任潮（济深）先生（时李先生以总参谋长代总司令留守后方）。此中经过情形，我于《中国民族自救运动之最后觉悟》一书《主编本刊之自白》一文中第三节曾有所叙述；现在不妨把原文引徵于下：

自民国九年底，任潮先生离北京回粤，我们已六七年不见。我一见面，就问他，从他看现在中国顶要紧的事是什么？任潮先生原是"厚重少文"的一位朋友，向不多说话。他很迟重地回答我："那最要紧是统一，建立得一有力政府。"他又慢慢地申说，从前广东是如何碎裂复杂，南路邓本殷，东江陈炯明，又是滇军杨希闵，又是桂军刘震寰，以及湘军豫军等等；人民痛苦，一切事无办法。待将他们分别打平消灭，广东统一起来，而后军令军制这才亦统一了，财政民政亦逐渐收回到省里了；内部得整理有个样子，乃有力出师北伐。所以就这段经历而论，统一是最要紧的。现在的广东，实际上还有不十分统一之处，假使广东的统一更进步些，那我更可作些事。一省如此，全国亦复如此。我问他，怎样才得统一呢？他说："我是军人，在我们军人而言，其责就要军人都拥护政府。"他更补说一句："这所谓政府自是党的政府，非个人的。"我冷然的说道："国家是不能统一的，党是没有前途的；凡你的希望都是做不到的！"他当下默然许久不作声；神情间，似是不想请问所以然的样子。——我们的正经谈话就此终止。

当时李先生的说话真是根据事实而来的。他既不再说话，我亦不愿多说。因为其时他负有坐镇后方之责，我何敢扰乱他的心思。我乃离开广州城回到乡间（即新造细墟）去住。其后任潮先生似乎有点回味我那初见他时所说的怪话，我才和他在一起共事，替他帮忙（担任政治会议广州分会建设委员会代理主席——代李先生）。关于民国十六年以后，十七、十八两年政治大局种种，将来或另行为诸君讲述。总之，在此时我觉悟到一切现成的政治制度都无法拿来应用于中国。中国在最近的未来，实际上将不能不是些分裂的小局面。每个小局面都还是大权集中在个人之手，将无法统一；即使统一，亦不过表面形式而已。换言之，将成为一个军阀割据的局面；所以不能避免此种局面的症结之所在，仍是由于中国无现成之政治制度可由轨循也。任何政治制度决不能在此短时期内建立起来。

在此际，我的用思，有一发展，我迅速的从政治制度问题而旁及于经济问题，从政治上之无路可走而看出于经济上之无路可走。原来经济进步，产业开发不外两途，其一即是欧洲人走的而为日本人所模仿的路子，即是近代国家制度能确立，社会有秩序，法律有效力，各个人可以本营利之目的以自由竞争成功资本主义的经济；其二即是俄国的制度，由政府去统制经济，若工业之收归国有，农业亦徐徐因国家经营农场之故而改变其私有的局面等等。这两条路，不论是自由竞争或是统制经济，都须有其政治条件或其政治环境。如前者之须有安宁的社会秩序，后者之须有强有力的政府，而此两大前提，在中国则全不具备；夫然又何能走向欧洲或俄国的路子上去？但在另一方面看，舍此而外，又别无第三条路可走，委实令人苦闷、彷徨，没办法。（在民国十八年时，我准备写《中国民族之前途》一书时，曾列有我们政治上第一个不通的路，第二个不通的路，我们经济上的第一个不通的路，第二个不通的路四章。）

我又很迅速的开悟出中国经济的路子须与先前所觉悟到的政治制度或习惯，同时从乡村培养萌芽起，二者可算是一物之两面。政治习惯之养成有赖于经济问题之解决，经济问题之解决又有赖于政治习惯之养成。所谓政治习惯，在上文内曾一再申说即是团体生活的习惯；而团体生活之培养，不从生计问题不亲切踏实；同时生计问题要有一解决，又非借结合团体的办法不行也。因此之故，我又看透了中国社会本来所具备的那全套组织构造，在近数十年内一定全崩溃，一切只有完全从头上起，另行改造。我先前以为政治制度是如此，现在却明白整个的社会，社会的一切，皆是如此，总须从头上起，另行改造。从那里改造起？何从理头绪？何处培苗芽？还是在乡村。

我的思想上开展之处，尚不止此。当我看出中国社会组织构造已属崩溃时，便在比较中西社会组织构造之不同中，一方面寻求西洋社会的组织构造，如何从历史之背景演变而来，我们何以不能成那样的社会。总之，过去是那样，现在当然另是一个样子，将来又是一个样子。于是我先前所用之心思，所有的思想，已随即落实而不是流入于空洞之处，我的主张便更坚决不疑。在这些地方，得益于马克思和共产党各方面之启发不少；我的主张虽不相同于马克思和共产党，正因为不相同而思想上获得许多帮助也。先前喜欢比较的研究东西文化，现在更上下沟通成为一体。如上文所提及之中西社会组织构造以及历史背景等等。其间何以不相同，《东西文化及其哲学》一书实开发出一副窍门也。我的许多实际而具体的主张，无一不本诸我的理论，而我的理论又根由于我对于社会之观察，以及对于历史之推论分析等等。在观察社会与推论分析历史时又无在不有关于东西文化之分析研究也。徵实言之，我使用心思时，有如下图所表示者：

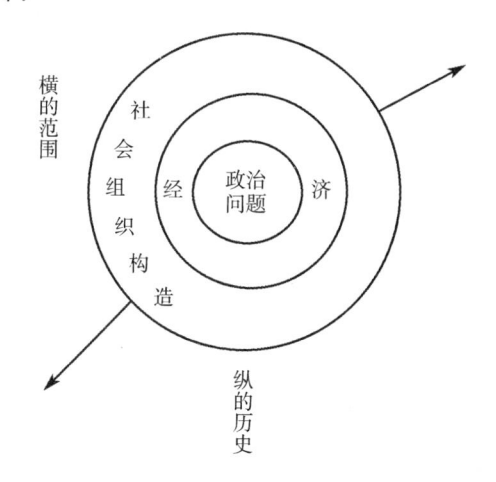

（横的范围／社会组织构造／经济／政治问题／纵的历史）

圆圈所表示者为思想范围之扩展，箭头所表示者为过去未来之纵的通达。因为我是看的通体，是看的整个，不是看的片面，不是看的局部，便不由得向上追寻，向下推究；越向上追寻，越会看清楚下面，越看清楚下面，越会知道上面。在这样看透了通体整个之后，我一方面很快慰的认清过去对于东西文化所研究，一方面更成熟了我今日乡治的主张。此项主张之成立，过去对于东西文化之研究，启发实在很多。

我提出"乡治"的主张是民国十七年的事；而主张之前后贯通，完全成熟，则近三年间事也。此中详细经过，日后必须为诸位讲及。在此际唯有一点须先为提示者，诸君须认清我之用思过程，乃是从眼前实际问题起（如先前因为对于中国政治问题之烦闷以迄于日后归究到培养政治习惯等等，无一非眼前实际问题也），绝非从高处理想起；因为是从眼前实际问题起，最初乃有一种很浅之觉悟或主张（如先前所主张之培养政治习惯须从乡村起），有此主张之后，乃实际去做或继续不断的研究探索，于是辗转而入于深微之处，辗转而入于比较抽象之处，或者说是人生哲学方面去了。可是，关于这一点，我所见到者与罗素则不相同，应该在此附带一声明与叙述。

英儒罗素对于中国文化与精神，颇致佩服与爱赏，他由中国回归英土之后，时常讲到中国的文化。我数曾引徵之。他说：

> 中国今日所起之问题，可有经济上、政治上、文化上之区别。三者互有连带关系，不能为单独之讨论。惟余个人，为中国计，为世界计，以文化之问题为最重要；苟此能解决，则凡所以达此目的之政治或经济制度，无论何种，余皆愿承认而不悔（见罗素《中国之问题》第1页）。

他又说：

> 余于本书，屡次说明中国人有较吾人高尚之处，苟在此处，以保存国家独立之故，而降级至吾人之程度，则为彼计，为吾人计，皆非得策（见前书241页）。

罗素认为中国文化，决不可有损伤，这是他的成见，而在我心目中本来的却一无所有，空空洞洞，但是从眼前实际问题起向前去追求，凡可以解决实际问题者，我皆承受，其损及中国精神与否我是不管的。但追求的结果，乃识得"中国文化""民族精神"这两个东西。虽说像是抽象的，不可捉摸的，但从别一方面言之，却又是实在的，可以看出的。他好似一面墙壁，如果不依顺他，则不能通过这墙壁，而达到此面墙时非转弯不可，非至一定路程时亦不能转弯也。所以我又说他不是空洞的东西，可以拿出来也。

曾有人因为我好标举"民族精神"这名词，乃以什么是"民族精神"？"民族精神"在那里？两问题相垂询。推测问者的用意，或是以为我讲空话。其实我在发表《东西文化及其哲学》一书尚未曾用到"民族精神"这名词——此不难于原书中得其证明也。其后发现了这个东西，遂名之曰"民族精神"。在上文中我曾屡屡说及，我个人是呆笨认真的一个人，你便让我空空洞洞不着实，我都不会。我非把握得实际问题争点，我便不会用思。不会注意。我是步步踏实在的。我非守旧之人，我因呆笨认真之故常常陷于苦想之中，而思想上亦就幸免传统的影响、因袭的势力。"民族精神"这回事，在我脑筋里本来没有的，"东方文化"这大而无当的名词，我本是厌听的。我皆以发见实际问题争点，碰到钉子以后，苦思而得之；原初都是不接受的。这点以后当慢慢向诸君道来。（按本节说话系梁先生答张健先生书中的一节，见《中国民族自救运动之最后觉悟》初版323页。）

实在，在罗素先生他本人尽可放心。我们如果要在政治问题上找出路子的话，那决不能离开自己的固有文化，即使去找经济的出路，其条件亦必须适合其文化，否则必无法找寻得出，因为这是找的我们自家的路，不是旁人的路。不是旁人的路，所以我们在先前尽可不必顾虑到中国文化，中国民族精神；在问题追求有了解决，有了办法时，一定不会离开他。许多人的用思，起于理想要求，这是一个绝大的错误；我之用心，乃是从眼前实际问题起。罗素悬一个不损及中国文化的标准倒使人无法解决实际问题了。

我所主张之乡村建设，乃是解决中国的整个问题，非是仅止于乡村问题而已。建设什么？乃是中国社会之新的组织构造（政治经济与其他一切均包括在内），因为中国社会的组织构造已完全崩溃解体，舍重新建立外，实无其他办法。至若应用这个名词亦有几度修改。十七年我在广州时用"乡治"，彼时在北方若王鸿一先生等则用"村治"，如出版《村治月刊》，在河南设立村治学院等等皆是也。民国十九年河南村治学院停办。诸同人来鲁创办类似于村治学院性质之学术机关。我等来鲁之后，皆以"村治"与"乡治"两名词不甚通俗。于是改为"乡村建设"。这一个名词，含义清楚，又有积极的意味，民国二十年春季即开始应用。但我之主张，则仍继续已往之村治主张，并未有所改变也。还有我们所主张之乡村建设可以包括一般人口中所常说"乡村建设"；但一般人口中所常说的"乡村建设"则不能包括我们所主张者；因为他们的主张，还多是局部的，非若我们之整个也。最近六七年来，我皆是在研究并实际从事于此种乡村建设运动中。

　　在上文内，我曾提及，我现在反省我的过去，我发觉到自己有四不料。第一个、第二个不料都已说过。第三个不料也已经说得分明，即是不料我自己生长于北京而且好几代皆生活于北京，完全为一都市中人，未尝过乡村生活，而今日乃从事于乡村工作，倡导乡村建设运动。以一个非乡村人而来干乡村工作，真是当初所不自料的事！现在再继续下去讲第四个不料。

　　第四个不料即是当初我不自料乡村建设运动民众教育或说是社会教育为一回事。记得十九年率领河南村治学院学生赴北平参观时，现任师范大学校长李云亭（蒸）先生招待同人等于公园内，席间他演讲曾提到，在他心目中看，村治学院亦是民众教育的工作。（李先生为一热心倡导民众教育者，曾先后任江苏教育学院劳农学院——即今日教育学院之前身——教授、实验部主任，教育部社会教育司司长。）彼时我心实未敢苟同此意，以为我们所办理的，明明白白的为乡村自治自卫，我们何尝从教育出发？何尝在办教育？但过了数年到此时我已经回味到李先生说的不错，乡村建设也就是民众教育。民众教育不归到乡村建设就要落空；乡村建设不取道于民众教育将无办法可行。在事实上无处不表现出这个样儿；我们不妨提出几种略加说明：

去年夏季七月半前后，在邹平举行之乡村建设讨论会（其后改为乡村工作讨论会），前来参加者，以教育机关为多，如定县平民教育促进会，无锡江苏省立教育学院，上海中华职业教育社等；明明为一乡村工作讨论会而乃以教育机关前来参加者为最多。又如去年八月间中国社会教育社举行第二届年会于济南，本院亦前往参加，年会讨论之中心问题且为"由乡村建设以复兴中华民族"；明明是一个教育团体的年会，而讨论之中心问题亦复是"乡村建设"。本院定名为"乡村建设研究院"，并未标榜其目的在谋中国教育之改造，而中外人士之视本院，则多认为本院乃是从事于教育改造工作的机关，如美国哈佛大学教授霍金、哥伦比亚大学教授罗格等来华考察教育之结果，莫不视本院是一个谋教育改造的机关。广州中山大学教育研究所主任庄泽宣先生于去年赴欧洲参加世界新教育会议，讲及中国之新教育运动时，特于本院在邹平之工作，介绍颇多。各省人士来本院参观之后，多北上又去定县参观；本院与定县双方自身并未自己说我们是相同的工作，而外人之视本院与定县则为同样工作。这些都是事实。

又如二十一年南京国民政府内政部召集之全国第二届内政会议，被邀参加者有本院，有定县平民教育促进会，有无锡教育学院。本来，内政会议讨论地方自治问题而请本院出席，原无足异；但又邀请定县与无锡参加者，可知在内政部方面看，不论邹平，定县，无锡皆是做的地方自治的工作。又事前曾简派各省地方自治筹备员，山东为我，河北为晏阳初先生，江苏为高阳先生亦可见。再次，二十二年一月间教育部召集之民众教育会议，定县、无锡被邀出席，固极应当；但亦请本院参加，可知教育部的看我们，都是从事于民众教育工作者。当真的我们乡村建设之推行机关所谓乡农学校或乡学村学者，亦就是民众教育机关。因此之故，不待为理论之申明，乡村建设与民众教育已不可分，事实上已合而为一矣。

我们再推究其间的原因，即是这两个地方的所以合流，不难知道这是由于中国社会问题的管束，使之不得不然也。因为大家身躯上都有中国社会问题的负担与压迫，在探求方向时，在寻求自家工作或自家事业如何办法才对之时，不期然而殊途同归；办教育者除非不想办真正的教育，如果想如此，非归到乡村建设不可；从事于乡村建设工作者，除非不欲其工作之切实，亦非走教育的路子不为功。乡村工作者在探求方法时只有归之于教育，教育者在寻找方向或目标时也只有归之于乡村建设，这都是中国社会问题逼迫他们如此走。

回想到去年夏季在邹平举行之乡村工作讨论会，我敬聆各方面的报告，得有一个很好的启发，即是今日社会中有心人士从四面八方各不同的方向，无一不趋归一处，即是趋归于乡村建设。这也是他们在当初所不自料的。譬如我们听华洋义赈会，定县平民教育促进会，上海中华职业教育社，华北工业改进社，燕京大学社会学系主办之清河试验区，以及来自河南村治学院同学会，镇平，汲县，遂平各处友好的报告（如由上列每个团体工作进行之经过与转变考究之，亦可得知以下结语），不论他们办事业的最初动机，在救人，在提倡识字，在训练工商业应用人材，在研究学术，在乡村自救（或自卫），而演变结果，皆归到乡村建设来，均认定于此处着手，方始根本有办法。此点实给予我们一最大关切重要的启发。我们与其说乡村建设运动是人为的，真不若说是自然而然的；我们与其说乡村建设运动倡导于我，不如说是历史的决定。我亦是被历史决定的，所以我亦料不到我自己啊。

关于中国教育的改造，指示其应以社会教育为主，以尽推进文化，改造社会之功用，而适应此时之社会问题，我曾有《社会本位的教育系统草案》一文，诸君可以参看，兹不备论。

（1934年1月6日讲）

朝 话

辑校说明

一、本书是梁漱溟先生对山东乡村建设研究院历届（自民国二十一年至二十五年）研究部同学，在朝会时讲话的笔录所集成。但只是笔录中的一部分而非全部。

二、本书非系统的学术讲演，而只是对同学之日常生活有所诏示启发，或自同学提出之问题，予以当下指点。故其内容包括有治学、修养及人生、社会、文化各方面之问题。多由阅历得来，语重心长，亲切隽永，足以发人深省，其有裨于青年者，至为深钜。兹不忍令其零佚，爰特编印成册，以供同好。

三、本书各篇之题目是后加的，朝话原无题目也。各篇先后之序，原宜以其年月日为准，唯已不易查明，今只有以其内容意义相连类者，而编次之，不复问其年日先后。

四、本书内有一部分先曾陆续发表于《乡村建设》半月刊；其大部分则为黄省敏同学整理誊抄者。至某篇为某人所记，中因互相传抄，已无由记证。本书印行时，以先生事繁，复未经核阅。其有与先生原意不符或小有出入者，当由笔记者与辑校者负责。

辑校者志

民国二十六年六月

增订版叙言

"朝话"是在朝会上讲的话。我若干年来办学,大都率领学生作朝会;尤其自民国二十年夏至二十三年夏一段,我自任乡建院研究部主任时,行之最勤。天天黎明起来就作朝会(冬天都须点灯),极少间断过。后两年,便不暇天天亲自出席了。在朝会上的精神如何,与这一整天大家(师生)的精神都相关系。即朝会作得好,则这一天大家的生活都要自然温润些,奋勉些。当时讲话很不拘定,有时一次中零碎讲了几点,没有一个题目;有时一个题目一次讲不完,次日续讲。多半是有感而发;或者从自己身上发出的感想,或从学生身上发出的感想,或者有感于时事。凡是切近当下事情的一种指点,每每较之泛论有裨益于人。而集体(群的)生活,每每较之零散的个人要有趣味,易得精进向上;这都是体验得到的。

几年的朝会不下几百次,讲的话很多,大致都为同学们笔录下来。但亦有时嘱他们不要记录——或者为要他们凝神来听话,或者为所讲不宜记存。这些记下来的材料,均在同学手中,我自己从未经心。还是到了二十四年被唐现之先生发现,陆续清出一部分在《乡村建设》半月刊发表,读者颇感兴味,后来乃有搜集刊印之议。而事隔两年,当时材料已不易凑合,不易整理;加以讲话涉及时人时事者不愿发表,就只得此数。二十六年六月付印时,我正在川鄂旅途中,对于其内容未曾亲自订正。因此有些错字在初版上都未校改。例如:杨丙辰先生误为杨明诚先生,陈主素先生误为陈竹素先生，人艺戏剧学校误为仁义戏剧学校等，皆由于笔录者录取语音，未经原讲人复看。至于文义间与原讲有出入，口气不能吻合，又不待言。印出以后，我自己翻阅，颇引为憾。而值抗战中各处奔走，复不暇动笔。今年从华北华东战地归来，乡村书店友人以此书外间需要者多，准备再版见告。因于南充休息期间，粗略点改一遍，于篇次间亦有增损，又将旧稿两三篇附录后面，而叙其原委如此。

于此有至足伤叹者，则当初辑印此"朝话"尽力最多之黄孝方同学（省敏），在抗战后极努力工作，最近竟惨死于鲁南。黄生在抗战后极努力工作，然竟为某方诬为托匪而杀之！这是本年六月间的事。他年纪只有二十几岁，尚未有大表见于世，今增订再版此书，将为其生命所仅有之一点痕迹了。念之于心，并记于此。

民国二十八年除夕漱溟记

目　录

朝会的来历及其意义 …………………………（41）
忏悔——自新 …………………………………（43）
吾人的自觉力 …………………………………（47）
言　志 …………………………………………（49）
发心与立志 ……………………………………（51）
欲望与志气 ……………………………………（53）
心理的调整 ……………………………………（54）
调整自己必亲师取友 …………………………（56）
如何才能得到痛快的合理的生活 ……………（58）
日常生活的态度 ………………………………（60）
谈习气 …………………………………………（61）
求学与不老 ……………………………………（62）
秋　意 …………………………………………（64）
朋友与信 ………………………………………（65）
朋友与社会信用 ………………………………（66）
谈学问 …………………………………………（67）
研究问题所需的态度 …………………………（69）
择　业 …………………………………………（71）
对异己者的态度 ………………………………（73）
猴子的故事 ……………………………………（75）
没有勇气不行 …………………………………（77）

我们应有的心胸态度 …………………………………（78）
开诚布公以立信 ……………………………………（80）
我的信念 ……………………………………………（82）
谈合作 ………………………………………………（83）
启发社会的力量 ……………………………………（85）
真理与错误 …………………………………………（86）
成功与失败 …………………………………………（88）
先父所给予我的帮助 ………………………………（90）
我的生活实情 ………………………………………（92）
我自己的长短 ………………………………………（94）
三种人生态度 ………………………………………（96）
生命的歧途 …………………………………………（99）
一般人对道德的三种误解 …………………………（101）
道德为人生艺术 ……………………………………（103）
新年的感触 …………………………………………（106）
谈生命与向上创造 …………………………………（108）
人生在创造 …………………………………………（110）
真力量要从乡村酝酿出来 …………………………（112）
中国民族的力量 ……………………………………（113）
心理的关系 …………………………………………（115）
帮助理性开发的是经济 ……………………………（117）
制度与经济 …………………………………………（119）
农民运动与合作 ……………………………………（121）
谈罪恶 ………………………………………………（123）
谈规矩 ………………………………………………（124）
为人类开辟——新历史而奋斗 ……………………（126）
中国士人的心理 ……………………………………（128）
谈用人 ………………………………………………（129）
志愿真诚 ……………………………………………（130）

谈组织团体原则 …………………………………（132）
谈应付难关 ………………………………………（133）
婚姻问题 …………………………………………（134）
谈戏剧 ……………………………………………（140）
谈音乐 ……………………………………………（142）
中国本位文化宣言 ………………………………（144）
中西学术之不同 …………………………………（147）
东方学术之根本 …………………………………（154）
附录　谈戏 ………………………………………（158）

朝会的来历及其意义

讲到朝会的来历，就要谈到我的生活。大体上说，我自二十岁至二十九岁为一段落。此段落为出世思想，走佛家的路。二十九岁以后重转回入世的路，一直到现在。二十九岁那年，在济南教育厅讲"东西文化及其哲学"（先时已在北大讲过），民国十年付印，其中有一段意思曾说到求友；在结论中又曾说到我的主张和希望——要复兴古人讲学之风，使讲学与社会运动打成一片。近十数年来我就是如此做，从那时起（民国十一年）也就有了许多朋友跟我在一块。于是我的生活几乎是成了两面的了：一面是家庭，一面是朋友；一面是家庭之一员，一面是朋友团体之一员。朋友们在一起相处，虽然是一种团体生活，但没有什么会章。大家只是以人生向上来共相策励，每日只是读书，讲一讲学问。民国十三年，我辞去北大教职，和一些朋友到曹州去办高中，后来又辞职回北平，高中学生即有一些随着我们到北平的。

在北平师生共约十人，我们在什刹海租了一所房，共同居住，朝会自那时就很认真去做，大家共勉互进，讲求策励，极为认真，如在冬季，天将明未明时，大家起来后在月台上团坐，疏星残月，悠悬空际，山河大地，皆在静默，惟间闻更鸡喔喔作啼，此情此景，最易令人兴起，特别的感觉心地清明、兴奋、静寂，觉得世人都在睡梦中，我独清醒，若益感到自身责任之重大。在我们团坐时，都静默着，一点声息皆无。静默真是如何有意思啊！这样静默有时很长，最后亦不一定要讲话，即〔使〕讲话也讲得很少。无论说话与否，都觉得很有意义，我们就是在这时候反省自己，只要能兴奋反省，就是我们生命中最可宝贵的一刹那。

十七年我在广东接办省立第一中学，朋友团体也随着到了广东，当时我同黄艮庸先生等拟了许多办法，都是与其他学校不同的。其中最要紧者有五点，现在在邹平还保存有二点，即朝会与部班主任制。十八年创办河南村治学院，其学则是我拟的，内容大多是从那边——广东一中转来的。现在邹平则又是从河南转来的。

在第一届研究部时，朝会每由我来讲话，初时都作静默，要大家心不旁骛，讲话则声音低微而沉着，话亦简切。到后来则有些变了，声音较大，话亦较长。但无论如何，朝会必须要早，要郑重，才能有朝气，意念沉着，能达入人心者深，能引人反省之念者亦强。

忏悔——自新

在人生的时间线上须臾不可放松的，就是如何对付自己。如果对于自己没有办法，对于一切事情也就没有办法。我们都是活人，不做乡村工作也得生活；但是如何把自己的生活，安排的顺顺当当，就不容易。假如此人是资质很平庸的，他自己内心的矛盾冲突或许少；这个意思就是说他还好办。若是资质很聪颖的人，他自己有点才气，其问题就越复杂，越难办！虽然他才气有，聪明有，但怕他私欲也比旁人盛，比旁人多。大概有聪明的人，好出风头，爱面子，对声色货利等等，格外比旁人贪，格外比旁人求；这是他斩不断的病。本来他要强的心也比旁人明白，可是他为坏的心也比旁人高；如果内心不澄清，认不清楚自己，这时他心里一定有很多问题。教他去作乡村工作，也一定有很多问题；因为他不能对付自己，则终日惝恍，精神上得不到安慰；自己先不安，还有何法去做乡村工作呢！

我自己过去的经过，大家于我"自述"一文中可以见到一个大概；不过还有很多的事情没有说。我在二十岁的时候，曾有两度的自杀，那都可以表现出我内心的矛盾冲突来。就是自己要强的心太高，看不起人家，亦很容易讨厌自己；此原故是一面要强，一面自己的毛病又很多，所以"悔恨"的意思就重，使自己跟自己打架；自己打架，打到糊涂得真是受不了的时候，我就要自杀。

如何才能够使内心的矛盾冲突平下呢？在这个地方，本来宗教很有力量，他能够帮助着人"忏悔"，帮助着人"自新"。也只有

"忏悔""自新"才能够解决这个问题。但是在我说,却不是得到宗教的帮助,所以也不能以宗教指点人。不过"忏悔""自新",是大家要刻刻在念的。如果谁能够对自己的责备越严,其"忏悔"也越深,这种人大概都是好人。不过在他心里有极烦闷复杂的问题而不得解决,所以容易出于自杀之途,这时候最要紧的是:帮助着他"忏悔""自新"。

我的"忏悔""自新",不是从宗教来,可以说完全是从对人类生命有了解,对人类生命有同情这个地方来的,所以也每每从这个地方去领导人"忏悔""自新"。所谓对人类生命有了解是什么?就是了解人类生命当真是可悲悯的。因为人类生命是沿着动物的生命下来的;沿着动物的生命而来,则很近于一个动的机器,不用人摇而能自动的一个机器。机器是很可悲悯的,他完全不由自主。我之所谓可悲悯,就是不由他自主。很容易看见的是:我们活动久了就要疲劳睡觉,不吃饭就饿,很显著的像机器一样。其他好恶爱憎种种情欲,多半是不由自己。看这个贪,看那个爱,怠忽懒惰,甘自堕落,不知不觉的他就那样。照我所了解的,人能够管得住他自己的很少。假如好生气,管住不生气好难!在男女的关系上,见面不动心好难!他不知怎的念头就起了。更如好名、出风头等,有时自己也知道,好歹都明白,可是他管不了自己。

因为我对人类生命有了解,觉得实在可悲悯,可同情,所以对人的过错,口里虽然责备,而心里责备的意思很少。他所犯的毛病,我也容易有。平心说,我只是个幸而免。例如在男女的关系上,发生什么不规则的行为、不对的事情,我回头看我自己,只是幸而免;因为这样的念头我都动过,不过没有成了事实,仅是幸免而已。这样对人类有了解,有同情,所以要帮助人"忏悔""自新",除此更有何法!人原来如此啊!你自己原谅你自己罢!大家也都各自原谅自己罢!"过去的不说了,我们再努力开拓新生命罢!"只有这么一句话。

在中国古人袁了凡有两句话说得很好:"以往种种譬如昨日

死；以后种种譬如今日生。"这个话实在说得好！如果内心有矛盾冲突的人，我们可以告诉他："你忏悔自新罢！""往者不可谏，来者犹可追"啊！可是当真去"忏悔自新"，又必须看透自己过去所犯的毛病是机械、可怜、糟糕！这时他才能真对自己生一个悲悯心，把"悔恨"转为悲悯，自己可怜自己。到了悲悯的心境，自己就高超了一层；自己不打架，不矛盾冲突，这时就无物挡住自己，于是真能够"忏悔""自新"，开拓新生命了。

在新生命开辟出来的时候，他与从前不同的是在什么地方呢？即是从前这个也贪，那个也爱，小的舒服，小的便宜，以及物质享受。这样的私欲私意多，心动的地方太多，没有走上一条大道，因此心才这儿跑，那儿跑，鬼鬼祟祟的乱窜乱穿。在"自新"的时候，就是回头一看，看清了许多都是机械、可怜、糟糕，要不得！把好恶的心，真的好恶的心透露出来，觉察出从前的杂杂碎碎，真是臭的，所谓"如恶恶臭"。由恶才能知其臭，才能看不上，才能够舍弃。如果真的对于这个东西恶，知道往好处去用力，生机就能够透露出来，仿佛鼻子闻出臭香来一样。闻出臭香来，就是鼻子的聪明。这样知道臭香，他才能"自新"。孟子很发挥指点这恶绝的意思，"毋为其所不为，毋欲其所不欲，如此而已矣。"这话说的实在到家。人原来分得出来是非——因人都有不偷东西的心思，不要作的就不作，这就是"义"；人都有不忍害人的心思，在此扩充，就是"仁"。都是指点在亲切的地方去"自觉"。好恶让他明显，让他有力量。

各个同学赶快反省罢！自己从前所犯的种种毛病赶快检点一下罢！不要说我没有较重大被人知道的事情，就是自己夸张、好出风头的心，都是要不得。这种心不死不行！此心不死，不能作乡村工作，即使旁的毛病没有。可是懒散不振也不行！这种懒散不振，就是机械性、不由自主的下贱性，是从内心的矛盾冲突来。自己虽然也有要强心，但是自己和自己一打起架来，就憧憧无凭，把不住舵，很容易懒散；懒散是不行的！我们作乡村工作，必须把大毛病、小毛病都要堵塞，发挥真正的生命力量，很顺的发挥生命的力量，对自己有办法，自己先不成问题，这样下去做乡村工作才有办法。

然而如何杜绝毛病的流露呢？只有"忏悔"，只有"自新"，在"忏悔"中是一面深深的痛责，一面也要同情人类原来就是这么一回事，不要怪他。能在这里用力，气才壮，志才坚；所有过去的毛病，不拖他，不带他，务期崭然一新，如用过的纸张一样，毅然把他烧掉，另立日记本，重新开头；非如此不可。

我所说的话大概是这样。须大家在清静无人时，自己反省，鉴察过去；把从前不对的地方，深自"忏悔"掉泪，抛开过去。不"忏悔"，不抛开，不打主意，是不行的！越是自己要强的，越应要求解决这个问题。自己的问题，自己知道的最亲切；也就是说自己的问题，必须自己知道去解决，才能够下去作乡村工作。

吾人的自觉力

一个人缺乏了"自觉"的时候，便只像一件东西而不像人，或说只像一个动物而不像人。"自觉"真真是人类最可宝贵的东西！只有在我的心里清楚明白的时候，才是我超越对象、涵盖对象的时候；只有在超越涵盖对象的时候，一个人才能够对自己有办法。人类优越的力量是完全从此处来的。所以怎么样让我们心里常常清明，真是一件顶要紧的事情。

古代的贤哲，他对于人类当真有一种悲悯的意思。他不是悲悯旁的，而是悲悯人类本身常常有一个很大的机械性。所谓机械性，是指很愚蠢而不能清明自主，像完全缺乏了自觉的在那里转动而言。人类最大的可怜就在此。这点不是几句话可以说得明白；只有常常冷眼去看的时候，才能见到人类的可悲悯。

人在什么时候才可以超脱这个不自主的机械性呢？那就要在他能够清明自觉的时候。不过，这是很不容易。人在婴儿时代是很蠢的，这时他无法自觉。到了幼年、青年时代，又受血气的支配很大。成年以后的人，似乎受血气的支配较小；但他似乎有更不如青年人处，因这时他在后天的习染已成，如计较、机变、巧诈等都已上了熟路，这个更足以妨碍、蒙蔽他的清明自觉。所以想使人人能够清明自觉，实在是一大难事。人类之可贵在其清明自觉，人类之可怜在其不能清明自觉，但自今以前的人类社会，能够清明自觉者，实在太少了。

中国古人与近代西洋人在学术上都有很大的创造与成就。但他们却像是向不同的方向致力的。近代西洋人系向外致力，其对象为物；对自然界求了解而驾驭之。中国古人不然，他是在求了解自己，驾驭自己——要使自己对自己有一种办法。亦即是求自己生命中之机械性能够减少，培养自己内里常常清明自觉的力量。中国人之所谓学养，实在就是指的这个。

人若只在本能支配下过生活，只在习惯里面来动弹，那就太可怜了。我们要开发我们的清明，让我们正源的力量培养出来；我们要建立我们的人格。失掉清明就是失掉了人格！

言　志

今日早晨想到《论语》上"盍各言尔志"一句话，现在就言我之志。

"你的志愿何在？"如果有人这样问我，那我可以回答：我愿终身为民族社会尽力；并愿使自己成为社会所永久信赖的一个人。

在这混乱的中国社会，无论在思想上、在事实上，都正是彷徨无主的时候。这时候做人最难有把握，有脚跟。常见有许多人，在开头的时候都很有信望，但到后来每每失去了社会的信任，促使社会益发入于混乱。我觉得现在的中国，必须有人一面在言论上为大家指出一个方向，更且在心地上、行为上大家都有所信赖于他。然后散漫纷乱的社会才仿佛有所依归，有所宗信。一个复兴民族的力量，要在这个条件下才能形成。我之所以自勉者唯此；因我深切感到社会多年来所需要者唯此。

八十年来，中国这老社会为新环境所刺激压迫，而落于不幸的命运，民族自救运动一起再起，都一次一次的先后失败了。每一次都曾引动大家的热心渴望，都曾涨到一时的高潮；但而今这高潮都没落了，更看不见一个有力量的潮流可以系属多数的人心，而却是到处充满了灰心、丧气、失望、绝望。除了少数人盲目地干而外，多数人无非消极鬼混，挨磨日子，而其实呢，中国问题并不是这样一个可悲观的事。悲观只为蔽于眼前。若从前后左右通盘观测，定能于中国前途有很深的自信；只可惜多数人蔽于眼前，没有这眼光罢了！我是对中国前途充满了希望，绝对乐观的一个人。我胸中所有的是勇气,是自信,是兴趣,是热情。这种自信,并不是盲目的、随便而有的;这里面有我的眼光,有我的分析与判断。(我讲的《乡村建设理论》便是这个,不复赘。)我是看到了前途应有的转变与结局,我相信旁人亦能慢慢地看到;因为从事实上一天一天在暗示我们所应走的而唯一可能的方针路线(乡村建设)。我的自信不难成为大家的共信;我的勇气可以转移大家的灰颓之气。大概中国社会不转到大家有自信、有勇气之时,则中国将永远没有希望。然而民族自救的最后觉悟、最后潮流毕竟是到了!我们就是要发动这潮流,酿成这潮流!这方向指针我是能以贡献给社会的;——我充分有这自信。单有方向指针还不够,还须有为社会大众所信托的人格,为大家希望之所寄。因此,我要自勉作一个有信用的人,不令大家失望。

发心与立志

许多人都觉得近来生活不安,我亦时常有此感觉。因此我知道一般人思想之杂乱、心里之不纯净,真是很难办的事!人多半都有种种私欲私意,要这个,要那个;本来我们的心量已经十分渺小,这么一来就更危险,怕更没有力量来干我们的事业了。古人有言:"知病即药"!现在让我指点出来,使大家知道自己心杂无力即"病"。然后才可望常自觉醒警惕!

我听说有几位同学读佛书。我对于佛学前曾稍作探究。佛家的彻始彻终便是"发心",——"发菩提心"。发心是什么?这味道非常深醇,颇难言说。盖所谓发心,不但是悲,且是智慧的;他是超过一切,是对众生机械的生命,能有深厚的了解、原谅与悲悯。而要求一个不机械的生命。儒家也是要求一个不机械的生命,但与佛家不同。儒家亦有彻始彻终的一点,在立志。然儒家的立志与佛家的发心其精神意味则不同:佛家是原谅与悲悯,而儒家则是刚正的态度。这二者内里自有彼此相通的地方。所以终极都是一个自由的,活泼的,有大力量的生命。

我们都是力量不够的人,要去可怜旁人,先须可怜自己。如何可怜自己?就是须培养开发自己的"愿力"(发心与立志都是愿力)。怎样开发?要在当初动念干这个乡村运动的地方去找,去反问自己为何有此意思?而此意思为何又在彼时真切?这样能将原来的真情真愿因反求而开大。当痛痒恻隐之情发露时而更深厚之,扩充之,则正念有力,杂念自可减少。惟有愿力才有大勇气,才有真精神，才有真事业。不论佛家儒家皆可，但须认取其能开发我们培养增长我们力量的那一点。我们只有努力自勉，才能完成我们伟大的使命！

欲望与志气

在这个时代的青年,能够把自己安排对了的很少。在这时代,有一个大的欺骗他,或耽误他,容易让他误会,或让他不留心的一件事,就是把欲望当志气。这样地用功,自然不得其方。也许他很卖力气,因为背后存个贪的心,不能不如此。可是他这样卖力气,却很不自然,很苦,且难以长进。虽有时也会起一个大的反动,觉得我这样是干什么?甚或会完全不干,也许勉强干。但当自己勉强自己时,读书做事均难入,无法全副精神放在事情上。甚且会自己搪塞自己。越聪明的人,越容易有欲望,越不知应在那个地方搁下那个心。心实在应该搁在当下的。可是聪明人,老是搁不在当下,老往远处跑,烦躁而不宁。所以没有志气的固不用说,就是自以为有志气的,往往不是志气而是欲望。仿佛他期望自己能有成就,要成功怎么个样子。这样不很好吗?无奈在这里常藏着不合适的地方,自己不知道。自己越不宽松,越不能耐,病就越大。所以前人讲学,志气欲望之辨很严,必须不是从自己躯壳动念,而念头真切,才是真志气。张横渠先生颇反对欲望,谓民胞物与之心,时刻不能离的。自西洋风气进来,反对欲望的话没人讲,不似从前的严格;殊不知正在这些地方,是自己骗自己,害自己。

心理的调整

大家来到此地，都抱有求学研究之志，但我恳切的告诉大家说：单是求知识，没有用处，除非赶紧注意自己的缺欠，调理自己才行。要回头看自己，从自己的心思心情上求其健全，这才算是真学问，在这里能有一点，才算是真进步。

人类所以超过其他生物，因人类有一种优越力量，能变化外界，创造东西。要有此变化外界的能力，必须本身不是机械的。如果我们本身是机械的，我们即无改变环境之力。人类优长之处，即在其生命比其他物类少机械性。这从何处见出呢？就是在他能自觉，这是人类第一也是唯一的长处；而更进步的，是在回头看自己时，能调理自己。我们对外面的东西，都知道调理他，譬如我们种植花草，或养一个小猫小狗，更如教养小孩，如果我们爱惜他，就必须调理他。又如自己的寝室，须使其清洁整齐，这也是一种调理。我们对外界尚需要调理，则对自己而忘记调理，是不应该的。

不过调理自己与调理东西不甚一样。调理自己要注意心思与心情两面。心思方面最要紧的是要条理清楚。凡说一句话，或写一段文字，或作一篇文章，总要使其清楚明白，一篇东西，得要让它有总有分，对一个问题也要能仔细分辨。如缺乏条理，徒增多知识是无用的，因为知识是要用条理来驾驭的。至心思之清楚有条理，是与心情有关系的；在心情不平时，心思不会清楚，所以调理心情是最根本的。

对心情应注意的有两点：一是懈，一是乱。懈或散懈，是一种顶不好的毛病，偶然懈一下，这事便作不好，常常散懈，则这人一毫用处没有；社会上也不会有人去理他。在写日记时的苟且潦草敷衍对付，都是从懈来。日记写的短不要紧，最不好是存苟偷心理。一有这心理，便字不成字，话不成话，文不成文。苟且随便从散懈心理来，干什么事都不成不像，这就完了。

乱或暴乱，是心情不平，常是像有点激动，内部失掉均衡和平；容易自己与自己冲突，容易与旁人冲突，使自己与环境总得不到一个合适。暴乱或偏激，与散懈相反；散懈无力，暴乱初看似乎有力，其实一样的不行。因其都是一种机械性，都无能力对付外面变化，改造环境。这种无能的陷于机械性的人是可怜的。然则如何可不陷于机械而变成一个有能力的人？这是要在能自觉，不散懈，亦不暴乱，要调理自己，使心情平和有力，这就是改变气质的根本功夫。

调理自己需要精神，如果精力不够时，可以休息。在我们寻常言动时，绝不可有苟且随便的心情；而在做事的时候，尤须集中精力。除非不说不做，一说一做，就必须集中精力，心气平稳的去说去做。譬如写一篇文章，初上来心很乱，或初上来心气尚好，这时最好平心静气去想，不要苟且从事，如果一随便，就很难得成为一气。所以我们的东西不拿出则已，拿出来就要使他有力量。诸同学中有的却肯用心思，但在写文章时，条理上还是不够，有随便苟且之意，字句让人不易看清楚。有的同学还更差些，这不是一件小事体，这是一个很要紧的根本所在。

所以大家要常常回头看，发见自己的缺欠，注意去调理。做事则要集中精力去做，一面须从容安详，一面还要挺然。挺然是有精神，站立得起。安详则随时可以吸收新的材料，因为在安详悠闲时，心境才会宽舒；心境宽舒，才可以吸收外面材料而运用融会贯通。否则读书愈多愈无用。

调整自己必亲师取友

做人必须要时时调理自己，求心志清明，思想有条理。如果大家能照此去行，简直是一生受用不尽；如果不能够注意这话，就是自暴自弃，就是自己不要自己。

但在这调理自己的上面，有什么好方法呢？前次曾说过调理自己要自觉，要反省，时刻去发见自己的毛病；比如自己的毛病在于性子太急，或在于太乱太散懈，这都须自觉地去求医治。但是人每不易做到，不易自知其病，虽知病又不易去管理自家。古人云："智者不能自见其面，勇者不能自举其身。"这就是说人不易看清楚自己的面孔；即看清了又不易随时可以自主的调理自己。于是这时唯一的方法，就是"亲师取友"。此外别无他法。为什么呢？因为每人常会把自己忽忘了，如果不忽忘，就一切都无问题；无奈都易于忽忘，因此就得师友常常提醒你，使你不忽忘。

靠朋友之提醒以免于忽忘，这是一层；更进一层，就是靠朋友的好处，以融化感应自己的缺短而得其养，假定我的脾气是急躁的，与脾气和平者相处，可以改去急躁；我的精神不振，而得振作的朋友，我处于其中，也自然会于无形中振作起来。

所以如果我们有意去调理自己，则亲师取友，潜移默化，受其影响而得其养，是一个最好的办法。说得再广泛一些，如果要想调理自己，就得找一个好的环境。所谓好的环境，就是说朋友团体，求友要求有真志趣的朋友；好的朋友多，自然向上走了。如果在一块的人是不好的，那就很危险，不知不觉地就会日趋于下流。

再则，朋友彼此帮忙时所应注意的，就是：以同情为根本，以了解为前提。我们对朋友如果是爱护他的，自然要留意他的毛病短处，而顶要紧的，还是要对于他的毛病短处，须有一种原谅的意思。我们指点他的毛病短处的时候，应当是出于一个好的感情，应当是一个领导他帮助他的意思。是要给他以调理，不是只给他一个刺激就算完了。自然，有时候一个严重的刺激，也是不可少。即是说有时候有给他一个痛责的必要。但大体上说，你不要只给他一个刺激算完，必须得给他一种调治。如果爱惜他的意思不够，说话就不会发生效力。

如何才能得到痛快的合理的生活

今天有三个意思要和大家说。

第一个意思：师生之间切不要使之落于应付，应常常以坦白的心相示，而求其相通。如果落于应付，则此种生活殊无意趣。大概在先生一面，心里要能够平平静静的，不存一个要责望同学以非如何不可的意思；也不因少数同学懒惰而有不平之气。在同学一面，更要坦白实在，——不搪塞、不欺骗、不懒惰。所谓坦白，就是指自己力量尽到而言；虽然自己有短处，有为难处，也要照样子摆出来。如果力量没尽到而搪塞饰掩，这是虚伪；如果力量没尽到而把懒惰摆出来给人看，这便是无耻。这两者是毁灭生命的凿子。人生只有尽力，尽力才有坦白之可言。坦白决不是没有羞恶，没有判断，它是要使每个人从坦白真实里面来认识自己，来发挥各自的生命力。每人都能如此，其情必顺，其心必通，才不致落于形式的表面的应付上，才能够大家齐心向前发展，创造！

第二个意思：人都是要求过一个痛快的生活。但此痛快生活，果何自而来？就是在各自的精力能够常常集中，发挥，运用。此意即说，敷衍、懒惰、不做事，空自一天天企待着去挨磨日子，便没法得到一个痛快的生活，——也很不合算。于此我可以述说我的两个经验。

头一个经验，仿佛自己越是在给别人有所牺牲的时候，心里特别觉得痛快、酣畅、开展。反过来，自己力气不为人家用，似乎应该舒服，其实并不如此，反是心里感觉特别紧缩，闷苦。所以为社会牺牲，是合乎人类生命的自然要求，这个地方可以让我们生活更能有力！

再一个经验，就是劳动。我们都是身体很少劳动的人，可是我常是这样：颇费力气的事情开头懒于去作，等到劳动以后，遍身出汗，心里反倒觉得异常痛快。

以上这两个经验，一个比较深细，一个比较粗浅。但都是告诉我们力量要用出来才能痛快。人类生命的自然要求就是如此。于此苟无所悟，实在等于斫丧自己的生命。

第三个意思：有的人每每看轻自己的工作，觉得粗浅而不足为，这是一个错误。须知虽然是粗浅的事情，如果能集中整个精力来作，也都能做到精微高深的境界。古人云："洒扫、应对、进退，即是形而上学"，又云："下学而上达"，都是指此而言。在事情本身说，表面上只有大小之殊，没有精粗——这件事比那件事粗浅——的分野。俗话说："天下七十二行，行行出状元"，只在各人自求而已。大概任何一件事业或一种学术，只怕不肯用心，肯用心一定可以得到许多的启示与教训，一定可以有所得，有所悟。在这个地方的所得，同在那个地方所得的是一样高深；在这里有所通，在别处也没有什么不通，所谓一通百通。所以凡对人情事理有所悟者，就是很大的学问。此其要点，即在集中精力，多用心思，去掉懒惰。能如此，才算握住生命真谛，才算得到痛快的合理的生活。

日常生活的态度

我们日常的生活（或者说是心理状态），大概总有一些不合适的地方。其形著于外者，约有三种方式：

（一）譬如大家有时很兴奋，对于自己的功课，也很注意，仿佛急于有所求的样子。这时应当反省这时（是）干什么？仔细一想，心里还是有私有贪。须知世界上没有什么可贪的东西，要把他放得空洞开豁一些就好了。

（二）再就是懒惰散漫，苟且偷安。这时应当把自己心里头所有问题都提出来。问题是心里的真切痛痒处，最大的问题，是足以警惕自己的懒惰与散漫的。例如关心国家社会问题，就应当以国难和种种社会罪恶来提醒自己。家庭经济困难的，就以家贫来提醒自己，也未尝不可（但有流弊）。问题无大小无远近，只要是真切地感觉到的就行。这些消极的办法还不够，自己还应当抓住自己的长处来尽量发挥。

（三）还有感觉到烦闷的，这个需要找朋友谈一谈；如仍不能解决时，再求之于师。

除去此三种不合适的心理状态以后，平平实实的去读书、工作，那真是顶理想的生活态度了。我们不要心理上老是存一个东西，最好是坦荡平实。

谈习气

我常说："一切罪恶过错皆由懈惰中来"，实是如此。精神不振，真是最不〔得〕了的事。最让人精神不振者，就是习气。凡自己心里不通畅，都是自找，而非由于外铄。心小气狭都是习气，也就是在里边有私意。人人都有要好的心；但终难有好的趋向者，就是因为习气的不易改。要想祛除习气，必须各人的生命力，能超拔于习气之上才行。

各人的习气不同，应时常反省，去求了解自己的习气。大概人类任何学问，都可以帮助人——让人的生命强大。苟能常于自身深加体验；更能于多方面留心，求其了解；则个人身心自然通畅，力量自然强大，习气自然祛除。自己老是缠住自己，挡住自己，这就是懈惰，最容易弱损自己的生命力。

求学与不老

我常说一个人一生都有他的英雄时代，此即吾人的青年期。因青年比较有勇气，喜奔赴理想，天真未失，冲动颇强，煞是可爱也。然此不过以血气方盛，故暂得如此。及其血气渐衰，世故日深，惯于作伪，习于奸巧，则无复足取而大可哀已！往往青年时不大见锐气的，到后来亦不大变；愈是青年见英锐豪侠气的，到老来愈变化得利害，前后可判若两人。我眼中所见的许多革命家都是如此。

然则，吾人如何方能常保其可爱者而不落于可哀耶？此为可能否耶？依我说，是可能的。我们知道，每一生物，几乎是一副能自动转的机器。但按人类生命之本质言，他是能超过于此一步的"机械性"；因人有自觉，有反省，能了解自己，——其他生物则不能。血气之勇的所以不可靠，正因其是机械的；这里的所谓机械，即指血气而言。说人能超机械，即谓其能超血气。所以人的神明意志不随血气之衰而衰，原有可能的：——那就在增进自觉，增进对自己的了解上求之。

中国古人的学问，正是一种求能了解自己且对自己有办法的学问；与西洋学问在求了解外界而对外界有办法者，其方向正好不同。程明道先生常说"不学便老而衰"。他这里之所谓学，很明白的是让人生命力高强活泼，让人在生活上能随时去真正了解自己；如此，人自己就有意志，亦就有办法。如果想免掉"初意不错，越作越错，青年时还不错，越老越衰越错，"就得留意于此，就得求学。近几十年来的青年，的确是有许多好的；只因不知在这种学问上体会、用功夫，以致卒不能保持其可爱的精神，而不免落于可哀也。惜哉！

秋　意

现在秋意渐深。四时皆能激发人：春使人活泼高兴；夏使人盛大；秋冬各有意思。我觉得秋天的意思最深，让人起许多感想，在心里动，而意味甚含蓄。不似其余节气或过于发露，或过于严刻。我觉得在秋天很易使人反省，使人动人生感慨。人在世上生活，如无人生的反省，则其一生就活得太粗浅，太无味了。无反省则无领略。秋天恰是一年发舒的气往回收，最能启人反省人生，而富感动的时候。但念头要转，感情要平。心平下来，平就对了。越落得对，其意味越深长；意味越深长越是对。我在秋天夜里醒时，心里感慨最多。每当微风吹动，身感薄凉的时候，感想之多，有如泉涌。可是最后归结，还是在人生的勉励上，仿佛是感触一番，还是收拾收拾往前走。我夙短于文学，但很知道文学就是对人生要有最大的领略与认识；他是与哲学相辅而行的。人人都应当受一点文学教育。这即是说人人都应当领略人生。心粗的人也当让他反省反省人生。也当让他有许多感想起来。当他在种种不同形式中生活时，如：四时、家庭、作客、作学生、当军人、一聚一散等等，都应使他反省其生活，领略其生活。这种感想的启发都是帮助人生向上的。

朋友与信

朋友相信到什么程度，关系的深浅便到什么程度。不做朋友则已，做了朋友，就得彼此负责。交情到什么程度，就负责到什么程度。朋友不终，是很大的憾事；如同父子之间、兄弟之间、夫妇之间处不好是一样的缺憾。交朋友时，要从彼此心性认识，做到深刻透达的地方才成。若相信的程度不到，不要关系过密切了。

朋友之道，在中国从来是一听到朋友便说"信"字。但普通之所谓信，多半是"言而有信"的意思，就是要有信用。这样讲法固不错；但照我的经验，我觉得与朋友往还，另有很重要的一点；这一点也是信，但讲法却不同，不是信实的意思；而是说朋友与朋友间要信得及，信得过所谓知己的朋友，就是彼此信得及的朋友。我了解他的为人，了解他的智慧与情感，了解他的心性与脾气。清楚了这人之后，心里便有把握，知道他到家。朋友之间，要紧的是相知；相知者彼此都有了解之谓也。片面的关系不是朋友，必须是两面的关系，才能发生好的感情。因为没有好的感情便不能相知。彼此有感情，有了解，才是朋友。既成朋友，则无论在空间上隔多远，在时间上隔多么久，可是我准知道他不致背离；此方可谓之为信。

朋友与社会信用

一个人在社会上的地位或在社会上所取得的信用资望，与朋友很有关系。差不多真是可以以朋友作标准，而决定其在社会上之地位信用。仿佛一个人他自己不能有一个显著的颜色——自己固然有颜色给人看，可是朋友帮助他的颜色更显著。交什么朋友，就归到那一类去，为社会看为某一类的人。没有较高尚的朋友，在社会上自己不会被人看高一点。能不能有较高尚的朋友，那完全看自己的情感志气趣味如何。朋友相交，大概在趣味上相合，才能成为真朋友。从自己的趣味、好尚、品格，而定朋友高低；从朋友高低，而定自己在社会上的信用地位。那么，人不能交高尚的朋友，在社会上很难得到较好的地位，而自己趣味好尚不高时，也很难交得较好的朋友。

说到我的交友，可分为两个段落：头一个段落为我二三十岁时所交的朋友，差不多没有一个不比我年纪大的，如张难先、林宰平、伍庸伯、熊十力诸先生，都比我大十岁或二十岁，他们对我可算是忘年交，我看他们都是在师友之间的。不同年龄的人其趣味不同，而竟能成为很好的朋友，这都不是容易的。后一个段落里头的朋友，多半都比我小几岁，他们以我为中心，而形成一个朋友团体，一直到现在还一起共学共事。

现在中国社会与以前老社会不同。由个人相交而成朋友的，这是老的方式，以后朋友的关系要生变化，不单是个人彼此的关系，说朋友就是集团，是很多人在一起。或自己加入集团，或自己创造集团。

谈学问

　　一说到学问，普通人总以为知道很多，处处显得很渊博，才算学问。其实就是渊博也不算学问。什么才是学问？学问就是能将眼前的道理、材料，系统化、深刻化。更扼要的说，就是"学问贵能得要"，能"得要"才算学问。如何才是得要？就是在自己这一方面能从许多东西中简而约之成为几个简单的要点，甚或只成功几个名词，就已够了。一切的学问家都是如此，在他口若不说时，心中只有一个或几个简单的意思；将这一个或几个意思变化起来，就让人家看着觉得无穷无尽。所以在有学问的人，没有觉得学问是复杂的，在他身上也没有觉得有什么，很轻松，真是虚如无物。如果一个人觉得他身上背了很多学问的样子，则这个人必非学问家。学问家以能得要，故觉轻松、爽适、简单。和人家讲学问亦不往难处讲，只是平常的讲，而能讲之不尽，让人家看来很多。如果不能得要，将所有的东西记下来，则你必定觉得负担很重，很为累赘，不能随意运用。所以说学问贵能得要。得要就是心得、自得！

　　再则学问也是我们脑筋对宇宙形形色色许多材料的吸收，消化。吸收不多是不行，消化不了更不行。在学问里面你要能自己进得去而又出得来，这就是有活的生命，而不被书本知识所压倒。若被书本知识所压倒，则所消化太少，自得太少。在佛家禅宗的书里面，叙述一个故事，讲一个大师对许多和尚说："你们虽有一车兵器而不能用，老僧虽只寸铁，便能杀人。"这寸铁是他自己的，所以有用；别人虽然眼前摆着许多兵器，但与自己无关，运用不来；

这就是在乎一自得，一不自得也。问题来了，能认识，能判断，能抓住问题的中心所在，这就是有用，就是有学问；问题来了，茫然的不能认识问题的诀窍，不能判断，不能解决，这就是无学问。

研究问题所需的态度

研究问题必须具有的态度，大概可分三点来说：

（一）要有一个追求不放松的态度。不追求则很容易只看见一些广泛的材料，而不能把握其要点。凡能把握问题所在者必能追求不已。譬如我讲话好绕大圈子，实则我没有法子不绕大圈子。因追求乃能辗转深入而探到问题的根本。等到讲话时就仿佛绕圈子了。

（二）要不怕问题牵联广大。并且不要注意这个，就忘去了那个，要能将与本问题有关系之各方面都照顾得到。要能辗转牵引，像滚雪球一样愈滚愈大，可是始终还是一个球。

（三）要从容有含蓄，不要性急。性急是一般人最容易犯的毛病。当你对他讲这样不好，他就以为你主张那样。你说民主制度不好，他就想到你是相信独裁；你批评资本主义，他就想到你是共产党。诸如此类，这都是由于性急之故。我说话时常常不愿说一面理，譬如讲近代西洋政治制度时，先说明其牵掣均衡的巧妙处，但我的意思却不在这里。这里是宾；其与我之主张结论相去不知多少路远，在这底下要转弯的；因为我的思想经过了许多变化，只要凭此曲折以衬托出我的正面意思而已。若还以为我的主张是这么样，便是一个大错误。可是在心浅性急的人，却很容易辨不清宾主本末而发生误会。

我最不想发表单篇短文章，不愿在许多问题中抽出一个问题来谈，除非在不得已的时候；因为短文很难将自己整套意思前后曲折发表出来。不能全部拿出来，是我最不甘心的。譬如一幅图画，是由阴阳明暗几面配合成功的；假如阴阳明暗左右前后没有完全排比出来，支节片段的东西就不能供人家的欣赏领略。有时为事实所迫，这不甘心的事却亦作了不少。

　　现在外面对我有误会的太多。其故盖在一般人心浅性急，而我的理论主张又未全盘发表（编者按：全部理论现已出版）。再则道理虽同一道理，而在普通人于事实来到，固可一点即破，不难相遇；事实未到眼前，则千言万语亦殊难了了。这是无可奈何的！中国问题的复杂性与深曲性均达极高程度，大家不了解我倒是件小事；没有研究问题的态度，而耽误了民族社会的前途，却甚可惧！有志青年幸其留意！

择 业

关于择业问题，我觉得最好的态度有两个：

（一）**从自己主观一面出发来决定**。看看自己最亲切有力的要求在哪点；或对于什么最有兴趣。如自己对于社会问题、民族危亡问题之感触甚大，或对自己父母孝养之念甚切，或对家庭朋友的负担不肯推卸，……这些地方都算真切的要求。兴趣即是自己所爱好的，方面很多，自己兴趣之所在，即自己才思聪明之所在。这两方面都是属于主观条件的。从这里来决定自己往前学什么或作什么：学这样或学那样，作这事或作那事。但自己主观上的要求与兴趣虽如是，而周围环境不一定就有机会给你；给你的机会，亦不定合于你的要求、兴趣。这时如果正面主观力量强的话，大概迟早可以打通这个局面。即所谓"有志者，事竟成"。

（二）**由客观上的机缘自然地决定**。这也是一个很好的态度。把自己的心放得很宽，仿佛无所不可，随外缘机会以尽自己的心力来表现自己。这时自己虽无所择而自然有择。这个态度一点不执着，也是很大方的。

最不好的就是一面在主观上没有强有力的要求，兴趣不清楚，不真切，而自己还有舍不开的一些意见选择，于是在周围环境就有许多合意与不合意的分别。这些分别不能解决——一面不能从主观上去克服他，由不合意的环境达到合意的环境；一面又不能如第二个态度之大方不执着——就容易感觉苦闷。苦闷的来源，即在于心里不单纯，意思复杂。在这里我可以把自己说一下，给大家一个参考。

就我个人说,现在回想起来,觉得从前个性要求或个人意志甚强。最易看出的是中学毕业之后不肯升学,革命之后又想出家。可见自己的要求、兴趣很强,外面是不大顾的。从此处转入哲学的研究,从哲学又转入社会问题之研究与作社会运动;这仿佛是从主观一面出发的多。但这许多年来在实际上我觉得自己态度很宽大,不甚固执,随缘的意思在我心里占很大位置。就我的兴趣来说,现在顶愿作的事,就是给我一个机会,让我将所见到的道理,类乎对社会学的见地与对哲学的见地,能从容地写出来,那在我真觉得是人生唯一快事。但是目前还须要应付许多行政事情,我识人任事似非所长,所以有时会觉得苦。可是我不固执,几乎把我摆在哪里就在哪里,顺乎自然的推移,我觉得把自己态度放得宽大好一点。"不固执""随缘",多少有一点儒家"俟天命"的意思。我自己每因情有所难却,情有所牵,就顺乎自然地随着走。

我的情形大概如此。同学对个人问题应从主观、客观各方面来审量一下,或偏治学,或偏治事,治学治何种学,治事作何种事,来得一决定,向前努力。

对异己者的态度

对方即与我方向不同的人，与我主张不同的人，我们都要原谅他。并要承认对方之心理也是好的，不应作刻薄的推测。同时，在自己的知识见解上要存疑，怕也不必都对。我觉得每个人对自己之知识见解，常感觉自己不够，见闻有限。自觉知识见解低过一般人，旁人都像比我强。这种态度，最能够补救各种不同方向（派别）的彼此冲突之弊而互相取益。冲突之所由起，即在彼此都自以为是。如此，则我不容你，你又妨碍我，彼此牵掣牺牲，互相折毁，无非是各人对自己之知识见解自信得太过，对对方人之心理有过于刻薄的看法，而有根本否认对方人的意思。此种态度，为最不能商量的态度。看不起对方人，根本自是，就不能商量，落于彼此相毁，于是大局就不能不受影响了。故彼此都应在心术上有所承认，在人格上有所承认，只是彼此所见尚须商量，然后才可取得对方之益，达于多分对的地步。我每叹息三十年来各党派、各不同运动的人才，都不可菲薄。但他们都有一个最大的缺点。此缺点就是在没有如上面所述的那种态度。对对方不能相信相谅；而且自己又太自信。所以虽是一个人才，结果，毁了别人，也毁了自己。毁在哪里？就毁在态度上。人生本来始终脱不开与人互相交涉的。越往后，人生关系越复杂，越密切；彼此应当互相提挈合作，才是对的。可是和人打交涉，相关系，有一个根本点，就是：必须把根本不相信人的态度去掉。把我们说的意思放在前头，才是彼此相往来的根据；否则就没有往来交涉的余地了。如从不信任的地方对人，就越来越不信任人；转过来从信任人的方面走，就越来越信任人。不信任人的路，是越走越窄，是死路；只有从信任人的路上去走，才可开出真正的关系和事业的前途来。

猴子的故事

人类顶大的长处是智慧；但什么是智慧呢？智慧有一个要点，就是要冷静。譬如：正在计算数目，思索道理的时候，如果心里气恼，或喜乐、或悲伤，必致错误或简直不能进行。这是大家都明白的事。却是一般人对于解决社会问题，偏不明此理。他们总是为感情所蔽，而不能静心体察事理，从事理中寻出解决的办法。像是军阀问题，麻木不仁者不去关心；去想这问题的人，便不胜其憎恶排斥之情，不复能分析研究其所从来。那么，想出的办法，就不外是打倒军阀之类了。又如要求国家统一的人，不能分析研究中国陷于不统一的由来，总是急切地要求统一，那么就以武力来统一了。然而打倒军阀者，试问可曾打倒没有呢？以武力求统一者，试问统一了没有呢？

我想说一个猴子的故事给大家听。在汤姆孙科学大纲上叙说一个科学家研究动物心理，养着几个猩猩猴子作实验。以一个高的玻璃瓶，拔去木塞，放两粒花生米进去。花生米自然落到瓶底，从玻璃外面可以看见，递给猴子。猴子接过，乱摇许久，偶然摇出花生米来，才得取食。此科学家又放进花生米如前，而指教他只须将瓶子一倒转，花生米立刻出来。但是猴子总不理会他的指教，每次总是乱摇，很费力气而不能必得。此时要研究猴子何以不能领受人的指教呢？没有旁的，只为他两眼看见花生米，一心急切求食，就再无余暇来理解与学习了。要学习，必须他两眼不去看花生米，而移其视线来看人的手势与瓶子的倒转，才行。要移转视线，必须他平下心去，不为食欲冲动所蔽，才行。然而他竟不会也。猴子智慧的贫乏，就在此等处。

人们不感觉问题，是麻痹；然为问题所刺激，辄耐不住，亦不行。要将问题放在意识深处，而游心于远，从容以察事理。天下事必能了解他，才能控制他。情急之人何以异于猴子耶？

还要注意：人的心思，每易从其要求之所指而思索办法；观察事理，亦顺着这一条线而观察。于是事理也，办法也，随着主观都有了。其实只是自欺，只是一种自圆其说。智慧的优长或贫乏，待看他真冷静与否。

没有勇气不行

没有智慧不行，没有勇气也不行。我不敢说有智慧的人一定有勇气；但短于智慧的人，大约也没有勇气，或者其勇气亦是不足取的。怎样是有勇气？不为外面威力所慑，视任何强大势力若无物，担荷若何艰巨工作而无所怯。譬如：军阀问题，有的人激于义愤要打倒他；但同时更有许多人看成是无可奈何的局面，只有牵就他，只有随顺而利用他，自觉我们无拳无勇的人，对他有什么办法呢？此即没勇气。没勇气的人，容易看重既成的局面，往往把既成的局面看成是一不可改的。说到这里，我们不得不佩服孙中山先生，他真是一个有大勇的人。他以一个匹夫，竟然想推翻二百多年大清帝国的统治。没有疯狂似的野心巨胆，是不能作此想的。然而没有智慧，则此想亦不能发生。他何以不为强大无比的清朝所慑服呢？他并非不知其强大；但同时他知此原非定局，而是可以变的。他何以不自看渺小？他晓得是可以增长起来的。这便是他的智慧。有此观察理解，则其勇气更大。而正唯其有勇气，心思乃益活泼敏妙。智也，勇也，都不外其生命之伟大高强处，原是一回事而非二。反之，一般人气慑，则思呆也。所以说没有勇气不行。无论什么事，你总要看他是可能的，不是不可能的。无论若何艰难巨大的工程，你总要"气吞事"，而不要被事慑着你。

我们应有的心胸态度

社会上一般人，有的以共产党为洪水猛兽，有的以军阀为贪鄙糊涂，其实这都是因为隔膜的缘故。人与人彼此之间，都相差不多，距离是很近的；如果有距离，只是到末流时才大，开头是很小的。社会间的人，需要彼此了解；否则彼此隔阂，将会增加社会的不安，是社会扰乱冲突的主要因素。

再则此人作军阀，彼人作共产党，其责任均不在他自己。过分责备与过分看重这一个人，同样是很错误的事。我们应当看重社会关系与其历史的演变。个人在社会中的分量真是太小了，社会环境之力真是太大啊！昔时有人批评曹孟德为"治世之能臣，乱世之奸雄"；为能臣，为奸雄，其权不在于他自己，而在于治世乱世的社会环境，在此种社会中则如此，在彼种社会中则又将如彼，这真是最确实的话。因此，我们所要做的功夫，要紧的就在转移社会之大势，把每一个人放在一个合适的场合中，使他们得以尽量发展其天才，各得其所用。我的用心与认识就是如此。乡村建设运动，必能如此转移社会大势，才有其意义。

至如何转移社会大势的话，我在《乡村建设理论》中都曾述及，现在不再细说。但都必须先认清中国社会的形势才好讲。中国社会的形势与其他社会的形势是颇相反的，尤其是在想借着这形势来解决社会问题的时候，更将走入不同的路径。照一般的例说，每一个国度内，都有几种样、几部分、几方面不同的势力，在他们彼此间，一面是相互依存，一面又是互相矛盾，如果互相依存的一面多有发挥的可能时,那么,这社会就平顺地向上进步;如果进步到满了那可能的限度时,则其矛盾的一面就严重化、尖锐化,而免不了要爆发革命。所有其政治构造都是依于此形势而建立;所有其社会内各样的政治运动,亦无非本着其为某种样、某部分、某方面势力的背景和立场而向前竞争或斗争。在竞争斗争中,也有走调和联合路的,但没有单纯走调和联合路的;因为其间常有不可避免的矛盾冲突,而无法言调和联合。中国今日恰是落到一个散而且乱的情形,其社会内部没有清楚的分野,一切人的背景立场可以说都不同,又都差不多,其间的矛盾都不重大、不坚强;因此几乎无法形成一种政治构造。但只有一条路可走,那就是尽着力量抛开各自特殊的背景、立场,而单纯地求调和、联合,以谋其社会内部的调整统一,以应付国际环境。

我深刻相信,人当初的动机都是好的,没有谁安心去害人。……我们在这时切不可把人家看得都不好,把自己看得都太好;应当深切认识人都是差不多的。——人情大抵不相远。把自己的心先空洞起来,打破一切成见,去掉一切隔膜,彼此才可以求了解,才可以沟通一切而联合一切,才可以转移社会关系,才可以挽救这垂危的民族!唯有这条道路可以走。现在所要的是要合不要分,要通不要隔。谁能联合一切,打通一切,谁就能转移社会关系而让民族复活的。民族的生命就维系在这一点上。所以,我们都应当有这样的心胸态度,并以此相信、相谅、相勉!

开诚布公以立信

现在社会上，实在找不出一个让多数人信得及的人或团体，他们——人或团体——在谈话时，都说得非常之好，非常动听；但是人却总不敢相信他，都以为他的背后还别有用意；这是现在中国社会上的一种普通现象。即以我们的乡村运动来说，别人在未了解以前，也同样地以为我们别有企图，而非真来作此工作。中国社会之不安，半由于斯。此种不相信之态度，实非好现象。不相信，一切事都难做通，事情唯有相信才可以做得通。如《大公报》几次抗日募捐，数目达到七十万元之巨，社会人士踊跃输将，而不稍有疑心；此其故，即以其信用已生根于社会，人人皆信得及，相信其不致有何差误，故敢坦然相托。中国今日民穷财困，达于极点，六七十万元在西洋社会原自不成问题，而在中国则着实不易；由此可以看出社会人士之重义，及要求公道之心理是如何迫切。但现在情形，到处乌烟瘴气，黑幕重重，使社会找不出一个信得及的人或团体，以致满怀热诚，无由发泄，虽欲援助亦无从援助起。故目前社会要求有信用的人或团体，真是如饥如渴！古人云："民无信不立"，旨哉言乎！此意思实甚重要。不相信的态度，实为一大乱源。因不相信，故各怀鬼胎，互为猜忌；事情原无恶意，但如此一来，便亦"好意当作恶冤家"了。

人与人之间是如此，社会与社会间亦恰无二致。如此下去，其危机不言可喻。现在的问题，是在如何才能使社会信得及。以我所见，这只有彻底的开诚布公，将一切暧暧昧昧遮遮掩掩的行为，根本铲除。好事情固可昭然于社会；即不好的事，也必须直言不讳，一切都公开。这样自然一面可以解除误会；一面也渐渐地可以使人对你信得及。的确，人心都是要求光明磊落的，凡是光明磊落说出做出的事情，即便不好，人也甘心。人最不乐意于藏头露尾，半吞半吐的把戏。此道理无论在家庭之间、政府与人民之间、一切人与人之间，皆是如此。如能看透此点，本此去公开作事，自然可以行得通。自身先不使人怀疑，人家才肯相信；人相信得及，才肯舍死相助，终至万众一心。

我的信念

第一个信念：我觉得每人最初的动机都是好的，人与人都是可以合得来的，都可以相通的。不过同时每一个人亦都有些小的毛病。因人人都有毛病（不过有多少轻重之分），故让人与人之间，常有不合不通的现象。虽不合不通之事常有，但人在根本上说，向上要好，还是人同此心，心同此理，究竟有其可合可通之处。在我们应努力去扩大此可相通相合之点，与天下人作朋友，而不与人隔阂分家。这是我第一个信念。我总是相信人，我总觉得天下无不可合作之人，我始终抱定这信念而向前迈进，毫不犹疑！

第二个信念：我觉得一切的不同都是相对的，比较的。换言之，即一切的不同都是大同小异。自其异者而观之，则无往而不异；自其同者而观之，则实亦无何大不同。所以彼此纵有不同，不必看成绝对鸿沟之分。更进一步说，即不同，其实亦不要紧，天下事每每相反而实相成。章行严先生因墨子有尚同之说，故标尚异之说，以为要欢迎异的，要异才好。我们在见解主张上不必太狭隘、固执；要能"宽以居之"，方能将各方面容纳进去。如果对于方向路子拿得很狭隘，往前去作，难得开展。所以我于异同之见不大计较。此原则，我运用亦有时失败，不过那只是安排得不恰当；我现在惟有盼望我更智慧一点，不再蹈以前的错误。但我始终要本此态度作去。

谈合作

普通之所谓合作，大概都是指着在经济上的事情，这是狭义的合作。这话不必说。现在说广义的合作。

有一位朋友说："小合作有小成就，大合作有大成就，不合作就毫无成就。"此意甚的。这不独是说到经济方面，即是说到了人生的道理、社会的道理，亦无一不是这样。大概从现在往前去——往将来去，人类的社会关系，将慢慢地越来越复杂，大家都必须在相关系中而生活；你想自顾自，与人分离而能独立生活，实在没有这回事。在事实上催逼着你非趋向于合作不可。若是各顾自己，则不惟自己不能生活，而社会的整个关系，都将不能维持。所以必须在合作的根本上注意一下。

怎样才能合作呢？在这里有一句顶要紧的话是："气要稳，心要通"。怎样才能把气稳得住？就是要注意当下，在眼前问题上、事情上下功夫；不能这样就是气不稳。如听我讲演，眼向外看就是气不能稳。再说心通，不独自己要通，尤要与人家的心相通；不与人家的心相通，则无由合作。气稳才能作，"作"字有了；心通——情谊通，这就是，"合"字有了。

"心通——情谊相通"。这句话，说容易很容易，说不容易也很不容易。别看两人在一起做事情，表面固然没有什么，但如果都是勉强对付，这样，事情就绝对不能做得好。所以情谊相通，为合作之根本。

但情谊又如何相通呢？这话不能从片面着想，必须从两方面来说：一面是自己，一面是人家。在自己一面必须常体会对方的心理、意思、情形才行。彼此必须互以对方为重，不容专替自己方面着想。如果你老是为自己打算，为自己着想，将人家的心理、意思，都放置而不顾，这个绝对不行。所以你必须先替人家着想。能替人家着想，就没有不通。通就能做，做更能通，越做越通，大家心情都顺了，就一切事没有不能做的。情谊不通的结果，就是彼此互相顶着闹别扭，你干他不干，他不干你也许更不干，这样就会越弄越糟。

  以上这个道理，不独居家过日子是如此，师生之间是如此，政府中人是如此，整个社会中人又何莫不然？人生是到处离不开人，到处必须与人相关系在一起生活过日子。既在一起生活，就应该"共谋一种好的生活"。所以大家必须记住："合作的根本，即在情谊相通；情谊相通，必彼此互以对方为重；惟有情谊才可促进人类的好生活。"将这话牢牢的记住，小心提防。此道理虽甚粗浅，然实为到处有用而终生讲求不尽的道理。情谊相通真是谈何容易啊！

启发社会的力量

我们的运动,就在启发社会的力量;使殆死的散漫的社会,变成活的团聚的社会;从社会没有力量,变成社会有力量。要让社会有力量,须打通地方上有力量的人的心。现在最不好的是大家缺乏公共意识;要社会大家有公共意识,须先在一地方上开出大家的公共意识(从小范围地方自治入手)。

我们要拿好意待一切人,什么人都是有心作好人的。我们要消除种种险阻;人家和我作对,我不与人作对。只要是肯出力替社会负责的人,我们都尽量帮助他。

我说社会太死,是指私意太深。要想社会不死,诚然很难;非有很大的志愿、勇气、信心,不能把这垂死的人心活起来。人的天性是公的,决不是一生下就是私的。老拿这种大公无私的心来点醒他们,不管他们是怎样诡诈,终不能毫无所得。

再有一层,便是作事不要有求急效的心,急着要有成绩,反会成绩毫无。人能常常看见他人的长处,而动佩服之心,自己就会常常向长进里去。

真理与错误

对旁人人格总不怀疑，对自己知识见解总觉得不够，人类彼此才可以打通一切。这态度是根本的。顶要紧的是彻始彻终不怀疑人家心术，彻底的觉得自己的知识见解不够。彻始彻终追求下去，才能了解各派；了解各派到什么程度，才可以超越各派到什么程度，最后的真理获得是可能的。只怕你自满，只怕你不去追求。

真理同错误，似乎极远，却又极近。任何错误都有对，任何不对都含有真理；他是错，已经与对有关系，他只是错过了对。怎样的错，总还有一点对；没有一丝一毫的对，根本没有这回事。任何错误意见都含有对；较大的真理是错误很少，最后的真理是错误的综合。错就是偏，种种的偏都集合起来，容纳起来，就是真理。容纳各种派，也就超越了各种偏，他才得有各种偏。最后的真理就是存在这里。

我说每种学说都有他的偏处，并不是说没有最后的结论。凡学问家都是搜集各种偏，而人类心理都是要求统一。不断地要求统一。最后必可做到统一。最有学问的人，就是最能了解错误来源的人；有最高见解的人，是能包括种种见解的人。人类心理有各种的情，常常表现在各种的偏上，好恶可以大相反。可是聪明一点的人，生命力强感情丰富的人，他能了解各种偏的来源，而能把种种的偏都包含进去，所以他就能超。圣人能把各种心理都容进来，他都有，所以他是最能了解一切的人而通天下之情。所以说真理是通天下之见，是一切对或一切错误的总汇。孟子说："圣人先得我心之所同然。"(孟子所谓同然有所指,姑为借用。)圣人对人都有同然;性情很好的人,圣人与他有同然;即性情极怪的人,圣人也与他有同然。圣人完全了解他,所以同然。圣人与天下人无所不同然。最有高明见识的人,才是最能得真理的人;他对于各种意见都同意,各种错误都能了解。

成功与失败

没有志气的人，没有成败可说；有志气的人，没有经过二三十年奋斗不懈的阅历，也不会懂得成功与失败是怎么一回事。成功是什么呢？成功是巧，是天，不是我。失败是什么呢？失败是我，是我的错误，我有缺漏。

一事之成，都须要若干方面、若干条件的凑合。百分之九十九都凑合了，一分凑不齐，便不成。在这百分中，有若干是须要自己努力的；有若干是自己努力不来，而有待于外的。而细审之，没有哪一点不须要自己精神贯注，亦没有那一点不有待于外面机会（非自己力所能及）。然而一个人（或一伙人，或一个团体），怎能没有错误呢？没有缺漏呢？聪明而晓事的人，早晓得自己大小错误多得很，缺漏到处皆是。凡自以为我无过者，都是昏庸蠢劣之极。天下固无无过之事也。说"我无过"者，正已是从头错到底，更不消同他论什么过不过。错误了，而居然不从这里出岔子，而混得过去，岂非天乎！一次混过去，二次又混过去；这里没出岔子，那里又没出岔子；岂非天之又天乎！成功是什么？成功是巧而已，是侥幸而已。古往今来，于事业有成功者，而其人又聪明晓事，吾知其于成功之时必有此叹也。而失败了呢？则不得怨人。一切失败，自然都是各面不凑合，什么事本非自己所能包办的。然而失败之由，总在自己差失处，精神不照处，或是更大的错误，根本错误。像是楚霸王的"天亡我也"，虽在某时亦确有此叹；不过，若因此将自己许多错误缺漏都不算，那还是蠢劣，自己不要强。所以说失败是我，我值其咎。古往今来，一切失败者，而其人又自己真要强，吾知其于努力失败时必如此负责也。

成功的事和失败的事相比较，其当事者内里所有疏漏孰多孰少，亦许差不多；不过一则因其成功而见不出，一则因其失败而不可掩耳。古人云："不可以成败论人"，旨哉言乎！其理盖如此。

先父所给予我的帮助

我从小学起一直到现在，回想一下，似乎不论在什么地方，都是主动的，无论思想学问作事行为，都像不是承受于人的，都是自己在那里瞎撞。几乎想不出一个积极的、最大的能给我帮助的人来。我想到对我帮助最大的、最有好处的，恐怕还是先父。

先父给我的帮助是消极的，不是积极的。我在《思亲记》上曾说到这意思。我很奇怪，在几十年前那样礼教的空气中，为父亲的对儿子能毫不干涉。除了先父之外，我没有看见旁人的父亲对他的儿子能这样的信任或放任。恐怕我对于我自己的儿子，也将做不到。先父对我的不干涉，最显著的有三点：

（一）我在中学将要毕业的时候，一面考毕业试验，一面革起命来。本来在未毕业时，已与革命党人相通，毕业后便跟着跑革命。到第二年民国成立，照普通说，这时应当去升学，不应当去干没有名堂的把戏。——我们那时的革命，虽也弄什么手枪炸弹，但等于小孩子的玩艺，很不应如此。而我不想去升学，先父完全不督促，不勉强我。先父的人生思想是向上的，有他的要求主张，可是他能容纳我的意思而不干涉。何以能如此？我现在还完全想不到。

（二）后来我由政治革命，由社会主义转到佛家，自己终天东买一本佛书，西买一本佛书，暗中自去摸索，——这也是主动的瞎撞，一直瞎撞若干年。——先父也不干涉。先父有他的思想，他自以为是儒家的，可是照我的分析，先父的思想与墨家相近，可说表面是儒家而里面是墨家的精神，对于佛学很不喜欢。我既转向佛家，我就要出家，茹素，不娶妻，先父只将他的意思使我知道，而完全不干涉我。这就成就我太大。那时我虽明白先父不愿的意思，但我始终固执，世界上恐怕找不出像我这样固执的人来。

（三）就是不娶妻。这事在他人非干涉不可。我是两弟兄，我哥结婚十年，没有儿子。照普通说，老人都很盼望有孙，尤其先父自民国元年至民国七年间。始终抱殉道之念——不愿苟活之意，自己存心要死，又当晚年没看见孙，有后无后将不知道；在普通人情，一定要责备我。可是先父半句责备的话都没说。就是我母亲在临终之前，告诉我不要固执己见，应该要娶亲；而先父背后告诉我说：虽然母亲意思如此，可不一定依照，还是以自己意思为主。民国七年先父在要殉节的时候，仍无半句话责成我要结婚，他是完全不干涉。这个信任或放任——这放任非不管，另有他的意思，即于放任中有信任。——给我的好处帮助太大，完全从这消极的、大的帮助，让我有后来的一切。大概在先父看到这一点：这孩子虽然是执拗错误，但自己颇有自爱要强的意思，现在虽错，将来可"对"，这"对"可容他去找，现在不要干涉。先父的意思，恐怕就是这样。

我的生活实情

我自己行动多悔,差不多几十年来总是这样子。所谓心安理得者,在我心中很不容易继续,即很不容易比较没有问题,不后悔。这有两层原因:自己从小时起,要强,不同流俗的意气盛,这种意气支配了自己,就容易有悔有悟。反过来说,如一个平常流俗的人也许没有这样多的问题。这是一层。还有一层,就是时代正当到大转变,入于纷乱,无正轨可循,无路子可走。碰到这时代,很难作到平稳,若真是能作到常常心安理得,怡然理顺,必然是内里面生命力很强,功夫作到很高的程度。我既是那样一个人,所遭遇的又是这样一个时代,故很难没有问题;而同时心中自己对自己有问题,所以力量不大,因为许多力量都耗费在自己身上也。故一种奋爽有力的生活不能长,只是一阵而已。本来在这时代、在这世界,所需要的是对大局有判断,对自己生活能奋爽有力,而我生活上的奋爽有力却不能长,心中常常是徘徊游移。可说情绪方面不安。从眼前一件小的事情可以作例。就是我到广州去不去,在心中都不能爽快的决定。这就是不行,都是心中有毛病,没有力量。在不能爽快的决定时,即事后容易追悔的一个预兆。这件事情——到广州去——是一件小的事情,但还有比这更小的事情,譬如在一天中作什么事,或人家来信如何回答,或有问题如何处理,细细想来,所谓心安理得爽快有力,都作不到。我现在差不多没有旁的要求,我所求的是能够常常心安理得,内部很妥贴。自己行动很顺,少遗恨。那么,这个样子,我心里头可以说是舒服好过,而表现在外面的或许比现在有力量。

大概总是自己有许多毛病习气不能化除，而同时自己又不肯糊涂马虎。如真是糊涂马虎，也许就混过了。我希望大家各自看自己，这个没有旁的，只看自己没有可悔的，是不是自己都很顺，自己对自己有否满足的地方。马虎也许是让自己少苦的，可是马虎是一大危险。并且是，自己不知道马虎而马虎，还没有什么；若有意的马虎，心中一定很苦。

怕人类到今天顶不好办——精神上不好办，尤其是今日之中国人不好办，其精神上之苦闷，难得条理顺当。可是精神上不能条理顺当，则没有力量，不能创造，不能打开局面。所以，在这时想法作对精神的条顺功夫是非常必要的。

我自己的长短

我的长处，归结言之，可有两点：一点为好学深思，思想深刻；一点则为不肯苟同于人。至于短处，不能用一句话说出来，大概说来就是自己不会调理自己，运用自己。头脑好像一条长的绳索，发挥放射出去，就收不回来，如我之好犯失眠症即其显证。要治此病，我自己也有一个方法，就是"诚"。大家或许也看出我是一片真诚；不过，实在说来，也在某一些地方上的念头不单纯。意思多就是不诚。不诚，则自己全副生命不能凝集于一处。意思纷歧，念头就拴不住，仍然是不由自主的在活动。

在表面上似是自己能管理自己，旁人也看我是如此，如吃苦耐劳，屏绝嗜好，食色都很淡泊，其实这都是自己在勉强自己，勉强就等于以一个我管理一个我。他不是整个生命力的伟大活泼，就是不诚、不真切，这是不对的。我自己很知道生命力要是活泼的整个的才对，可是老是做不到。别人看我像是很好，其实内里也有毛病。

求到而做不到，这在我的确很苦，所以我求师求友之念极切，常想如何得遇哲人救我一下。孔子，是千载不遇的；就是遇到阳明先生及其弟子来教导我一下也好。我如果遇到，就把全生命交给他，要我如何我便如何。但这样的人在现在人类社会中仿佛没有，也或许是我求师求友之念不很真切吧？

大概一切生物都像机器一样，不停止的不自主的在那里转，只有中国和印度的古代贤哲是比较进步了好多，他了解自己是如何去转，能以自动的转，不是机械的转。我自己觉得我现在还是在那里不自主的转。在学理上，我是比普通所谓学者的能了解人是自主的、自由的，自己可以运用自己，即中国印度贤哲的境界我知道了一点；（普通人大都是不自主而自己还不了解，此实糊涂危险。）但还是没有做到那一种地步。这是我的一个缺欠。

三种人生态度
——逐求、厌离、郑重——

"人生态度"是指人日常生活的倾向而言，向深里讲，即入了哲学范围；向粗浅里说，也不难明白。依中国分法，将人生态度分为"出世"与"入世"两种，但我嫌其笼统，不如三分法较为详尽适中。我们仔细分析：人生态度之深浅、曲折、偏正……各式各种都有；而各时代、各民族、各社会，亦皆有其各种不同之精神；故欲求不笼统，而究难免于笼统。我们现在所用之三分法，亦不过是比较适中的办法而已。

按三分法，第一种人生态度，可用"逐求"二字以表示之。此意即谓人于现实生活中逐求不已：如，饮食、宴安、名誉、声、色、货、利等，一面受趣味引诱，一面受问题刺激，颠倒迷离于苦乐中，与其他生物亦无所异；此第一种人生态度（逐求），能够彻底做到家，发挥至最高点者，即为近代之西洋人。他们纯为向外用力，两眼直向前看，逐求于物质享受，其征服自然之威力实甚伟大，最值得令人拍手称赞。他们并且能将此第一种人生态度理智化，使之成为一套理论——哲学。其可为代表者，是美国杜威之实验主义，他很能细密地寻求出学理的基础来。

第二种人生态度为"厌离"的人生态度。第一种人生态度为人对于物的问题。第三种人生态度为人对于人的问题，此则为人对于自己本身的问题。人与其他动物不同，其他动物全走本能道路，而人则走理智道路，其理智作用特别发达。其最特殊之点，即在回转头来反看自己，此为一切生物之所不及于人者。当人转回头来冷静地观察其生活时，即感觉得人生太苦，一方面自己为饮食男女及一切欲望所纠缠，不能不有许多痛苦；而在另一方面，社会上又充满了无限的偏私、嫉妒、仇怨、计较，以及生离死别种种现象，更足使人感觉得人生太无意思。如是，乃产生一种厌离人世的人生态度。此态度为人人所同有。世俗之愚夫愚妇皆有此想，因愚夫愚妇亦能回头想，回头想时，便欲厌离。但此种人生态度虽为人人所同具，而所分别者即在程度上深浅之差，只看彻底不彻底，到家不到家而已。此种厌离的人生态度，为许多宗教之所由生。最能发挥到家者，厥为印度人；印度人最奇怪，其整个生活，完全为宗教生活。他们最彻底，最完全，其中最通透者为佛家。

第三种人生态度，可以用"郑重"二字以表示之。郑重态度，又可分为两层来说：其一，为不反观自己时——向外用力；其二，为回头看自家时——向内用力。在未曾回头看而自然有的郑重态度，即儿童之天真烂漫的生活。儿童对其生活，有天然之郑重，与天然之不忽略，故谓之天真；真者真切，天者天然，即顺从其生命之自然流行也。于此处我特别指出儿童来说者，因我在此所用之"郑重"一词似太严重。其实并不严重。我之所谓"郑重"，实即自觉地听其生命之自然流行，求其自然合理耳。"郑重"即是将全副精神照顾当下，如儿童之能将其生活放在当下，无前无后，一心一意，绝不知道回头反看，一味听从于生命之自然的发挥，几与向前逐求差不多少，但确有分别。此系言浅一层。

更深而言之，从反回头来看生活而郑重生活，这才是真正的发挥郑重。这条路发挥得最到家的，即为中国之儒家。此种人生态度亦甚简单，主要意义即是教人"自觉的尽力量去生活"。此话虽平常，但一切儒家之道理尽包含在内；如后来儒家之"寡欲""节欲""窒欲"等说，都是要人清楚地自觉地尽力于当下的生活。儒家最反对仰赖于外力之催逼，与外边趣味之引诱往前度生活。引诱向前生活，为被动的、逐求的，而非为自觉自主的；儒家之所以排斥欲望，即以欲望为逐求的、非自觉的，不是尽力量去生活。此话可以包含一切道理：如"正心诚意""慎独""仁义""忠恕"等，都是以自己自觉的力量去生活。再如普通所谓"仁至义尽""心情俱到"等，亦皆此意。

　　此三种人生态度，每种态度皆有浅深。浅的厌离不能与深的逐求相比。逐求是世俗的路，郑重是道德的路，而厌离则为宗教的路。将此三者排列而为比较，当以逐求态度为较浅；以郑重与厌离二种态度相较，则郑重较难；从逐求态度进步转变到郑重态度自然也可能，但我觉得很不容易。普通都是由逐求态度折到厌离态度，从厌离态度再转入郑重态度，宋明之理学家大多如此，所谓出入儒释，都是经过厌离生活，然后重又归来尽力于当下之生活。即以我言，亦恰如此。在我十几岁时，极接近于实利主义，后转入于佛家，最后方归于儒家。厌离之情殊为深刻，由是转过来才能尽力于生活；否则便会落于逐求，落于假的尽力。故非心里极干净，无纤毫贪求之念，不能尽力生活。而真的尽力生活，又每在经过厌离之后。

生命的歧途

昨日阅某生日记云:"人生有三件事,革命、文学与醇酒妇人,三者得一,亦算值得;三者苟能兼而有之,则人生之愿足矣。"又云:"古人言人生有三不朽:立功、立言、立德;立德乃因以前中国无敌国外患,大家闲散,才来讲这鸟事!"这话在从前的人听到,会要生气;如何会将立德看为鸟事?在我们则可以原谅他,而加以分析,指出他的错误。

古人之立功立言立德,只许在其人一生之后由别人来说;不是一个人打算自己将要去立功或立言或立德。如自己考虑要去立德,则更成为虚伪。凡有意要去立功、立言、立德,都是不行的。某生把立德看成这样,那当然只是个装模作样而已;所以他加以藐视而生反感,谓之鸟事。于此我要告诉大家一句话,人生是靠趣味的。对于什么事情无亲切意思,无浓厚兴趣,则这件事一定干不下去。如我从事乡村运动,若没有亲切的意思与深厚的兴趣,而只想着要立德、立功,那简直是笑话,而且一定干不下去。立功之人,在他自己不知是立功,到末了由人家看他是立功而已。如有人误解立言立功立德之说,而自己先打算要去立言立功立德,这是被古人所骗;非古人骗他,而是他自己骗了自己。再如我现在不续娶,虽非以此为乐,亦是甘心情愿;倘若要立德而不续娶,那等于由立德而出卖了自己。这最不成功,亦最冤枉不过。

其次再说革命文学与醇酒妇人。这话亦只是说说而已;说这话的人,于此三事都不会成功。把革命排列在文学酒色之间,这种革命哪得成功？或算不得什么革命。说这话的人，在革命上实亦不够格。文学亦是如此。只有超过文学能产生文学；有意乎文学，其为文学反倒有限。因他没有真的人生，对人生的酸甜苦辣无深刻体会，所以不会产生文学；即有文学，亦难产生极有价值的伟大作品。说这话的人仿佛有一点文人的味道，同时也可以看出其内部力量并不大，所写的也恐怕只是一点颓废的文字而抓不着什么人生的或社会的意义。至于醇酒妇人，说这话的人亦不会成功。一个人如果打算我将这一生沉湎于酒色里罢，他勉强去求未必得到。即得到，那意思也很薄了。趣味怕有意追求，追求则趣味没有了。醇酒妇人只是一种豪举，在这豪举上亦可让人拍拍掌而已。但这要豪性人碰到机会才有此豪举，非求可得。如有人说醇酒妇人多么好，痛快地乐一下吧！其结果可以告诉他："你一定失望，一定会感觉得索然无味，一定会厌恶弃绝。"就因为原系豪人之豪举，不能模仿，不能追求；一追求，什么都完了！所以说：说这话的人亦只说说而已，在他都不会成功。

在某生因对立德误解，由此而生反感，我们从他这反感上看去时，可以看出传统观念在他身上很少；从社会方面来的压迫，在他身上有力量来表示不服。本来在这时代因袭势力已经衰退，对个人已无多大压迫，青年人之反抗亦非难事。但究竟于此还可以看出有点力量，还可以看出高强的不平凡的心理。这是可取的一点。至于对革命文学醇酒妇人的想望，此系从其不健全心理发生的。他大概是感情不舒快，而要求舒快，不觉流露出来。除此之外没有旁的。这完全属于一时感情作用，产生不出什么结果。所谓健全心理，是沉着有力的、统一的，不单有感情，而且有理智，有意志。由此健全心理发出来的念头，才有力量，才是自由的、统一的。若只从片面感情求舒快，其本身方陷于问题中而无法超脱，这不是自由的，这是生命的歧途；值不得我们的同情的。

一般人对道德的三种误解

按我的解释，道德就是生命的和谐。普通一般人对道德有三种不同的误解：

（一）认道德是拘谨的。拘谨都是牵就外边，照顾外边，求外边不出乱子，不遭人非议，这很与乡愿接近。所谓道德，并不是拘谨；道德是一种力量，没有力量就不成道德。道德是生命的精彩，生命发光的地方，生命动人的地方，让人看着很痛快，很舒服的地方，这是很明白的。我们的行动背后，都有感情与意志的存在（或者说都有感情要求在内）。情感要求越直接，越有力量；情感要求越深细，越有味道。反过来说，虽然有要求，可是很迂缓，很间接，这样行动就没有力量，没有光彩。还有，情感要求虽然是直接，但是很粗，也没有味道。

（二）认道德是枯燥的。普通人看道德是枯燥的，仿佛很难有趣味。这是不对的。道德本身就是有趣味的。所以说："德者得也"；凡有道之士，都能有以自得。——人生不能无趣味，没趣味就不能活下去。人之趣味高下，即其人格之高下，——人格高下，从其趣味高下之不同而出；可是，都同样靠趣味，离开趣味都不能生活。道德是最深最永的趣味，因为道德乃是生命的和谐，也就是人生的艺术。所谓生命的和谐，即人生生理心理——知、情、意——的和谐；同时亦是我的生命与社会其他的人的生命的和谐。所谓人生的艺术，就是会让生命和谐，会作人，作得痛快漂亮。普通人在他生命的某一点上，偶尔得到和谐，值得大家佩服赞叹，不过这是从其生命之自然流露而有，并未在此讲求，儒家则于此注意讲求，所以与普通人不同。儒家圣人让你会要在他的整个生活，——举凡一颦一笑一呼吸之间，都佩服赞叹，从他的生命能受到感动变化。他的生命无时不得到最和谐，无时不精彩，也就是无时不趣味盎然。我们在这里可以知道，一个人常对自己无办法，与家人不调和，这大概就是生命的不和谐、道德的不够。

（三）认道德是格外的事情，仿佛在日常生活之外，很高远的，多添的一件事情。而其实只是在寻常日用中，能够使生命和谐，生命有精彩，生活充实有力而已。道德虽然有时候可以发挥为一个不平常的事；然而就是不平常的事，也还是平常人心里有的道理。道德并不以新奇为贵，故曰庸言庸行。

道德为人生艺术

普通人对于道德容易误会是拘谨的、枯燥无趣味的、格外的或较高远的，仿佛在日常生活之外的一件事情。按道德可从两方面去说明：一面是从社会学方面去说明，一面是从人生方面去说明。现在我从人生方面来说明。

上次所说的普通人对于道德的三点误会，由于他对道德没有认识使然；否则，便不会有这种误会。道德是什么？即是生命的和谐，也就是人生的艺术。所谓生命的和谐，即人生生理心理——知、情、意——的和谐；同时，亦是我的生命与社会其他的人的生命的和谐。所谓人生的艺术，就是会让生命和谐，会作人，作得痛快漂亮。凡是一个人在他生命某一点上，值得旁人看见佩服、点头、崇拜及感动的，就因他在这个地方，生命流露精彩，这与写字画画唱戏作诗作文等作到好处差不多。不过，在不学之人，其可歌可泣之事，从生命自然而有，并未于此讲求。然在儒家则与普通人不同，他注意讲求人生艺术。儒家圣人让你会要在他整个生活举凡一颦一笑一呼吸之间，都感动佩服，而从他使你的生命受到影响变化。以下再来分疏误会。

说到以拘谨，守规矩为道德，记起我和印度太戈尔的一段谈话。在民国十三年时，太戈尔先生到中国来，许多朋友要我与他谈话，我本也有话想同他谈，但因访他的人太多，所以未去。待他将离开北平时，徐志摩先生约我去谈，并为我们作翻译。到那里，正值太戈尔与杨丙辰先生谈宗教问题。杨先生以儒家为宗教，而太戈尔则说不是的。当时徐先生指着我说：梁先生是孔子之徒。太戈尔说：我早知道了，很愿听梁先生谈谈儒家道理。我本无准备，只就他们的话而有所辨明。太戈尔为什么不认为儒家是宗教呢？他以为宗教是在人类生命的深处有其根据的，所以能够影响人。尤其是伟大的宗教，其根于人类生命者愈深不可拔，其影响更大，空间上传播得很广，时间上亦传得很久远，不会被推倒。然而他看儒家似不是这样。仿佛孔子在人伦的方面和人生的各项事情上，讲究得很妥当周到，如父应慈，子应孝，朋友应有信义，以及居处恭，执事敬，与人忠等等，好像一部法典，规定得很完全。这些规定，自然都很妥当，都四平八稳的；可是不免离生命就远了。因为这些规定，要照顾各方，要得乎其中；顾外则遗内，求中则离根。因此太戈尔判定儒家不算宗教；而很奇怪儒家为什么能在人类社会上与其他各大宗教却有同样长久伟大的势力！我当时答他说：孔子不是宗教是对的；但孔子的道理却不尽在伦理纲常中。伦理纲常是社会一面。《论语》上说："吾十有五而志于学，三十而立，四十而不惑，五十而知天命，六十而耳顺，七十而从心所欲不逾矩。"所有这一层一层的内容，我们虽不十分明白，但可以看出他是说的自己生活，并未说到社会。又如《论语》上孔子称赞其门弟子颜回的两点："不迁怒，不二过，"也都是说其个人本身的事情，未曾说到外面。无论自己为学或教人，其着重之点，岂不明白吗？为何单从伦理纲常那外面粗的地方来看孔子呢？这是第一点。还有第二点，孔子不一定要四平八稳，得乎其中。你看孔子说："不得中行而与之，必也狂狷乎！"狂者志气很大，很豪放，不顾外面；狷者狷介，有所不为，对里面很认真；好像各趋一偏，一个左倾，一个右倾，两者相反，都不妥当。然而孔子却认为可以要得，因为中庸不可能，则还是这个好。其所以可取处，即在各自其生命真处发出来，没有什么敷衍牵就。反之，孔子所最不高兴的是乡愿，如谓："乡愿德之贼也。"又说："过我门而不入我室，我不憾焉者，其唯乡愿乎！"乡愿是什么？即是他没有他自己生命的真力量，而在社会上四面八方却都应付得很好，人家称他是好人。孟子指点得最明白："非之无举也，刺之无刺也，同乎流俗，合乎污世，居之似忠信，行之似廉洁，众皆悦之，自以为是，而不可与入尧舜之道。"那就是说外面难说不妥当，可惜内里缺乏真的。狂狷虽偏，偏虽不好，然而真的就好。——这是孔孟学派的真精神真态度，这与太戈尔所想像的儒家相差多远啊！太戈尔听我说过之后，很高兴的说："我长这样大没有听人说过儒家这道理；现在听梁先生的话，心里才明白。"世俗误会拘谨，守规矩为道德，正同太戈尔的误会差不多。其实那样正难免落归乡愿一途，正恐是德之贼呢！

　　误以为道德是枯燥没趣味的，或者与误认拘谨守规矩为道德的相连。道德诚然不是放纵浪漫；像平常人所想象的快乐仿佛都在放纵浪漫中，那自然为这里（道德）所无。然如你了解道德是生命的和谐，而非拘谨守规矩之谓，则生命和谐中趣味最深最永。"德者得也"，正谓有得于己，正谓有以自得。自得之乐，无待于外面的什么条件，所以其味永，其味深。我曾说过人生靠趣味，无趣味则人活不下去。活且活不下去，况讲到道德乎？这于道德完全隔膜。明儒王心斋先生有"乐学歌"（可看《明儒学案》），歌曰："乐是乐此学，学是学此乐，不乐不是学，不学不是乐。"其所指之学，便是道德，当真，不乐就不是道德呀！

　　道德也不是格外的事。记得梁任公先生、胡适之先生等解释人生道德，喜欢说小我大我的话，以为人生价值要在大我上求，他们好像必须把"我"扩大，才可把道德收进来。这话最不对！含着很多毛病。其实"我"不须扩大，宇宙只是一个"我"，只有在我们精神往下陷落时，宇宙与我才分开。如果我们精神不断向上奋进，生命与宇宙通而为一，实在分不开内外，分不开人家与我。孟子说："今人乍见孺子将入于井，皆有怵惕恻隐之心。"这时实分不出我与他（孺子）。"我"是无边际的，那有什么小我大我呢？虽然我们为人类社会着想，或为朋友为大众卖力气，然而均非格外的，等于我身上痒，我要搔一搔而已。

新年的感触

元旦早晨所讲"过年的哲学"的意思没有说得好，使人不容易明白，甚或误会我要当真地很痛快地去乐一下，所以现在再将我心里所要说的话说一下。

我历次看到所开的同乐会，都感觉没有一次作得好。大约因为我们平常生活没有对，所以无论在什么上所表露出来的都不好，所以我历次在会场上都感觉不是味道。演剧没有演好，即讲故事说笑话亦没有讲说得好。我差不多在每一次有这种举动之后就留有一种不好受的味道，两三天才能过去。今天起来，这种不好受的味道又呈现心头，现在想起四句话可以帮助明白我的意思。

第一句——"乐不难，乐之后不苦难。"不但在乐之后，即在乐之中间也会感到凄凉。老是灯红酒绿热闹不散，仍然是苦，能于乐之后乐之中没有旁的味道就对了。

第二句——"行动之后无悔难。"就我自己来讲，我的内心生活常常不调和。从那里见出？从行动多悔见出。从行动多悔中，一面固可见出自己向上心没有麻木，常常自觉，——觉得之后便不好过；一面也正可见出没有达到生命的和谐。

第三句——"奋勇之后继续难。"于奋勇之后而能继续，这个奋勇才不是勉强的，而是自然的，得到了生命的自然韵律。但这个在普通人很难能沉着持续。

第四句——"人活着不难，活着不生厌离之感难。"没有厌世之心很难。我自己就是从年纪很小时对人生曾动厌离之感。大概能够在生活中不是太麻木、糊涂、鬼混，而又能不生厌离之感者，这个人生大体就算不错了。反过来说，容易动厌离之感，这就证明其生活未曾弄得妥当，其感情通通没有用得正对。

　　以上四句话，便是我心中的意思。就像关于演剧一事，在我差不多有一种理想的要求而老不能满足；所以已看过的剧，总觉得是不对，没有一个使我满意的。不满意与未满意不同，未满意的话，意思就很宽松；不满意则是觉得根本不合适。我总觉得剧中的意思太浅，借刻薄人而使人发笑，这很不好。我差不多没有看见过一个合适的剧，可是我并不是根本否认戏剧的价值。仿佛没有一种为我所理想要求的剧本，但我只能要求而不能作。我更觉得这种对白话剧，除了表现一种紧张的情绪和讥讽滑稽的趣味外，似乎不能表现另外更深的东西。话剧太现实，太理智，于发抒表达真情感似乎是不够。我对戏剧文学没有用过心，这不过只是有这种意思感想而已。再则我对某些旧剧看过了之后也很难过，也给心中存留一种不好受的味道。这味道是什么？仿佛觉得这是人类的耻辱似的。所以说"乐""玩"也不是容易的事。必须在人生的根本上弄对了，然后才能干什么都对，才能有真乐趣！

谈生命与向上创造

谈到向上创造，必先明白生命。生命是怎样一回事呢？在这里且先说：生命和生活是否有个分别？

生命与生活，在我说实际上是纯然一回事；不过为说话方便计，每好将这件事打成两截。所谓两截，就是，一为体，一为用。其实这只是勉强的分法，譬如以动言之，离开动力便没有活动；离开活动就没有动力，本是一回事。宇宙之所表现者虽纷繁万状，其实即体即用，也只是一回事，并非另有本体。犹如说：我连续不断的生活，就是"我"；不能将"我"与连续不断的生活分为二。生命与生活只是字样不同，一为表体，一为表用而已。

"生"与"活"二字，意义相同，生即活，活亦即生。唯"生""活"与"动"则有别。车轮转，"动"也，但不能谓之"生"或"活"。所谓"生活"者，就是自动地意思；自动就是偶然。偶然就是不期然的，非必然的，说不出为什么而然。自动即从此开端动起——为第一动，不能更追问其所由然；再问则唯是许多外缘矣。

生命是什么？就是活的相续。"活"就是"向上创造"。向上就是有类于自己自动地振作，就是"活"；"活"之来源，则不可知。如诗文诗画，兴来从事，则觉特别灵活有神，此实莫名其所以然。特别灵活就是指着最大的向上创造，最少机械性。虽然在人的习惯上，其动的方式可以前后因袭，但此无碍于特别灵活，因为它是促进创造的。

一般人大都把生活看作是有意识的，生命当作是有目的的，这是错误。整个生命的本身是毫无目的的。有意识的生活，只是我们生活的表面。就人的一生那么长的时间言之，仍以无意识生活为多。并且即在自己觉得好像有目的，其实仍是没有目的。就一段一段琐碎的生活上，分别目的与手段，是可以的；就整个生活说，没法说目的，——实在也没有目的。如果要有目的，在有生之初就应当有了，后来现安上去一个目的就不是了。

向上创造就是灵活奋进，细分析之可有两点：（一）向上翻高；（二）往广阔里开展。生命（或生物）自开头起就是这么一回事，一直到人类——到现在的人类，仍是这么一回事。生物进化史、人类文化史，处处都表明这向上与扩大。以至现在我们要好的心、奔赴理想的精神，还无非是这回事。发展到此，已证明生命的胜利。但这个胜利，不是开头就规定如此，今后的归趋，仍然是不能有一个究竟的！

与向上创造相反的就是呆板化机械化的倾向。很奇怪的，亦是奇妙的事，生命为了求得更进一步之向上与扩大，恒必将其自身机械化了才行。他像是没有法子一蹴的上去，必须逐步进展，走上一步是一步。要迈进于第二步时，即把第一步交代给最省事的办法，就是把他机械化了，但这一段在生活里面就不用再去操心。例如动物生理现象中，循环系统消化系统种种运转活动，就是生命之机械化。生命在此一段，很邻近于机械，他不复是不能追问其所由然的第一动，不复是自动，而为被动矣。人类生活中必须养成许多习惯，亦是此例。习惯化即机械化。骑脚踏车未成习惯时，必得操心；既熟练后，不须再用心力，而可游心于更高一段的活动；在车上玩种种把戏之类。在生理现象与习惯之间的本能，亦是生命之机械化者；人类社会中之有礼法制度，正亦相同。这都是省出力量，再向前开展；一步步向上创造，一步步机械化，再一步步的开展去；生命就是始终如此无目的的向上创造。人类的向善心，爱好真理，追求真理，都从此一个趋向而来，不是两回事。这一趋向极明朗；但趋向只是趋向，不是目的。

人生在创造

宇宙是一个大生命。从生物的进化史，一直到人类社会的进化史，一脉下来，都是这个大生命无尽无已的创造。一切生物，自然都是这大生命的表现；但全生物界，除去人类，却已陷于盘旋不进状态，都成了刻板文章，无复创造可言。其能代表这大生命活泼创造之势，而不断向上翻新者，现在唯有人类。故人类生命的意思义在创造。

人类为什么还能充分具有这大生命的创造性呢？就因为人的生命中具有智慧。本来脊椎动物就是走向智慧这边来（对本能那边而言）；却是就中除去人类，都没有成就得智慧（人类是脊椎动物中最高等的）。智慧是什么？智慧就是生下来一无所能，而其后竟无所不能的那副聪明才质。换句话说，亦就是能创造的那副才质。严格地讲，人类的生活，一言一动，一颦一笑，都不能不说是创造。但我们普通说话，言及创造，必特指其超出寻常，前所未有者，有重大价值者。

创造可大别为两种：一是成己，一是成物。成己就是在个体生命上的成就，例如才艺德性等；成物就是对于社会或文化上的贡献，例如一种新发明或功业等。这是粗略的分法。细研究起来，如一个艺术家，在音乐美术上有好的成功，算是成己呢？算是成物呢？从他自己天才的开展锻炼一面说，算是成己；但同时他又给社会和文化上以好的贡献了，应属成物。再如德行，亦独非其个体生命一种成功；而同时对于社会直接间接有形无形的贡献也很大。还有那有大功于世的人，自然算是成物；但同时亦成就了他生命的伟大，而是成己。有时为社会杀身，亦是成己。古人"杀身成仁"一句话，其"仁"字即指生命伟大说。所以任何一个创造，大概都是两面的：一面属于成己，一面属于成物。因此，一个较细密的分法，是分为：一是表现于外者，一是外面不易见者。一切表现于外者，都属于成物，只有那自己生命上日进于开大通透，刚劲稳实，深细敏活，而映现无数无尽之理致者，为成己。——这些，是旁人从外面不易见出的，或者勉强说为：一是外面的创造，一是内里的创造，人类文化一天一天向上翻新进步无已，自然是靠外面的创造；然而为外面创造之根本的，却还是个体生命；那么，又是内里的创造要紧了。

教育就是帮助人创造，他的功夫用在许多个体生命上，求其内在的进益开展，而收效于外。无论为个人计，或为社会打算，教育的贵重，应当重于一切。可惜人类直至于今，仍然忽视创造，亦就不看重教育（还有许多不合教育的教育），人类生命的长处，全被压抑而不得发挥表现。说起来，可为伤痛叹息！我们理想的社会：第一，人与人没有生存竞争，而人与人合起来控制自然利用自然；第二，社会帮助人生向上，一切合于教育意义，形成一个完全教育化的环境，启人向学之诚，而萃力于创造自己；其结果，亦就是学术发明文化进步，而收效于社会。这样，才合于"人生在创造"那意义。

真力量要从乡村酝酿出来

民族自救运动之对固有文化起反感，是一定的，没有法子不这样。开头大概非起反感不可，慢慢的再折回来。这原因就是我常说的，中国文化到了清代已僵腐，内容很不行，完全失掉了中心信仰——人类精神；因之礼教成了硬壳，硬固的虚假，对于自己的真精神没有把握，胸中无主，所以才盲从地跟着外来的走。聪明活泼的人，拿了中国与西洋比较看，就一定讨厌中国固有的；但如果这个人不堕落，过几年他总会渐渐明白中国固有文化是深不是浅，是成熟不是幼稚。虽也许有人，对中国固有文化，觉得很有把握，很固执着，但也没用。因其拒绝新潮流，终是没法固拒的。非等到社会转变，转到大家都有觉悟时，没有办法。言觉悟自然要天资高的才能。但我说这觉悟，不是就个人说，是就社会说。这种觉悟恐怕不在大江及沿海地方，大约先在内地发动，要比较心气从容一点的人才可以见得到。中国问题已十分严重，怎能不着急！可是心急的人，决不会发生觉悟。完全顽痹的人自然也不行。我于"一·二八"之后到沪杭去，见上海生活老是匆匆忙忙的；这样恐终不会发生真的觉悟。因为他老要求一快的办法，越要求快越没有办法。因他对这个"文化病"完全不了解。真的力量恐怕只有在内地乡村社会中慢慢地酝酿，才能发生大的力量，而后再影响于都市。

中国民族的力量

旧历元旦在上海访蒋百里（方震）先生，谈谈关于大局的情形。蒋先生曾在日本德国学陆军，其军事学在国内最知名。他大致说国际情势转变很快，不必轻易悲观；——自然也不必轻易乐观。他对东四省之失掉及华北问题，不视为什么大不了，说不定几年之后可以拿回来。不过虽因国际情势变化上，可从外面给我们以机会收复失地，但自己没有力量还是不行。所以就在我们自己力量的准备了。

他研究中国历史，看到这么几点：

（一）中国民族在武力上夙不优长，谈不上有武功；但每每从自卫上发出力量来，能够战胜强敌。

（二）中国以整个国家为一个力量，而如何如何，似是很少的；亦就是国家常常没有力量。而一个新的有生命的力量，常是从地方起来。

（三）中国人在种族上无狭隘之见，只在文化上有信念，不肯放松。中国人为种族而斗争者少，为文化而抗争者多。中国被外族征服，非从种族而有亡国之感，乃是从文化上而有亡天下之感，不甘心文化之灭亡。

他判断中国复兴，或是从地方自卫的力量起来，为文化而斗争。他又说全国形势以山东为最重要。在日本提出"二十一"条件的时候，他曾向袁世凯说过，别的可以相当让步，惟对山东必须设法保全。美国乌德将军也特别讲山东之重要及好处。所以他对山东特别抱希望，希望从山东发出刚才所说的力量，从这自卫的文化的战争力量，而得到一个中国的恢复的根基。我听了他的话以后，有很多感动启发。

他说决定战争之胜败的条件原很多，但可以归类为人的条件与物的条件。这人和物两面的关系都很大，都很要紧；但总以人为主为先。因为物总要靠人运用的。人的条件亦包含很多，例如主帅的才略，将领的和不和等都是。但战争大了，长久了，那还是多数士卒的关系重大。士卒优劣长短如何，自又有许多点可论，例如体力技术等，但究不如其心理精神关系重要。大概以士卒对于他们的作战之意义，有亲切认识，而从内里发出力量者，为制胜基本条件。论到这里，那各不同社会的人，其作战心理就不同了。譬如游牧民族，或者工业社会，对于侵略性的作战，便有兴味；农业社会就不然，而只在自卫性的作战，才发得出力量。中国人便是如此。前说三点，亦均系指出中国人在那些作战上才亲切有力。那就是对自卫亲切，对侵略不亲切；对地方亲切，对国家不亲切；对文化亲切，对种族不亲切。这很合乎我所观察的。我常说：中国不像国家，而只是一个社会，是一个文化体。同时因为理性发达的结果，所以种族之见少，而天下一家之意多，从不与人作对，彼此间的疆界限不严。对固有文化所含之理性很宝贵，如宋明之末，许多殉难的烈士，与乎未能殉难而作遗民的，他们对国亡固有很大的感慨，而他们心中还有更强烈的问题，就是文化问题。战争不止一次，人家的优长点，在一次表现，在二次三次表现，但不能永远表现；我们的优长点，第一次不表现，第二次可以表现，第二次不表现，第三次可以表现，它不能永远不表现。最后一次表现，即可制最后的胜利。所以要紧的是现在要作训练民众的功夫，预先奠定文化自卫的心理基础，用不着预先存一种狭隘感情的仇恨心理。要培养其理性，使其头脑开发，问题来了，一指点就明白。

心理的关系

这次由上海到广州，来往都乘飞机，较上次由广西到广东坐飞机感觉苦，因为时间太长，机上虽不震荡，可是声音太大，用棉花塞住耳孔还不行。我大体上精神还好。同机者有一个年轻身壮的西装少年，气概很了不得的样子，但飞起五分钟后，即呕吐不止，我还帮忙照拂他。另外一人上机即睡觉。至于我只顾看风景，很替他们叹息，这么好的风景不能看。我的身体不一定比他们好，我平常坐船也不晕，不管风浪怎样大，呕吐的事从来没有过。我看晕船与晕机，都是心理问题为多。什么事都怕心慌意乱，怕自己给自己暗示。暗示就无办法。从暗示引起一点事实，由事实更给以暗示；辗转循环，从心到物，从物到心，便不能支持了。但开头还是心，若开头心理坦然，物亦就不来了。最怕自己心虚，自己暗示。或者是需要相反的暗示，就是不怕，要气壮。

心理的要素，其转变人的力量很大，从催眠术及其他一类的事情均可证明此理。我看见很多次催眠术，从催眠术治头痛牙痛及妇女种种病痛，它未能治别的，只是转移心理。我最初看催眠术，在民国元年，作催眠术的是熊飞卿，地点在一个大戏院里，他拿小孩实验得很多。其中有两件事：一件是将小孩催眠后对他说："屋中生火，很热。"小孩也说"热"，说"脱衣服"，小孩就脱衣服，说"热得很你出汗"，小孩就现出很热的样子果然出汗——那时正是冬天，戏院中并未生火。这是一件事。还有一件，是他对小孩说："把手举起，我不说放下，不要放下。"于是叫很强壮有力的警察去搬，都搬不动。其实这些没有旁的神妙，都是心理的作用。还有，曾看过一本杂志，那上面说，印度有一怪人，仿佛是有魔术的人，他有种种怪事。其中之一怪是吃任何毒药，吃过了都平安无事。把这怪人带到欧洲去，许多医学家用种种毒药教他喝，都没有毒死，医学家简直莫名其妙，不知为什么这样强烈的毒药到他肠胃里面不生变化。这许多的例，在我解释，都是心理的关系。古人传说，李广昏夜见石以为虎而射之；箭没入石颇深。白天再射，便不行了。这亦是心理的关系罢。还有人家失火，房屋燃烧，一妇人能将笨重行李物件提负走出；而其实平日是体弱无力的人。这皆见出心的力量大。人的生命原潜在着无尽的可能，并非魔术也。我常说中国人与印度人都是拿人类所最优长的理智这一点，不往外用，而用在生命本身上，以了解其本身生命。所有中国印度的学术都是从此开出的；也可以说中国人印度人在心理的开发创造上大而且多。现在人或尚未发觉其重要，而理解之。要在人类社会改造后，经济制度有好的安排，大家吃饭问题有了解决，心里安，才能转移过来研究人生生命上的许多问题。

帮助理性开发的是经济

　　社会上许多罪恶，都是从种种条件之下形成的。单去责罚一个人或一部分人，也可说是愚蠢。

　　杀人是现在的制度，此制度在现在尚属必要。此必要虽并无道理，尚无他法可以更换替代。我曾说过，没有一种可以称为好的制度，只有一种比较合适可行的制度。我们不能因其是好制度，就用得上他，同时也不能因其不好而可以随意摈弃他。制度的形成乃出于一种必要。捉到土匪不杀而教育他，感化他，当然比较好。可是为什么不用一个好的法子，而倒用一个不好的法子呢？这就是人命在现在尚不值这么些钱——这是一句真的话。所谓杀人是现在制度的必要，没有旁的，为求社会的安宁，而又要省事合算，在现在没有比用枪毙的法子能更省事合算的了。省事合算是一个无道理的道理。那么，现在省事就是道理，就是很有力的道理了！这社会在今日真不知为省事曾抹杀过多少道理！

　　杀人是制度，不单指刑法，并包含战争。罗素曾说，战争在现在可算一个制度。因人类到现在全承认以战争解决问题。以战争解决问题，顶不合道理，天下真没有比这更不合理的；然战争却成了公认的办法，为现行制度之一。在我并不相信战争在人类为不可少，杀人为不可少；我正是相信战争杀人在将来必是不可少的。他的存在并不是我愿意。但是，在先他并不必因为我愿意而存在，今后也并不会因我不愿意而不存在。

　　有人误会我反对物质文明，反对工业；我安有此意。我对物质生产增加和生产技术改进，原是看得很重要的。我所以看重它的意思，则在于非这样不能给我们挪出更大的闲空，非这样不能使文化更日进于高明。大概经济越发达，社会越进步，对一切问题越可以采用细致的办法。亦即是理性的解决办法细致的办法，是从富力增进来的。唯有富力增进，可以用教育代替杀人打人等办法。到那时人命才值钱！

经济的进步，我们看得很重；唯有经济进步，才让我们的生活能更合理。人类虽是理性动物，但理性之在人类，不论其在个体生命或社会生命中，其开发都是渐次的。人类社会的组织制度，也是要渐次的才能入于一种合理的安排，即渐次的把理性开发出来。而能帮助理性开发的，则是经济。

制度与经济

本来一个社会的制度，就是为事实而想的办法，故必事实到了那一步之后，才能产生那新的制度。中国现在却是不幸得很，因为他的制度，并不是依事实才想出的办法，反都是忘记了自己的事实，仅看见他国的表面——如法律、制度，及一切完备之设施等，——便想全盘采用，希望能突然涌现出新制度来，那怎能成功呢？要想一个新制度成功，非先从造成新的事实上着手不可。例如经济是事实的主要部分，是事实的骨干，想有公共组织，必先使其经济生活的关系能达到公共联合的地步而后可。若各自谋生，没有什么关系，则公共组织便不会成功。因为经济进步，能使人的物质生活，越来越相关联而不能分开；并且因生活上的连带关系，遂相随而发生政治上的公共组织。总之，经济上越分业越进步，分业越多，则彼此互相需要而不能分离者亦愈甚，亦即是社会关系密切的程度相随而加高，有如密织之网。既集众人于一块，故须有公共组织以解决公共问题，而后公共组织于焉以成。反过来说，中国以前社会之所以散漫，虽有文化上其他因素，亦是经济上未进步到需要公共组织。还有经济进步然后人民才有余裕来参加政治。如此，新的行为习惯才能渐渐养成，而新的制度亦随之成立。由此可知，今日应注意者，端在新经济如何形成之一点上。

乡村建设的办法，较之欧洲则更进一步。欧洲经济之发展，是从个人本位，自由竞争来的，以至闹成经济上的无政府状态；政治经济两面不相应。我们今想从合作主义入手来谋经济上团结自卫；

从合作组织来引发地方自治。这便是从经济组织引入政治组织。一则由于农民与工商业者不同；农民须要合作，工商业容易走入竞争。二则我们在国际经济侵略压迫下，不得不联合自卫。且不如此，则人民对于政治不感觉需要，所谓组织，便将无从组织起。由生计问题将农民牵引到一块，由新经济之促进，使人民感觉新生活之需要，则此后对于一切行政教育建设诸问题，自会去找；不用催迫，自然会要求参与实行，或比别人替他想得更为周到。孙中山先生遗教所说的"地方自治体不止为一政治组织，且亦为一经济组织"要由此才得实现。如此之进步是自己真进一步。所谓因下层需要而发动的建设，事权将始终是握在下层，可以免却近代国家的一切危险毛病。

农民运动与合作

现在世界完全不能再走从前普通的路子，非给大多数人解决问题不行了！中国的大多数人是农民，谁要解决中国问题，谁都得做农民运动；不做农民运动是糊涂的。什么是农民运动呢？从他的目的一面说，就是谋农民的利益；从方法上说，就是要组织训练农民，启发农民自己的力量，使农民自己能解决自己的问题。单是对他同情是不够的；我们替他们来做是不够的；以多数人的利益为心也是不够的。要紧的不是心，而是手的问题。不应仅是经过我们的手，来达到农民的要求，必须用农民自己的手来达到农民自己的要求。

有的人作农民运动，所见稍偏。他们把农民利益过分看重在物质上，如租金、工资、土地等，于是他们的办法，总是在谋减租、加工资、而少做工等等。除将来土地问题解决，根本消除佃农、雇农外，在眼前专门唆使农民争减租金一类举动，是不相宜的。农民问题要放在中国问题内来解决，而中国问题天然不是斗争可以解决的。因此，作中国农民运动，须另具眼光，与在其他社会不同。我们即为农民打算，他的利益，亦不单在那些物质上，物质只是与利益有关而已，非物质即利益。利益是什么？利益就是好处，能增进人生趣味者，便是好处。人生缺乏物质，当然不行；然就以钱多，不作事，为人生乐趣，则是错误。——这或者适足以减杀人生乐趣。人生乐趣何在？人生乐趣有两点：

（一）和气彼此感情好，彼此能敬爱，大家都忘了自己，融成一体之情。

（二）创造，说得平常些就是努力，用我们的身体或心思向前去干一些事情，于工作上有自得之乐。

若通俗点向农民说，就是和气与勤勉；说创造恐怕他不懂。试且看有钱的人家，骨肉不和，四体不勤，到底有什么乐趣呢！反之，若果"家贫出孝子"，虽无钱而家庭和睦，人人勤勉，则人生趣味正在其中。社会亦同家庭略相仿，不要关系恶化。尤其中国北方之一乡一村，直仿佛一个大家庭一样；分化乡村而斗争于其间，与斗争于家庭差不多的。减租原是应该的，但若只见租金多少，不顾人情，太伤和气，恐其得不偿失。大约在中国农民运动中，应以合作运动为主。我们想从增进他的和气，以作到生活上种种合作。好多事情都可以合作；合作不应单属于经济的范围。合就是和气，作就是创造。由此合作，以谋进一步的人生乐趣。

谈罪恶

一切罪恶,都不在个人,而在社会。其故有二:

(一)武力统治者不以理性待人。

(二)财产私有,生存竞争,人民生活,在社会中没有整个的安排。

此两原因,实为一切罪恶之总因。罗素以为:罪恶是人的生命冲动得不到正当的出路而使然,有如水流受了妨碍,则激越而横流。此意与我意相合。武力是直接妨碍生命之流,不合理的经济制度是间接妨碍生命之流的。现在社会一切都是不对,到处都是罪恶,大家应当发愿:"监狱是人类的病态!"应该将其摒弃于社会之外。改良监狱固是必要,但并非根本办法。根本办法应当将整个社会制度改造,形成一个完全是教育的环境,使一切罪恶消灭于无形。

谈 规 矩

前天在火车上，同一位朋友谈到济南齐鲁大学医院的一位外国大夫，他检查病人，执行他的职务，格外周匝到家，凡事都是按照规矩去做。而中国学生跟他学习的，遇着不在他监督之下的时候，就不肯按照规矩去做，凡事似乎可省事的就省了。大概规矩就是一种老例，也可叫做老规矩。老规矩有很多自很久以前传下来，现在已失去其意义，成为不必要，然后人还在那里无意义地奉行着。可是，有许多老规矩在后来虽不大感觉其意义而仍归有其意义者，这样情形也很多。当然我不敢肯定说一切老规矩至今都仍是有意义的，现在且单就有意义的一方面来发挥。

所谓老规矩大半都是有意义的那个意思，就是：这样做法既成为一种规矩，在当初一定曾经被人重视过；重视就必定有点道理。当初总是大家都觉得于事实有帮助，才教人学习循守，然后才能普遍地传之久远。大概天才不够或精神不十分充裕的人，所谓普通人，老规矩可以帮助他，使他所做的事情能够大体做得不错，可以够分数。老规矩就是这样的一个东西。但真有天才或精神充裕的人，却不一定要按老规矩作，非如普通人一般人非按规矩走不可。大概在不同的社会、不同的技术里面，先后相传，于是各行各业就定了许多不同的规矩；一切规矩的由来，都可作如是观。

中国此刻正在大的剧烈的变化之中，一切老规矩很难得维持。人的脾气原容易自由任性，自己乱出主意，这也是让现在一切事情常常见出一种很糟糕、很不成样、很笑话的现象的原因。现在的西洋人与日本人，其文化当然亦皆在转变中，但没有如中国这样的大崩溃。因此，中国人倒只有从外国学来的习惯规矩还能保留而使用。比如济南的医院，齐鲁医院较好，因为它是外国教会中人办的，他们做事有他们相传的规矩，大体上都还能过得去。

听说英国人最重习惯，最守旧，可是英国政治社会各方面常常能够很像样，不致很糟糕，恐怕也是从此处来的。日本人也有许多规矩，一直到现在还是不随便苟且。我听一位朋友说，中国人穿衣服以及建筑，常见中外杂乱糅合的现象。此在日本则不然。他们常是西式就是西式，日本式就是日本式。阔人们常常是有两所房子，一座西洋式、一座日本式，但不使之合到一起。进到这一所房子里是一套生活，进入那一所房子里另是一套生活。吃饭穿衣皆如此。这话如果是实在话，那倒是很可注意的一件有意思的事情。

为人类开辟——新历史而奋斗

现在不单是中国，即世界其他各国，关于人生问题、社会问题，都是在思想分歧冲突里面。有的主张社会主义，有的主张个人主义，有的主张这个，有的主张那个。尤其关于婚姻问题，变动得厉害，更没有好的解决办法。在现代时期，问题既多，思想又复杂，恰是一个极混乱的时期。在各地社会都有许多不同派别势力，如在印度有两大势力存在，一为新派、一为旧派，甘地就是代表旧派势力的，但新派势力亦甚大。日本情形亦是如此。青年学生多偏新潮流方面；而一般人则多半坠落，社会日露病态，在老年人，则莫不咳声叹气，痛风气之不古，若有不可终日之势。的确，历史演到今日，是一个要改变的时期。改变的前途，方向所指，非有大学问大眼光的人不能看出，一般人只是在迷惑困扰的情形之下过活而已。生当今世，自一面言之，几乎人人无所适从，易陷于苦闷，易落于被牺牲。自另一面言之，实为对人类一个好试验；试验人能否在困扰中站立得稳，能否发挥人之创造力，刺激人之生命，使其活泼而有力量。人生是要奋斗的，在此不单调不平顺的环境中，更要对困扰而奋斗。换言之，在前数十年的中国社会，还有一定而呆板的路子可走；读书人家自幼即专力于攻读，按部就班，一步一步走去，便不会有什么差错。那时问题少，人亦无甚思想，除非大聪明的人，过量的英豪，才能不为当时空气所笼罩，而思有以改造之；然为众人所不理会。时至现代，是到了一个大剧变期。吾人应为人类开辟一新历史，此实伟事也。吾人把这个责任负起来，应欢喜踊跃，以接受此使命，不要畏难，不要退避。

中国士人的心理

中国人对在上的威权每无好感，而厌恶、唾弃、反抗，这不是现在才如此的；在历史上的中国人——尤其是读书人——都是如此。其来源是因中国人早受理性的启发，才对强权势力不给以位置。这心理原是好的，但不免偏激。学生闹风潮，有时由此心理而来。在我觉得，对中国的念书人是很容易办的，其要点就在你能够宁静地抓住他此刻的心理。当他气冲上来，心气不平的时候，你这方面最好不要刺激他，阻挡他，而让他的气可以尽量发泄。这是消极的一面；积极的一面，就是他越急躁，你越开诚平坦，坦露胸臆，几分钟后，他就躁不起来了。这时你有几句话便可折服他，可以马上没有问题。不过，这须有一个先决条件，就是：在你心中当真没有对不住他的地方，没有说不出来的话。你便可以尽量让他气生，生气以后就无事了。对个人可以绝对如此。

对于群众则较难，因其机械性较大，不如个人之易得旋省平思。但亦除去以你自己的和平，去制他的不和平外，更无好法。

谈 用 人

作番事业，第一困难问题在用人。我常自觉于此很缺短。盖人的安排最难，因人各有其一副性格脾气，各有其才分能力，很难将其长短都看得清楚。我很了解自己是最不会对人作个别的认识的。我对人容易是概括的、分类的，通于一般的看法，但认识人必须要靠亲切的直觉才行，不能专靠推论的。概括的、分类的，就不是直觉，而仅是一种理智的推断。我平常容易看人家好；看见他一点好处，而忘了其他一切短处。我这种心理，固算一种好处，但从其不能认识人来说，也正是一种短处。

再则，我对事情来了，平常很难有明快的判断。明快的判断，多是直觉的而非理智的。理智是事情来了，往复推想，将这事情放在某一类型中而有所判别，其犹疑性最大。直觉是当下明澈事物的特殊性而立下判断，常能认定不疑。因此，我常觉自己不能作事。

我不能作事而事情责任偏落在我身上，也就只得勉强去作。于此，在我经验上，觉得用人有一个原则可资信守的，即"人要试而后用"。从一般的名誉，或朋友的特殊保举，或从自己的一时的眼光看到，而未加以试用的，都不可轻易拿一种责任付托给他；无大责任的事情不要紧，凡独当一面的责任，一定要试而后用。试一次不见有把握；但不试则更不妥当。这是我多年经过失败而得到的教训。大概人一定都有其长处，亦即有其用处，端在安排得恰当与否。所以对于用人，头一次总难安排得当，必须试而后用；同时要于平素细心考察。

志愿真诚

刚才时济云先生对于此次毕业分发出去服务的同学讲话，提出志愿真诚四字来勉励大家。志愿真诚四个字，话很平常，谁都会说；因为大家常说这个话，便几乎没有味道了。可是实在说，我们往前作事情，都要依靠这点，我想是对的。

第一，因为我们作的事是一个创新，乡农学校就是创新的一件事，不是方方面面已有轨道可循，而是任什么都在不定中，正须去探讨摸索创造。此时周围环境很不顺，不顺靠什么能顺呢？那非靠我们里面的劲——真诚老往前追求的劲，不能通得过去。在创造的时候，如无热心毅力，稍一碰钉子便将完了。探求新路子的时候，必须靠此，必须耐烦；志愿真诚才能耐烦，不真诚必是敷衍塞责；何能创造？创造要耐烦，耐烦才能通得过。在此时代，非如此不可。这是一层意思。

再则，我们此刻作事，最大的问题是对人问题。对事问题尚放在第二。大家出去作事，最先遇到的是对人问题。譬如县政府的人（或我们参加县政府工作的研究部同学），都与大家相关系，都会发生人的问题。对人问题顶要紧的是这一点真诚。巧滑的人固然巧于对付，不会被人挑剔，不会与人翻脸，眼前都能过得去；但结果他还是得罪人，大家终要讨厌他。如果是真诚，就有错误，大家也可原谅；到底真诚人能对付过去，巧滑人则不能。对人问题既要紧，故真诚为必要。大抵对人靠真诚，而对事则靠技术。不过，许多技术、许多方法，眼前开办时用不上。眼前完全是人的问题，故非靠真诚不可。这是第二层意思。

第三，我们作乡农学校的事情，如果能作得几分，则必完全靠每一校内四五个同学的和衷共济。此事很显明。如果这几个同学的力量互相牵制，彼此妨碍，好像一辆车，一个往东拉，一个往西拉，则一定不行，事情马上不能作，一定闹笑话。可是这四五个人如何能和衷共济？那么，必靠志愿真诚。志愿真诚，才能把心放在较公的地方（公就是志愿）。不然，四五个人四五个心，你有你的打算，我有我的打算，彼此的心都不放在一个地方，则很难相合。心能放在较公的地方，就是志愿。志愿真诚才能顾全大局；为顾全大局，校长才能照顾尊重其余四个人的意见，其余的四个人也才能尊重这个作校长的人。这几个人在事情上能尊从校长，校长也能容纳这几个人的意见，此之谓和衷共济。没有志愿，一定有许多小毛病出来，如顺嘴说闲话各图便宜等。志愿真诚，则毛病可以减少，彼此才能凑到一块去，四五个人如闹意见不合，一定把事弄糟，还不如一个人去作呢！我们作事情，既须和衷共济，所以最重要的是志愿真诚。这是第三层意思。

谈组织团体原则

在中国以前的士人，没有团体，只有朋友，其原因甚多，但根本还在一点：即中国士人理性开发，喜出己见，从吾所好；而不信仰一个对象，与宗教正相反。以此，故脾气很大，越是有头脑有才气的人其个性越强。这样，想组织成功一个团体（党），实在是一个大的困难。

中国以前的士人是如此，现在的知识分子也没有脱掉这种习气。但作社会运动，必须以团体来作才行。那么，我们想要成功一个团体，从那一点上来相结合呢？在我想，绝对不能像外国只在见解上求同。只拿一个主义主张来结合。拿一个主义主张结团体，是强人从我；在见解上求同，是忽略人格，这个在中国大概是不可能。中国士人要想结合团体，大概须掉转过来：在见解主张上可以从容商量，而在另外一点——人格志趣——上求同。必志趣相投才有结合的可能。志趣相投，即志同道合，即同有志于人生向上的人。在中国只能有志同道合的朋友，很难有党团的组织。然依现在的社会运动言，亟需要有组织。所以现在组织团体，一面须合现社会的需要，一面又须无背乎中国人的心理。没有共同主张，固难成功团体；没有共同性情志趣，亦殊难结合长久。我们要想成功一个团体：一面要以乡村建设作我们共同的目标；一面要从志气上彼此相勖勉，本人生向上，为寻求师友的根本，不怀成见。不排斥异己。必须如此，然后才能不徒为表面的结合，而相信相知以及于久远。

谈应付难关

中国近几十年来已甚苦痛，今后将更苦痛不已，历史演变如此，实无可逃。中国人过去过的都是平稳日子，今后将要过一过复杂严重的生活矣！

不过，人生原来是创造的；无有问题便无有创造，无创造将何有新的东西发生？问题来了，正是我们创造的机会到了。从小处说，是我们各个人锻炼的实验的机会；从大处说，是我们国家民族的新转机一个关键所在。在这时候若能持之以力，不被摧毁，那就有大成功了。因为他决不是民族生命得以维持延续而止，而将是人类文化的新开辟。此意，我讲过多次。以我个人想及替朋友想，在这时候只有咬牙奋勉，只有从正面对着问题去奋斗，绝对是无法躲闪的！

问题本是时时延续着的，而且扩大着的；奋勉创造亦要时时持续着才行。一时的兴奋没有什么用处，要紧的是能沉着持续！

婚姻问题

一、总说

这个问题很不好谈，是个很深的问题，同时所包容的问题亦太多。婚姻制度的对面，就是没有婚姻制度；于是有两条道：

（一）断绝两性关系——独身主义者与宗教家之禁欲主义者，都是属于这一方面。

（二）发生两性关系——甲、承认婚姻制度。乙、反对婚姻制度，不立夫妇之名，男女自由同居，主张自由恋爱者即其中之一派。

此两条道路，孰是孰非，好难谈说！据我看，两性问题想找清楚头绪而得一着落，现在还非其时。到什么时候才得解决？须在经济问题解决之后。何时才是经济问题的解决？即人类共同对付自然的时候。现阶段的经济制度，不是人合力对付自然，而是人与人间剧烈的生存竞争。彼此的力量，用在对付"人"的上面太多了。现在人类生存还无着落，故不能不衣食是谋。在这时候，想将两性问题摆得出来条理清楚，实不可能；必衣食问题得有公共的解决，腾出空来，没有其他牵扰，这唯一的问题，摆在当前，才看得清楚。今且不妨拿我们的眼光说一点意见。

二、独身主义与反独身主义者

独身主义在普通眼光看来是不合乎人类生理的。反独身主义者批评说："一个男人或女人是半个生命，男女两个人合起来，才是一个完整的生命。依生物学进化来说，生物之未进化者为雌雄同体，雌雄异体实为后来事。故惟雌雄相合，才成一完全生命。独身主义在生理上是无其根据的。"在浅表上如此批评，亦自有道理；但往深处去追究，似仍不能如此说。一个人的生命究竟还是完全无所不足的。此意甚深。高明的宗教，其所以持禁欲态度之真根据，即在此。他是有见于生命的完全无所不足而发挥之，在别人谓之禁欲，在他则不看是如此。他之所以反对男女之事，乃是反对自己忘记自己的完全。人在生理上虽然好像不完全，其实不然，每一男性在心理上生理上都有女性；每一女性在心理上生理上亦都有男性；只是都偏一点——都有一点偏胜。（也有时在两方面都偏胜不着，形成一个不男不女的人。）宗教家，除少数外，都是禁欲的。不过，未必都能看到这高明深厚处。为顺遂生理之自然要求及为人类传续计，当然以结婚为对吧！

三、婚姻制度与反对婚姻制度者

反对婚姻制度，而不反对两性同居生活，大约就是主张自由恋爱了。这两方所争的，核实言之，亦只争个结婚形式和离婚手续的有无。虽然在结果上从婚姻制度则两性关系常为固定至终身的，从自由恋爱则两性关系每为忽暂一时的，但不能说二者之分别在长期短期，因为恋爱未尝不可终身，婚姻未尝不可忽解也。故唯结婚形式离婚手续是两方的分别所在。所以婚姻制度的内容可指者，只此结婚形式离婚手续；更简切的说，只在那婚礼。通常都认为婚礼之发生与存在，是为了明白确定其夫妇关系，也就是为了拒绝和防止再随便有其他关系。这话单从社会一面看，也对。然单从社会一面看，容易把婚礼看成工具，看成是减少纠纷最有用的办法。把婚礼看作是工具是方法，则婚礼无疑义是可废除或更换的。如果有比婚礼更可以减少纠纷的有效办法，则婚礼便成为不必要了。

但婚礼之真根据并不在此。依我看：婚礼本身就是一个目的——人就是要求婚礼。当人将要结婚时，几乎真挚的情感，要求有一个郑重的表示；不如是则心不安。仿佛学校开学不行开学礼，未免把这种求学生活看得太不当事了。开学行一个敬谨恳切的开学礼，大家自然郑重起来，以后才不致懈忽下去；一切事都是如此。短一个礼，虽然说不上是缺短了什么，可是缺短很大。结婚为吾人一生大事，更是如此。在男女两方彼此之情愈真实，意味愈深厚，则要求于礼者亦愈切。以后他们的感情亦会因以更加深厚。所以说，婚礼是出于人情自然要求。进一层说，婚礼安排得好，可以启发他们开始正常合理的生活，其有助于他们的后半生生活者綦大。结婚那天的印象于后来很有关系；婚礼没安排好，实为后日不幸的源泉。

四、多妻与多夫

各地社会风俗不同，因此有一夫多妻，又有一妻多夫等事实。这些事实的产生，似多有其背景来历，非尽由主观观念之异。这些社会背景，我们无暇去讨论。且从人的生理上说，固没有什么行不通，但怕亦各有其不合适者。尤其在人类心理上说，殊无根据。且相反的有拒绝多妻多夫的倾向。这话不是指着嫉妒心理，而是指着记忆问题（其说详后）说的。于此我姑且肯定的说："一妻一夫是真理。"

五、择婚

谁来择定配偶，为择婚问题。究竟是父兄给择订呢？抑自己去择订呢？依社会习惯说，大别为二类：

（一）西洋社会自己订——西洋社会构造的基本是个人，在中古时代是个人隶属于宗教，近代则又个人隶属于国家，处处是个人，这很自然的婚姻亦是个人的事了。

（二）中国社会亲长订——中国是伦理社会，是由家庭构成的。家里添一个人与大家都有关系，不过夫妇的关系更亲切一点而已。订婚结婚，始终是看成家事，不是个人的事，家事得由家长作主。（普通反对家长代为作主，乃是不曾明白中国社会事实。）

在我觉得，订婚有两种办法：

（一）家庭与个人兼顾——在个人一方面说，婚姻固为自己的事，同时亦为家庭中事，而且一个人之判别力不够，应征得父母同意。在家庭一方面说，父母应尊重他个人，固然这件事与大家都有关系，但子女自身的关系究竟最亲切最久！

（二）托之师友——亲事本来要由自己选择才亲切，旁人代谋究竟不如自己。——但代谋也有相当的理；以自己年轻，选择能力不够，每囿于一时情感，致误终身，尤其女子如此，所以如果能找一最有经验的师友代谋，又何尝不好？在我理想的人生，是以人生向上为第一大事；在这方面，最能帮助我的是师友。故师友的决定，胜于自己决定（非自己不管，是参酌取决于他），因他知我长短，很了解我；也同时胜过于父母的决定，因师友于帮助向上方面是胜过父母。

六、离婚

离婚可以吗？在我想原则上是不可离。因为创造是人生本来的意思，伴侣好，固然可以帮助我去创造；夫妇失和，也是对自己向上的鞭策。一定要以人格战胜这失和，而创造出和睦关系。人情要合而不要离，生离死离都不好，轻于离弃是不合人情的。西洋社会，离婚甚属平常。美国离婚率约占半数，似乎还在增加中。我总感觉那样的社会有很大的危险，结果会让人感觉人生的疲倦，失去幸福。

七、再婚

丧偶或离婚后，可否再婚？此问题与多夫多妻同。即在生理上或有其理由；而不合于人类心理，其故即在人有记忆。人类心理与其他生物之不同，根本在于记忆。柏格森说：记忆有二种：（一）真记忆，（二）准记忆。真记忆，唯人有之；其他生物间亦有记忆，然只是准记忆而已。因人类有真记忆，故在感情上拒绝与第二异性发生关系；假使发生关系，前者的印象即跃然在目，于当前情景不能自安。此不安很细微，或为一般人所不易觉。

八、家庭制度

大家庭对呢？小家庭对呢？本来这二者各有其长，亦各有所失。大家庭在情谊上说能很洽和，固然很好，但不容易做得到，并会养成倚赖恶习；小家庭较冷枯，但利于创造。西洋人为小家庭，父子异居，中国则全为大家庭。在我想，父母在以不分居为宜；但父母须注意培养其子女之创造心理。

九、命

最后有一个意思要说，就是"命"。这个字很难讲。但要知道极开明通达深沉的儒家，命的观念是他全道理的一点。如孔子说："五十而知天命""不知命无以为君子"，谈命的时候很多。何谓命？孟子说："莫之为而为者天也，莫之致而致者命也。"这两句话很恰当。普通人看事情，觉得事情之凑合，是偶然的。其实没有偶然的事，只是自己识力太短浅，找不清其前后的因果关系而已。本来，生命是浑然而无空间与时间之可分的。但为说话方便计，假定用纵横来说：横是四面八方，是空间；纵是历史，是时间；此处此刻的事情，不知是由多少空间的逗拢与多长时间的推演下来而成的。如我今与大家说话，不知是经过多少空时的极细密的推移演变。我们在此推演中，不知不觉的推到这里来。大家动一念来投考，此一念似是偶然，其实，这一念之动也是有很久很远的根据在的。人之身体高矮强弱、资质利钝、脾气和暴，都是天赋，其实亦是与外边不能分的。佛家解释生命说：一个人不单有一身体，各人还各有其宇宙；而彼此的宇宙互相联通，大家在我的宇宙中，我亦存于大家的宇宙中。此宇宙佛家谓之依报。正报即其本身。此意是说，身体固为生下来的，而环境也是生下来的。那么，妻子同我这生命是最近的一件事，我们何可认为是偶然的事呢！所以如果把这个大势看清楚，就可知道一切都不是偶然的。一切事绝无胡乱凑合成功的。我们明白自己同父母的关系，不能设想离开父母可有个我；那么亦不能设想妻子是外来的，而只有个我。我不自我，而是连上我的亲眷，我的友人，我的仇敌而为一我；无远无近，亦不论见面不见面，都脉脉相关，息息相通，毫无隔阂。语云："千里姻缘一线牵"，固然不是真有一条线，然而人生正仿佛有无数的线呢！明乎此，就是了解天命。那么，就自然要谨慎小心地来对付（姑用此对付二字）我与我的环境——即我的身体与我的家庭，乃至一切。很小心是怎样呢？即不要失掉天赋我以创造的机会！

谈 戏 剧

我对于戏剧所知甚少，没有什么研究，不过我有我的戏剧观。记得俗语上有两句话，很足以说明戏剧："唱戏的是疯子，看戏的是傻子。"这两句话很好。我虽然不会唱戏，可是在我想，若是在唱戏的时候，没有疯子的味道，大概是不会唱得很好；看戏的不傻，也一定不会看得很好。戏剧最大的特征，即在能使人情绪发扬鼓舞，忘怀一切，别人的讪笑他全不管。有意的忘还不成，连忘的意思都没有，那才真可即于化境了。能入化境，这是人的生命顶活泼的时候。化是什么？化就是生命与宇宙的合一，不分家，没彼此，这真是人生最理想的境界。因此想到我所了解的中国圣人，他们的生命，大概常是可与天地宇宙合一，不分彼此，没有计较之念的。所谓"仁者浑然与物同体"者是。这时心里是廓然大公的，生命是流畅活泼自然自得的，能这个样子便是圣人。由唱戏说到圣人，似乎有些不伦不类，其实其中是有些相通的地方。人之所以不同于其他动物者，也就是人类的最大长处，即在其头脑能冷静；头脑能冷静才能分别计算，这就是理智。但人类之最大危险亦正在此，即在其心理上易流于阴冷。在人情世故利害得失上易有许多计较，化一切生活为手段，不能当下得到满足。譬如我讲话，假使觉得这是我的职务，不得不如是应付，固然很不好；即使希望大家叫好，而拿讲话作手段，这也是在当下不能满足，而是一个危险。

心眼多、爱计算的人，就惯会化一切生活为手段，他的情绪常是被压抑而不能发扬出来，他的生活常是不活泼，而阴冷、涩滞。

这个危险常随着人类进化而机会愈多，更容易发现。反过来说，譬如野蛮人，他们的生命却常是发扬的，情绪常是冲动的。越文明越是不疯不傻，但也正是一个危险。所以据我推想，戏剧怕是越到将来越需要的，需要它来调剂人的生活，培养人的心情。

在这里我还可以加说一句话——就是礼乐。我所了解中国的礼乐，仿佛就是唱戏，将人都放到戏中去唱大戏，唱完了戏还完全不知道是在唱戏。我对戏剧是看重歌剧，不重话剧。话剧离我所说的意思远，因其理智分数多过于情感分数，情绪发扬之意少，与生活太接近，太现实。我觉得艺术就是离现实远的意思，太现实便无所谓艺术了。戏剧在西洋多话剧，在中国旧日以歌剧为多，其中恐怕也是这个关系——西洋理智发达，中国情感发达。

在我从没有看见过一个满意的戏剧。我对文学艺术之类老用不上心去；可是在我心中常存一个意思，就是觉得这里面宝藏着很多有意义的东西，值得欣赏。记得在北京开始提倡戏剧最力的，是办北京《晨报》的蒲伯英先生，他曾创办一个人艺戏剧专校（现在山东省立剧院院长王泊生即当时学生）。我常惦记着想去看他们做的究竟如何，希望着他们或会做得好。后来在这学校将停办的前几天，公演一次，我曾去看，剧名《阔人的孝道》，我看后仍是觉得不能满足。还有俄国的旅行剧团到北平，《晨报》很替他们鼓吹，我尝找了一个空闲，同张竞生先生去看过一次。剧是歌剧，剧情是描述一件古代皇宫中的故事。看过几幕，我觉得非走不可，因其粗野讨厌得简直不堪入目。我很愿意有暇能到各处看一下，到底有否我心中理想的戏剧。

谈 音 乐

看见报上有一个消息，是王光祈先生最近在法国死了，在我心里很为悼惜，因这个人是有其相当的价值的，我觉得他或者是一个在音乐上有成功希望的人。民国八九年时，他在北大是发起少年中国学会的人（此会发起人：初为三人，后为八人，他仿佛还在三人之列。）这个学会当时曾很包容搜罗了一些优秀青年，教授学生都有多人参加，如曾琦、李大钊先生等都是这个学会的分子。后来这个学会因其在思想上初无一定的方向路子，乃随大局的分歧而分化为共产党与国家主义派等。王先生后来自费去欧洲留学，到现在差不多已十年光景。他最初并不是研究音乐的，其归趋于音乐，乃是后来的事。在商务印书馆、中华书局虽都曾出版了几种关于研究音乐的书，但俱非大著。他最近十余年来的生活，大都寝馈于音乐上。我同他虽不熟，但很能了解他。

在国内对音乐有研究有创造的人真是太少；这种东西，必有真的天才才能有深厚的造诣。我对于音乐历来是看得很重的，因为它可以变化人的心理，激励人的人格。我觉得中国之复兴，必有待于礼乐之复兴。依我理想的社会组织，其中若没有礼乐，必至成为死的东西，所以我盼望有音乐人才的产生，没有音乐人才产生，真是没有办法！我的朋友卫西琴（他自名卫中）先生曾说："人的感觉如视、听、味、触、嗅等，以触觉为最低等，以听觉为最高等。所谓最高等者，即言其花样最复杂，而与心最近，与智慧相通，影响变化人之人格者亦最快而有力。"确有见地。

我没有经验过一次好的音乐。卫先生本是专门研究音乐的,他在太原时,曾经用中国《诗经》中之几章谱成乐,乐谱不是他的独创,是自《永乐大典》中传出来的。他特别训练了一班学生,用中乐将它表演出来。民国九、十年间,全国教育联合会在太原开会,卫先生遂领着他的学生,演奏《诗经》谱成的乐曲,参加教育会的陈主素先生归来说:"这种乐,真是可以代表中国民族精神的一种乐,平生未尝听过,但听过一次,一生也不会忘记。"可惜后来卫先生的学生很难凑合,我未得一聆雅奏。不过,卫先生演奏的西乐,我却听过。他演奏时的精神,颇值得教人赞叹。他用一架大钢琴,奏贝多芬的乐曲,在未演奏前,他有种种安排;先把我们听众安置在没有光或光线微弱的地方,意思是要避免光的刺激,然后才能专心静听。其次他拿幔子把自己遮起,不让人看,因为他需要全身脱光,避去衣服的束缚和他种刺激。再次告诉我们说:"在演奏时不得咳嗽,否则我就要很厉害地发怒。"意思是说,他在演奏时便是整个生命的进行,倘遇到阻碍、刺激,自然非发怒不可。最后待他演奏完毕时,竟浑身流汗,非立刻洗澡不可。当演奏时,声调是非常强烈、勇猛,似是最能代表西洋精神的作品。但也许因我是中国人,——和平而软缓的心境,对这最能代表西方精神的乐曲,总觉得有些跟不上,不能接头,不能充分的得到一种满足。我深知音乐的价值,无奈我对它用不上心去,而在别人处也不曾得到一个满足。一直到现在,还没有能从我认识的人中,发现一个伟大的音乐天才。

中国本位文化宣言

我在广州的那几天,有人告诉我某教授《中国本位文化宣言》的事。在他以为这或者合乎我的脾胃;其实,我一笑置之。后来某教授到济南,济南人士特为开一座谈会,先请他发表意见。在他的说话中,却露出不很负责。当时大家要我发表意见,我亦曾有所批评。今事过境迁,所说的话,已记不得。只记得先批评那宣言原文意义不清楚,后说出我的见地主张。

那宣言原文意义不清楚是在哪里呢?惜原文不在手边,不得指给大家看。他是将"文化"一词,宽狭两个不同的用法,混着用了。宽的用法,就是将政治经济文化制度什么都包括在内;——我用"文化"一词,便常是这样用。狭的用法,就是仅指学术思想,乃至文艺出版而言;例如:今日所说"文化界人"的便是。两种用法,各为通常所许,任你择用其一种皆可;但在一篇文内,讨论一个问题,主张一个道理,则不得忽彼忽此,前后诡幻不同。那宣言里便犯了此病。

我的见地主张是什么?我的意见是不必标出中国本位文化的主张,而倒要不存成见才好。我以为虽不存成见,不建立一标准,而事实结果,自然落到中国本位,无可疑也。记得前几年英国的罗素在其所著《中国之问题》一书中,曾说:

> 中国今日所起之问题,可有经济上政治上文化上之区别。三者互有连带关系,不能为单独之讨论。唯余个人,为中国

计，为世界计，以文化上之问题为重为要；苟此能解决，则凡所以达此目的之政治或经济制度，无论何种，余皆愿承认而不悔。

我那时便认为罗素其心虽好，其计则左。中国问题原来是混整之一个问题，其曰政治经济文化三问题者，分别自三面看之耳，并不是当真有分得开的三个问题。因此，在这一大问题中，苟其一面得通，其他两面皆通；若不通时，则一切皆不通。政治经济两面，彼此互不能离开而得单独解决，大概人都晓得；其实，中国政治上出路，经济上出路，不得离开他那固有文化的出路，亦是自明之理。因为问题之演成，原以固有文化为背景；问题的解决，天然亦就不能外于他而得解决。这种解决（或出路，或办法），必含有文化上新成分，固无可疑；但同时还为过去的民族文化史所决定，亦无疑问。你看所解决的像是眼前事实问题；然此事实，却是从很远的历史演到眼前的。其历史背景愈深远，其被决定性将愈高；反言之，历史浅者，就无多大决定力。但我们民族历史之特殊深远，则世所共认的。眼前事实，不论大事小事，无在不寓有过去文化上优点劣点长处短处在内。你救不了他的短处，固然不算一个办法；你不顺取他的长处，则这个办法还是建立不起呢！所以不仅新出路被旧历史所规定，而且固有长处还容纳其中。凡相信中国文化有其优长处的人（如罗素与我），都无须顾虑在中国问题的解决上忽略其固有文化优点这件事。——这是不可能的事。

在我研究中国问题时，只见眼前政治经济两大难关，只在实际的具体的事情上，求其如何作得通而已；初未尝于此外，留心到什么文化问题。我曾说过："'民族精神'这回事，在我脑筋里本没有的；'东方文化'这大而无当的名词，我本是厌听的。"我真是预先没有成见。"民族精神"是从实际问题研索上慢慢发见的；有了实物可指，不得已乃从而为之名。是实有物，用不着捏造；若非实有，捏造还是白费。因此我敢相信，只须在事实上求办法，不必于政治经济外，另提一个文化问题。而不然者，先悬不损固有文化之一限定，或中国本位之一标准，凌空虚渺，不好捉摸，一切讨论皆成窒碍，实际问题怕倒不得解决了。

中西学术之不同

在我思想中的根本观念是"生命""自然",看宇宙是活的,一切以自然为宗。仿佛有点看重自然,不看重人为。这个路数是中国的路数。中国两个重要学派——儒家与道家,差不多都是以生命为其根本。如四书上说:"天何言哉?四时行焉,百物生焉。""致中和,天地位焉,万物育焉。"都是充分表见生命自然的意思。在儒家中,尤其孟子所传的一派,更是这个路数。仿佛只要他本来的,不想于此外更有什么。例如,发挥本性,尽量充实自己原有的可能性等,都是如此。我曾有一个时期致力过佛学,然后转到儒家。于初转入儒家,给我启发最大,使我得门而入的,是明儒王心斋先生;他最称颂自然,我便是如此而对儒家的意思有所理会。开始理会甚粗浅,但无粗浅则不能入门。后来再与西洋思想印证,觉得最能发挥尽致,使我深感兴趣的是生命派哲学,其主要代表者为柏格森。记得二十年前,余购读柏氏名著,读时甚慢,当时尝有愿心,愿有从容时间尽读柏氏书,是人生一大乐事。柏氏说理最痛快、透彻、聪明。美国詹姆士杜威与柏氏,虽非同一学派,但皆曾得力于生命观念,受生物学影响,而后成其所学。苟细读杜氏书,自可发见其根本观念之所在,即可知其说来说去者之为何。凡真学问家,必皆有其根本观念,有其到处运用之方法,或到处运用的眼光;否则便不足以称为学问家,特记诵之学耳!真学问家在方法上,必有其独到处,不同学派即不同方法。在学问上,结论并不很重要,犹之数学上算式列对,得数并不很重要一样。

再则，对于我用思想作学问之有帮助者，厥为读医书（我读医书与读佛书同样无师承）。医书所启发于我者仍为生命。我对医学所明白的，就是明白了生命，知道生病时要多靠自己，不要过信医生，药物的力量原是有限的。简言之，恢复身体健康，须完全靠生命自己的力量，别无外物可靠。外力仅可多少有一点帮助，药物如果有灵，是因其恰好用得合适，把生命力开出来。如用之不当，不惟不能开出生命力，反要妨碍生命的。用药不是好就是坏，不好不坏者甚少，不好不坏不算药，仅等于喝水而已。

中国儒家、西洋生命派哲学和医学三者，是我思想所从来之根柢。在医学上，我同样也可说两句有关于不同学派或不同方法的话。中西医都是治病，其对象应是一个。所以我最初曾想："如果都只在一个对象上研究，虽其见解说法不同，但总可发见有其相同相通处。"所以在我未读医书前，常想沟通中西医学。不料及读后，始知这观念不正确，中西医竟是无法可以沟通的。虽今人仍多有欲沟通之者（如丁福保著《中西医通》，日人对此用工夫者亦甚多）。但结果亦只是在枝节处，偶然发现中医书上某句话合于科学，或发现某种药物经化验认为可用，又或发见中医所用单方有效，可以采用等。然都不能算是沟通。因其是彻头彻尾不同的两套方法。单站在西医科学的立场上，说中医某条是对了，这不能算是已融取了中医的长处。若仅依西医的根本态度与方法，而零碎的东拾西捡，那只能算是整理中医，给中医一点说明，并没有把中医根本容纳进来。要把中医根本容纳进来确实不行；那样，西医便须放弃其自己的根本方法，则又不成其为西医了。所以，最后我是明白了沟通中西医为不可能。

如问我：中西医根本不同之点既在方法，将来是否永为两套？我于此虽难作肯定的答复，但比较可相信的是，最后是可以沟通的，不过须在较远的将来。较远到何时？要在西医根本转变到可以接近或至沟通中医时。中医大概不能转变，因其没有办法，不能说明自己，不能整理自己，故不能进步，恐其只有这个样子了。只有待西医根本方法转变，能与其接近，从西医来说明他，认识他。否则中医将是打不倒也立不起来的。

说西医转变接近中医，仿佛是说西医失败，实则倒是中医归了西医。因中医不能解释自己，认识自己，从人家才得到解释认识，系统自然还是人家的。须在西医系统扩大时才能容纳中医，这须有待于较远的将来。此将来究有多远？依我看，必须待西医对生命有所悟，能以生命作研究对象时；亦即现在西医研究的对象为身体而非生命，再前进如对生命能更有了解认识时。依我观察，现在西医对生命认识不足，实其大短。因其比较看人为各部机关所合成，故其治病几与修理机器相近。中医还能算是学问，和其还能站得住者，即在其彻头彻尾为一生命观念，与西医恰好是两套。试举一例：我的第一个男孩，六岁得病，迁延甚久，最后是肚子大，腹膜中有水，送入日本医院就医，主治大夫是专门研究儿科的医学博士，他说必须水消腹小才好，这话当然不错。他遂用多方让水消，最后果然水消腹小，他以为是病好了，不料出院不到二十分钟即死去。这便是他只注意部分的肚子，而不注意整个生命的明证。西医也切脉，但与中医切脉不同。中医切脉，如人将死，一定知道，西医则否。中医切脉，是验生命力量的盛衰，着意整个生命。西医则只注意部分机关，对整个生命之变化消息，注意不够。中西医之不同，可以从许多地方比较，此不过略示一例。再如眼睛有病，在西医只说是眼睛有病，中医则说是整个身体失调。通俗的见解是外科找西医，内科找中医，此见解虽不高明，但亦有其来源。盖外科是比较偏于局部的，内科则是关于整个生命。西医除对中毒一项，认为是全身之事外，其他任何病症，皆必求其病灶，往往于死后剖视其病灶所在。将病与症候分开，此方法原来是很精确的，但惜其失处即在于局部观察。中医常是囫囵不分的，没有西医精确，如对咳嗽吐血发烧等都看作病，其实这些只是病的症候，未能将病与症候分开。普通中国医生，只知其当然，而不知其所以然，只知道一些从古相传的方法；这在学理上说，当然不够，但这些方法固亦有其学理上的根据。凡是学问,皆有其根本方法与眼光,而不在乎得数,中医是有其根本方法与眼光的,无奈普通医生只会用古人的得数,所以不能算是学问。

大概中国种种学术——尤其医学与拳术,往深处追求,都可发见其根本方法眼光是归根于道家。凡古代名医都是神仙家之流,如葛洪、陶弘景、华佗等,他们不单是有一些零碎的技巧法子,实是有其根本所在,仿佛如庄子所说"技而近乎道矣"。他们技巧的根本所在,是能与道相通。道者何?道即是宇宙的大生命,通乎道,即与宇宙的大生命相通。在中西医学上的不同,实可以代表中西一切学术的不同:西医是走科学的路,中医是走玄学的路。科学之所以为科学,即在其站在静的地方去客观地观察,他没有宇宙实体,只能立于外面来观察现象,故一切皆化为静;最后将一切现象,都化为数学方式表示出来,科学即是一切数学化。一切可以数学表示,便是一切都纳入科学之时,这种一切静化数学化,是人类为要操纵控制自然所必走的路子;但这仅是一种方法,而非真实。真实是动的不可分的(整个一体的)。在科学中恰没有此"动",没有此"不可分";所谓"动""整个一体不可分""通宇宙生命为一体"等,全是不能用眼向外看,用手向外摸,用耳向外听,乃至用心向外想所能得到的。反是必须收视返听,向内用力而后可。本来生命是盲目的,普通人的智慧,每为盲目的生命所用,故智慧亦每变为盲目的,表现出有很大的机械性。但在中国与印度则恰不然,他是要人智慧不向外用,而返用之于自己生命,使生命成为智慧的,而非智慧为役于生命。印度且不说,在中国儒家道家都是如此。儒家之所谓圣人,就是最能了解自己,使生命成为智慧的。普通人之所以异于圣人者,就在于对自己不了解,对自己没办法,只往前盲目的机械的生活,走到哪里是哪里。儒家所谓"从心所欲不逾矩",便是表示生命已成功为智慧的——仿佛通体透明似的。

道家与儒家,本是同样地要求了解自己,其分别处,在儒家是用全副力量求能了解自己的心理,如所谓反省等。(此处不能细说，细说则必与现代心理作一比较才可明白，现代心理学最反对内省法，但内省法与反省不同）。道家则是要求能了解自己的生理，其主要的功夫是静坐，静坐就是收视返听，不用眼看耳听外面，而看听内里——看听乃是譬喻，真意指了解认识。开始注意认识的人手处在呼吸、血液循环、消化等，注意呼吸，使所有呼吸处都能觉察出来。呼吸、血液循环、消化等，是不随意肌的活动；关乎这些，人平常多不甘用心去管他，道家反是将心跟着呼吸、血液循环、消化等去走，以求了解他。譬如呼吸——通体（皮肤）都有呼吸，他都要求了解认识，而后能慢慢地去操纵呼吸、血液循环。消化营养等也全是如此，他都有一种细微而清楚地觉察。平常人不自觉的活动着的地方，他都有一个觉察，这同样是将智慧返用诸本身。于此才可以产生高明的医学。中国医学之根本在此。高明医学家，大多是相传的神仙之流的原因亦在此。神仙，我们虽然不曾见过，但据我推想，他可以有其与平常人之不同处，不吃饭也许是可能的。他可以见得远，听得细，闻人所未闻，见人所未见。蚂蚁走路声音虽细，但总有声音当是可信的，以其——神仙——是静极了，能听见蚂蚁走路，应亦是可能的。人的智慧真了不起，用到那里，则那里的作用便特别发达，有为人所想象不到的奇妙。

道家完全是以养生术为根本，中国拳术亦必与道家相通，否则便不成其为拳术。这种养生术很接近玄学，或可谓之为玄学的初步，或差不多就是玄学。所谓"差不多"者，因这种收视返听，还不能算是内观；比较着向外，可说是向内观，但其所观仍"是外而非内，似内仍为外"。如所观察之呼吸、血液循环、消化等，仍非生命本体。人的生命，本与宇宙大生命为整个一体，契合无间，无彼此相对，无能观与所观，如此方是真的玄学，玄学才到家。道家还是两面，虽最后也许没有两面，但开头却是有的。他所体察者是返观而非反省，因其有能知与所知两面，故仍不是一体。以上是推论的话，但也只能作此推论。我们从古人书籍中所能理解的古人造诣，深觉得道家的返观仍甚粗浅，虽其最后也许可以由粗浅而即于高深。

道家对呼吸、消化、循环等之能认识了解、操纵运用，其在医学上的贡献，真是了不得。西医无论如何解剖，但其所看到的仍仅是生命活动剩下的痕迹，而非生命活动的本身，无由去推论其变化。在解剖上，无论用怎样精致的显微镜，结果所见仍是粗浅的；无论用如何最高等的工夫，结果所产生的观念亦终是想象的，而非整个一体的生命。道家则是从生命正在活动时，就参加体验，故其所得者乃为生命之活体。

总之，东西是两条不同的路：

一面的根本方法与眼光是静的、科学的、数学化的、可分的。

一面的根本方法与眼光是动的、玄学的、正在运行中不可分的。

这两条路，结果中国的这个方法倒会占优胜。无奈现在还是没有办法，不用说现在无神仙之流的高明医生，即有，他站在现代学术的面前，亦将毫无办法，结果恐亦只能如变戏法似的玩一套把戏，使人惊异而已。因其不能说明自己，即说，人家也不能了解，也不信服。所以说中医是有其学术上的价值与地位，惜其莫能自明。中西医学现在实无法沟通。能沟通，亦须在较远的将来始有可能。而此可能之机在西医，在其能慢慢地研究、进步、转变，渐与中医方法接近，将中医收容进来；中医只有站在被动的地位等人来认识他。所以从这一点说，西洋科学的路子，是学问的正统，从此前进可转出与科学不同的东西来；但必须从此处转，才有途径可循。我常说中国文化是人类文化的早熟，没有经过许多层次阶段，而是一步登天；所以现在只有等着人家前来接受它。否则只是一个古董，人家拿他无办法，自己亦无办法。

中西医比较着看，西医之最大所长，而为中医之最大所短的，是西医能发现病菌，中医则未能。中医是从整个生命的变化消长上来论病，是以人为单位，这样固对。但他不知道有时这其中并不是一个单位，而是有两个能变化消长的力量。一则是身体的强弱虚实，一则是病菌。病菌是活的，同样能繁殖变化消长。此两者应当分开，不能混作一团看。西医是能看见两个重要因素的，但偏重于病菌；中医则除注意身体的强弱虚实外，对于病菌，完全没有看到。病菌的发现，真是西医的最大贡献。

东方学术之根本

我常说，中国印度的学术，是要使生命成为智慧的，此意甚重要。我在《中国民族自救运动之最后觉悟》一书中《我们政治上第二个不通的路——俄国共产党发明的路》那篇文章中曾说：

"马克斯以机械的眼光来解说社会的蜕变改进，我想在欧洲或许适用的。人类比诸其他动物，本来特别见出其能为事先的考虑思量，而有所拣择趋避，——这便是所谓意识。（因人与其他动物不同，其意识甚发达，理智很高。）因此，人类的历史似乎就不应当是机械的。'机械的'这句话是指意识之先，意识所不及，或意识无容施的。（意识似不能与机械并存，这话是反说，是宾，下面一句才是主。）然我之有生，本非意识的；有生以后，生命本身自然流行，亦几乎是意识无容施的（注意几乎二字）；意识为他（生命）用，被他所左右，而不能左右他。单就一点一点上看，似乎是意识作主，但横览社会，纵观历史，而统算起来，意识之用正不出乎无意识，生活上基本的需要，尤其当先（基本需要的范围，是随着文化之进而俱进的。）则看成是机械的，而从经济上握其枢机，推论其必然之势，亦何不可。唯物史观所以说来近理的，大概是这原故罢（这话是（似）主而仍为宾，下面才是主）。然而这只为意识被役于盲目的生命，故只在这圈里转，而不得出耳。使一旦意识之向外用者，还而对于生命本身生其作用，则此圈遂破，不得而限之矣！例如中国文化和印度文化之产生，便都是超出这唯物史观的圈外了。——中国文化和印度文化有其共同的特点，就是要人的智慧不单向外用，而回返到自家生命上来，使生命成了智慧的，而非智慧为役于生命（这是主）。"

这点便是中国学术和西洋近代学术的一个分水岭。西洋学术之产生，就是由于智慧向外用。分析观察一切，这就是科学。科学方法最要之点，即是将一切物观化。将现象放在外面，自己站在一边，才能看得清楚。它非排在外面的格式上不行；不然，就失去物观性，而不成其为科学方法了。但在中国与印度则不如此；他正好是掉转过来，不能物观，"物观就不是"了。中国的道家比较儒家是粗浅的，道家所观者虽为内观，但仍为外而非内，现在一般心理学之所谓内省法，与道家不同，但所省者亦仍为外而非内，与道家陷于同一的缺欠中。这话就是说"中西是各走一道"。天下事要紧者在此：要走那条道，就彻底的走那条道，不彻底是不行的。讲科学，不能彻底运用科学方法，则无所谓科学；其他一切做学问做事情都是如此，非彻底不可。彻底了，则底下自然要转弯。你往东去，不能徘徊，走到头自然一定转弯，没有疑问。西医往前走，自然会发现中医，现在则不能容纳中医，就是这个意思。方法只能有一个，不能掺杂调和，掺杂调和就纷乱而无所主。我开头想调和中西医，仔细研究之后才知其不可能，亦即以此。但从科学方法的应用，可以发现哲学的方法，这亦只能期之于将来。下面又说：

"但这意识的回向生命本身，就个人说，不到一定年龄，即生理心理发达不到相当程度，是不可能的；同样的，就一民族社会说，基础条件不备，即其文化的发达不到相当程度亦是不行。所以东西各民族早期的文化，大抵相去不远，唯物史观均易说明。到得后来，则除欧洲人尚复继续盲目地奔向前去外，东方有智慧的民族，则已转变了方向。其最大的见证，即在经济方面，生产方法不更进步，生产关系不更开展，现出一种留滞盘桓的状态，千年之后，无以异乎千年之前，唯物史观家莫能究其故。"

他之所以盘旋不进，就是因为他的智慧不向外用，他只讲返观内照，这如何能让生产技术进步？在印度遍山遍野几乎都是讲修养的宗教道士，生产技术自必无法进步。下面又说：

"而在唯物史观家所谓'上层建筑'的法律、政治及一切精神的生活过程，应视其经济基础为决定者，在东方殊不尽然；有许多处或宁说为从上层支配了下层，较近事实。至于欧洲人之为盲目的前奔，这亦有一大见证，即在其到了工业资本主义时期，经济上的无政府状态，以及破坏最大的欧洲大战所含经济上的机械必然性。总之，若没有以经济为主力而推动演出的欧洲近世史，亦不会有马克斯绅绎得唯物史观的理论出来。大体上这理论亦唯于欧洲社会史上可以前后都适用。倘必以此为准据，要普遍地适用于一切民族社会，恐其难通。尤其本此眼光以观测印度文化或中国文化已开发后的社会，是不免笑话的。"

我们对于唯物史观并非不了解，并且亦只有我们才能替唯物史观找到根本所在；此根本所在即在意识那句话上，乍看意识不是机械，其实它还是机械的，为役于生命。下面又说：

"更进一层说，仿佛物体自高处下落一样，离地面愈近，速度愈加；欧洲社会到近世晚世以来，其机械性亦愈演愈深。这时节，意识不但无救于其陷入机械之势，而且正为意识作用的发达，愈陷入无法自拔的机械网阱中。使得近世社会日益演成为机械的关系者，举其大要有三：一是经济；二是工业；三是科学。三者各为一有力之因；而尤在社会关系的一切经济化，经济的工业化，工业的科学化，互为连锁因缘以成此局，而归本则在科学。科学者，人类意识发达所开之花。今日一切成了科学化，即无不经意识化。于是就化出了这天罗地网！人类之有意识，自生物学上看是一种解放，却不料乃从意识而作茧自缚也。此皆由意识居于被役用地位之故。然于今更不得自休，只有这样走下去，倒要他彻底才行，彻底自然得到解决。——欧洲问题的解决或者更无他途呢？"

东方学术的根本，就在拿人的聪明回头来用在生命的本身上。此工夫则以儒家为最彻底，他就是专门去开发你当下的自觉，并无另外的反观内观，他让当下自觉更开大。当下自觉，就是当下的是非好恶痛痒，让这些在当下更切实明白开朗有力，喜欢这个就喜欢这个，不喜欢这个就不喜欢这个，如恶恶臭，如好好色，毫无半点虚假。道家有所观的东西，儒家则只是教你当下不马虎，此即王阳明先生之所谓致良知，亦即真诚之诚，此非反观，而实是反观之最彻底最深者，道家之反观为生理的，而他是心理的，儒家即如此而已。此话许多人都不敢讲，其实就是这样简单。儒家与道家在现在学术界都莫能自明，不能与现代学术接头，我觉得我有一个最大的责任，即为替中国儒家作一个说明，开出一个与现代学术接头的机会。《人心与人生》一书之作，即愿为儒家与现代学术界之间谋一说明，作一讨论。此工作其难作，盖以明白心理学的人不能明白儒家，明白儒家者又不明白心理学，两者能都明白而又能有所讨论的，这个人现在很难有；我则甚愿努力于斯。

附录

谈　戏[①]

——山东省立剧院周年纪念会演讲词

主席！各位先生！今天是省立剧院一周年的纪念日。兄弟并不常在济南，这一次因为有别的事，于前一两天到济南来，正赶上参加这个纪念会。承王泊生院长之约，不能不说几句话。我对于文学、艺术，素来很少留心，所以对于戏剧，知道的很少，恐怕没有好多话讲，只是很粗的把我对于戏剧的意见，或是感想，少说一说。我们常听说有两句俗话："唱戏的是疯子，看戏的是傻子。"这两句话，说的很好。我是没唱过戏，不过以我推想，唱戏的在甚么时候唱的最好？我想，大概是在他唱的忘了他自己，忘了他自己是在唱戏，唱的最入神最得味的时候就最好。可是，唱戏的人在戏台上唱的最入神，最得味，忘了他自己的时候，也就成了半疯。如果不疯，他的戏就唱不好。那么，看的听的人呢？大概也是在看的最入神最得味，忘了自己是在看戏，把自己也溶化到剧情里的时候，看的最好。这个时候，大概总得有点傻。如果看不出这种味来，他的戏也就看不好。所以，要唱好戏，必须有点疯；要看得好戏，必须有点傻。因此就有了"唱戏的是疯子，看戏的是傻子"，这两句话。从这里联想到，唱戏听戏的最大特征，是使人解脱于分别计较，从支离破杂的心理得到很浑然整个的生命，发扬出真的有

[①] 本文为梁漱溟在山东省立剧院一周年纪念会上的讲演，时间约在1935年。

力的生命,把一切俗俚琐碎的事都忘了。这个时候,正是人类的生命最活泼、最真切的时候。这时候,唱的人和看的人的心里,感觉到最畅快最解脱。这种艺术,才是最值得看、值得听、值得欣赏、值得感动、值得佩服的艺术!进一步说,不但唱戏的人要疯,看戏的人要傻,就是实在的人生也正要如此,实在的人生也正要疯一点、傻一点才好。

人类最大的长处是理智,就是会计算、会较量,俗话说就是心眼多。任何动物,不及人的心眼多;而人类最大的危险,也就是理智能使生活落于阴冷、沉滞、麻痹。计算,是人类在行动之前的一种心理作用,其他动物不能。但是计算太多了,便会落于寡情而沉滞。凡事计算、较量、左右瞻顾,便会至于麻痹。人类至此,是最大危险,而生活也必感觉痛苦。这时候最大的毛病,是把一切的生活都一节节的化为手段,凡事总先想想为着什么的。譬如,为何念书,为的是将来作事;为何作事,为的赚钱;为何赚钱,为的是吃饭、养家等等。一切都先看看是为甚么,把一切都化作手段,生活不能于当下得满足。当下的都不是目的,都感不到舒快,这就是到了阴冷、沉滞,麻痹的时候。

艺术正好与此相反,它处处是发舒、流畅,给人得到当下的满足。在中国古时,有一种大家都很知道,很看重的大创造——"礼乐"。中国古代的礼乐,可算一件重大的创造,后代的儒者,也常叹息说古代礼乐的崩坏。真的古代的礼乐是怎样,我不知。但我想象当时的礼乐,正是让人生可以免除阴冷、沉滞,麻痹的危险的一种东西。让人类都疯一点傻一点,把人生当戏唱,教大家都唱戏。圣人把大家都放在戏里,大家都唱。即是一切都礼乐化之,不但是坐朝、吃饭、上祭等,都有礼乐,乃至外交有礼乐,军事有礼乐……使公私生活都礼乐化,把人生都变成唱戏。推其用意,也就是想救人类那种最大的危险。

在人类文化未进步,人还是很粗野的时候,我想一定比后来的人都疯都傻。文化越进步,人越不疯不傻。所以在人类文化未进步的时候，戏剧的有无并不要紧。现在人都不疯了，不傻了，就得唱戏，从唱戏上教人再疯一点傻一点。要让生活有生气，戏是很需要的，人类文化越进步，越加需要。

我常有一种感想：戏和哲学，同样每一个人都很需要。每个人都该懂一点哲学，每人都有点自己的哲学。虽然哲学家很少，不能人人都成哲学家，但最少人人都懂一点。戏也是一样，人人应该懂一点戏，最好人人唱戏，但也不一定都唱好，最不要拿戏当职业。虽有戏剧专家，虽有哲学专家，这只好让有戏剧天才或是哲学天才的人去作，普通人是不行的；不应使许多人以他为职业。人人都懂一点哲学最好，但无需在大学里办哲学系，培养以哲学为职业的人。一个人在大学里学哲学，等毕了业再教别人哲学，这是顶冤枉的。戏剧亦如此。我们要人人知道一点戏剧，也唱戏，就对了。但是，这只是理想，不但中国现在不行，在现在的人类社会中，还办不到。

我很实际的感觉到，有三种人最需要戏剧。——我这里所说的戏剧包括的很宽，如音乐、诗歌等都在内。哪三种人？第一，是现代工业的机械工人。近代工业是机械工业，完全靠了发动机和复杂的机器来生产。人的精神都用在机器上，很少直接用在出品上。有人说现在是机器用人，不是人用机器。所以近代工业的工人的生活非常干涸无味。因为他的一切心思聪明都用不上，所以这种人顶需要戏剧。如果这种人不给他机会看戏、唱戏、接近戏，那一定要糟糕。在干涸无味的生活中，他们一定要找不好的刺激，如喝酒、赌钱，和不正当的男女行为等等，而造成很不好的结果。不过中国的工业不发达，这种工人还算少，所以最需要戏剧的还是第二，大多数的农人。我个人因为在农村工作，对于农民生活情形看的比较真切；现在农民生活的无力、消极、沉滞，实是极严重的危险。一方面是两千年历史的关系，一方面是眼前环境的逼迫，造成农民现在这样怕事、消沉，这是极值得同情、可怜的。这种消沉的情形，推演下去，真是不得了。中国现在的农民大众，不能够应付现在的时代，现在是中华民族历史的大转变的时候，文化大改造的时候，事事需要创造，而现在的中国农民，则不能够应付这样严重的要求。中国农民受环境的压迫，困于生计，所以计算心很切，非常的贪图小利。然非向远大处看，不能开出创造之机，更不能打开环境，则农民前途无望。农民无前途，则中国社会也无希望。但是，怎样使农民大众活泼起来，增加他们的生命力，不致如此消沉、没落？我以为，需要戏剧。所谓需要戏剧，也不一定是要我们唱给他听，最好是他们自己唱。我们制作一种简单的、经济的戏剧，教他们自己唱，渐渐的使农民都开始唱开了他们的戏，农民的心理活泼健康起来，社会一定可起大的变化，中国前途才有向上的希望。几十年前丹麦的复兴，就在他们的民众教育能把农民精神活泼起来，而民众教育则主要的是诗歌与音乐。现在中国的农民也极度需要适合于他们的音乐与诗歌，也就是极需要有适合于他们的戏教他们唱。如果没有这种诗歌、音乐或是戏剧到农间去，农民的生活还是这样消沉、杂碎，怕非到死亡自误不可。农民自误，则等于整个中华民族自误。要想挽救中国的农民，挽救中国社会的厄运，非把能适合于农民环境情绪的音乐、诗歌、戏剧传布到民间去不可。第三种人是学生。现在的学校教育，是从西洋教育转运过来的，注重知识和技能的传习，对于情绪情操，很少下功夫。只把些知识来灌输到学生的头脑，而一点也不注意他们的情绪情操，则这种教育是片面的，不是整个的。音乐、诗歌、戏剧，对他们真是极需要，并且还要让他们自己唱。

我的意思大概是这样：以我的感觉，大概上述的那三种人最需要戏。听说王院长很注意到歌剧的研究与创造，以他内行人的眼光，一定能有所见。国内以公家的力量，而作戏剧的研究、教育的，省立剧院还算最先。最近中央才在南京办了一个戏剧专科学校，政府的这种设施是很应该的。现在是中国历史文化的大转变时期，在这大转变的时期中，极有待于戏剧的研究创造。现在大学对于戏剧的注意力还不够，应该有更大的注意研究，用更大的金钱来创造，才合于现在中国历史文化大转变期间的需要。

乡村建设大意

梁漱溟　讲演
李志纯　郝心静　侯子温　笔录

编者序言

本书系就吾师梁漱溟先生为邹平全县小学教师讲习会第二、三届两次的会上所讲，整理而成。第一次由李志纯同学笔记；第二次由郝心静同学笔记；余即根据二者，复参考吾师以前所讲"乡村建设理论"，加以整理编次；并代拟各段各节小题目。

邹平全县小学教师为数约三四百人，都是乡下人；而会期又不长；故师为讲演时，开头即说："我以前在院里讲'乡村建设理论'时，要用好几个月的工夫才能讲完；而这次我们只有几天的功夫，所以不能再用那种讲法，现在只能说说乡村建设大意。又这次的讲演，原是为我们邹平小学教师讲的，所以末后多说关于邹平的事情。因此这次的讲话有两点应请大家注意：一，只讲乡村建设大意；二，末后多说关于邹平的事情。"所讲取乎通俗，容易了解，又多为邹平人而发，并非乡村建设理论的简本，此愿读者诸君先要鉴知的。第虽云只讲乡村建设大意，末后多说关于邹平的事情；而于一般为乡村建设之研究或他处乡村工作者，要亦不无可供参考之处。尤其是留心邹平村学乡学的人宜参阅此书。是以付诸铅印，以应大家需要。

再本书原为一讲演笔记，虽曾经吾师批改，而文责仍应由编录者负之；此亦愿读者诸君鉴知，并希指教为幸！

民国二十五年一月一日识于济南

目 录

编者序言 …………………………………………… (165)

第一段 乡村建设是什么? …………………………… (169)

    一 乡村建设的由来 ……………………………… (169)

    二 乡村建设的意义 ……………………………… (177)

第二段 乡村建设顶要紧的是什么? ………………… (182)

第三段 乡村组织 ……………………………………… (190)

    一 什么叫组织 …………………………………… (190)

    二 中国缺乏组织——缺乏团体生活 …………… (191)

    三 中国人因无团体生活致有两大缺乏 ………… (193)

    四 中国没有团体组织的原因 …………………… (199)

    五 团体组织的必要 ……………………………… (202)

    六 此刻中国人讲求组织时应特别注意的两点

        ——亦即乡村组织的要义 …………………… (204)

    七 我们的组织从何处做起? …………………… (212)

    八 乡村组织要以中国的老道理为根本精神 …… (214)

第四段 乡村组织的具体办法——村学乡学 ………… (226)

    一 村学乡学的意义 ……………………………… (226)

    二 村学乡学的目标 ……………………………… (228)

    三 村学乡学的工作 ……………………………… (231)

    四 村学乡学组织之内容配置及其运用 ………… (235)

    五 村学乡学与现行地方自治组织之不同 ……… (254)

    六 村学乡学的功用 ……………………………… (265)

第一段　乡村建设是什么？

一　乡村建设的由来

今日中国朝野上下都已注意到乡村建设

"乡村建设"四个大字，以前从来没有见人用过，也没有听人说过；这是从民国二十年本院（山东乡村建设研究院）成立时才标出来的。以前虽也有人曾经做过类似这样的事，但没有明白标出"乡村建设"这一名词。自从本院标出之后，国内乡村建设的风气亦日渐开展，"乡村建设"一词，才不断地为大家所引用。尤其是近二三年来，乡村建设的风气，更是蓬蓬勃勃，全国都在讲求乡村建设了。大家也许听到过，民国二十二年七月，曾在本院开了一个"乡村工作讨论会"，到会的人数很多，全国各乡运机关团体，差不多都派代表来了，个人来参加的也很不算少。还有中央政府，现在成立了一个农村复兴委员会，他这个会名字面虽与"乡村建设"一词不同，而意思都差不多，他也是在提倡乡村建设事业的。其他如燕京大学的社会学系、金陵大学的农学院、江苏教育学院、中华职业教育社、华北工业改进社等等，都已注意并且努力在做乡村工作。至于本院以及南方的乡村改进区、北方的平教会等等，更不用说都是在做乡村建设工作了。再如今之教育家开口即谈乡村教育，经济家便说农村经济，政治家亦亟亟倡办地方自治，农业家固然办农业改良，即工业家也要办乡村工业（如华北工业改进社即专门研究如何发展乡村工业的一个机关），甚而至于一向专在都市营业的银行界,现在也注意到乡村,要在乡村里投资了——这个事情,他固然不单是为的乡村而是为他自己,可是对于乡村的帮助却也很大。例如我们在邹平所办美棉运销合作社的贷款,就是与中国银行来往的。由本院居间向中国银行接洽,放大宗低利款与各棉农;这于农村金融的调剂有很大的好处。他如上海银行在陕西,中国银行在河北,金城银行在河南,都作了不少放款。乡下人苦于无处借钱,得此颇能活动。

还有,不但作乡村建设的人是一天天加多,即乡村建设的范围,也越讲越宽了。先是只注意到农业改良,教育普及等片面工作;而现在也渐渐地知道注意讲求整个乡村社会的改进了。这实在是乡村工作的一个大进步。这样下去,乡村建设的风气,越来越开展,越来越扩大,势将形成一个最有力的潮流。

乡村建设的由来

乡村建设已为一般人所注意并且已经在努力实际工作,这种情形,大家如果留心看报便可知道。现在国内出版的各种报章杂志,常刊有《农村经济专号》、《乡村教育专号》、《各地农村调查》、《各地乡运报告》等等,由此便可以看出乡村建设差不多已经成了中国现在最有力的一个潮流。可是这个潮流究竟由何而来呢?在以前几年为什么没有人谈乡村建设?现在大家又为什么谈得这么起劲呢?我们要知道天下事原没有偶然的,乡村建设亦自有他的由来。例如我们几位同人在邹平办这个研究院,并不是由于我们忽然发此奇想;其他社会上所有的乡村运动的机关团体,更不能同时都发奇想,都各有他们的由来。乡村建设这个口号,所以喊得这么响,宁为偶然的事?那么,乡村建设究竟是由何而来的呢?关于这个意思,要详细地讲明白,须用很多的话,现在我先总括地回答这么一句:"因为近几十年来的乡村破坏,中国文化不得不有一大转变,而有今日的乡村建设运动。"

大家先记住这句话,以下我们再慢慢地仔细地来解释他的意思。

什么叫乡村破坏？

我们说："因为近几十年来的乡村破坏……而有今日的乡村建设运动"。那么，乡村破坏又怎么讲呢？这有两层：

1. 天灾人祸的破坏乡村——所谓乡村破坏，笼统地说就是指乡下日子不好过了，并且这个不好过非自今日始，远自近百年来就一天天地不好过了；尤其到了近二三十年来，不好过的程度，更加深加重加速，乡下人简直无以为生了。大家有的年纪大些的，总还记得：在从前的时候，乡间很少有土匪抢案等情事发生；那时天下是如何的太平！可是到了现在就不比从前了。像邹平这样的地方，在现在的中国实在是很少有的，简直可以说是个世外桃源。其他各省县，那真闹得不得了，兵灾匪患，……烧杀掳掠，直闹得几十里路没有人烟。更兼连年的水旱天灾，蝗虫为害，农民终岁勤劳，不得温饱。而政府里还要加捐派税，暴敛苛征，农民简直没法子供应！有时年景好了，而又要丰收成灾，谷贱伤农，虽有粮食，也换不出钱来；甚而至于贱卖也无人要。这样层层压迫，农民如何能不经济破产？如何能有好日子过呢？

2. 风气改变的破坏乡村——由上所述，乡村破坏，乡下日子不好过的原因，就是天灾人祸了！据我的观察，这还不是最要紧的原因，我看破坏乡村最重要的还在乡间风俗习惯的改变。因为风俗习惯的改变，让乡村破坏更渐渐地到了深处。这句话怎么讲呢？本来在一个社会里边，顶紧要的就是他的那个社会制度。一个社会制度，就是他那社会里边人人所共循共由的道路。大家循由，则社会秩序安宁；否则社会秩序紊乱。所以说他实在是社会里边最要紧的一个东西。这个社会制度，有的是多由国家法律规定的，有的就是靠他那社会上的风俗习惯。我们中国即属于后者。那么，我们看现在中国的社会制度尚为一般人所共循共由乎？我们可以说：已经不能如此了！现在中国的旧社会制度也就是旧风俗习惯，已渐渐地改变崩溃，渐渐地被人否认了。这种社会制度，风俗习惯的崩溃破坏，实在是最重要最深刻的破坏。别的破坏还好办，这种破坏最没有办法。你想一个社会上大家都没有了准路可走，那还了得吗！怎么会不乱呢？可是中国现在就是这种情形；所以说中国的乡村破坏，已经渐渐地到了深处。

乡村破坏，就是这两个讲法；这也可以说是浅深不同的两层意思。

乡村破坏由何而来？

什么叫乡村破坏与最要紧的乡村破坏，我们已经明白了；可是大家如果再追问一句：乡村为什么被破坏？风俗习惯为什么要改变呢？在未讲明这个意思之前，我想先要大家注意的是：近几十年来的乡村破坏与以前历史上的乡村破坏不同。以前每逢改朝换代，天下也要大乱，乡下日子也要不好过；并且历代社会上的风俗习惯也略有改变。换句话说，在以前历史上也曾有过乡村破坏。但与近几十年来的乡村破坏大不相同。以前的天下大乱，不久即可复归于平治；社会上风俗习惯的改变也不多，精神上仍是相演数千年而不变的。等到近几十年的乡村破坏就不同了，他是一直下去不回头的一种乡村破坏，乡村纯落于被破坏地位，破坏的程度日渐加深加重加速，不会停止；并且风俗习惯也将根本改变了。那么，这种乡村破坏是从哪里来的呢？这是从世界大交通，西洋人往东来，中国人与西洋人见了面，因为抵不住他的压迫，羡慕他的文明，遂改变自己去学他以求应付他；结果学他未成，反把自己的乡村破坏了。换句话说，中国近几十年来的乡村破坏，完全是受外国影响的。自西洋人会造大轮船，可以横渡重洋到世界各处去之后，中国也有了西洋人的足迹，中国的海禁就渐渐地开了。这一开可不要紧，让中国文化就发生了一个大的变动；在这个大的变动中

〔与以前历史上的乡村破坏不同〕

〔中西文化相遇后中国改变自己学西洋因而破坏了乡村〕

就把中国的乡村破坏了。如果不与西洋相遇，中国文化决不会有此大的变动，他仍要照老样子继续演下去。可是既与西洋相遇，也就逼着中国人不得不有此大的变动了。

中国文化为什么要变？

所谓逼着中国文化不得不有此大的变动，到底是什么原故呢？这是因为中国文化既与西洋文化不同，而又敌不过他；所以见面之后，就不得不改变自己去跟着他学了。本来中国在历史上是常常能同化外族的，从来没有跟着外族变过，他是常常站在文化上一个独尊的地位，四周围的邻国，文化程度实在不配与中国比较。例如匈奴，哪能与汉族比衡呢？（既然根本不配比较，所以也就无所谓不同，说"匈奴文化与汉族文化有什么不同"，这话实在没有听到有人说过）邻国的文化程度既然很低，所以中国不去学他，只有他们跟着中国来学。试看当时的邻国，大大小小，没有一个不是学中国的。如日本就是顶有名的学中国的一个民族，他的文字、衣服、饮食、礼节等，都是从中国学去的；直到现在，在日本的一个大庙里，还存着中国唐朝时代的衣服用具等等哩！其他如高丽人、满洲人，那不是学中国的？可是这次所遇见的西洋人就很厉害了，他的文化既与中国不同，同时他的程度也很高，可以做中国文化的敌手；不但可以做敌手，简直是敌不过他了。那么，既然敌不过，就用不着讲许多道理，只有跟着他去学。事实上不就是这个样子吗？

> 因为敌不过西洋文化

我们从事实上看，就可以见出来中国人于近几十年来处处是学西洋，步步是学西洋；自光绪变法维新，而至辛亥革命，民国十五年的北伐，都是学外国。例如废科举，兴学堂，练新军，设造船厂，修铁路，念洋书，穿洋服，乃至言语思想，风俗习惯，处处都要跟外国学了。

总之，中国人既与西洋人见面之后，中国文化便发生了变化。自变法维新一直到现在，其中有好几次的变化，有好些地方变化；尤其是近几年来，更一天一天地在那里加深加重加速度地变，这样也变,那样也变,三年一变,二年一变,孙猴子有七十二变,中国人变的也和他差不多了。本来每一度的变,都是希望着能变成功,以为这样可就好了,就可以抵得住外国人,国内也可以从此太平了!换句话说,这样一变,就能够适应这个新环境了。例如人家已经有了飞机大炮,我们不能再用枪刀弓箭;人家已经有了火车轮船,我们不能再用帆船牛车;世界各国都已进步,世界又已大交通,我们民族所处的环境已变,我们就不得不改变自己去学他们以求应付他们。变法维新用意是如此,辛亥革命两次北伐,用意通统是如此。可是结果怎么样呢?事实俱在,我们无须讳言;所有的变,可以说通统没有成功,通统没有变好。当第一次变后,没有变好,于是再变一下;再变还是不好,于是再变;再变还不好,还不好再变……一变再变,老不见好,这可就糟了!旧的玩艺几乎通统被变的没有了!中国乡村就在这一变再变七十二变中被破坏了!

> 因为要学西洋以求应付西洋

为什么一变再变就把乡村破坏了?

现在大家必定要问:为什么这样一变再变就把乡村破坏了呢?这就是因为中西文化不同的原故。我们要知道中国文化原来是以乡村为本的,中国原来就是一个以乡村为本的社会;而西洋各国便与此不同。例如英国,全国人口的百分之七十都住城市,只有百分之三十的人口住在乡村,这哪里还能说是以乡村为本呢?我们中国,百分之八十的人口都住乡村,过着乡村生活;中国就是由二三十万乡村构成的中国。不但英国不是以乡村为本,现在世界上著名的强国,可以说通统不是以乡村为本;他们都是一种工业国家,皆以都市为本;他们的文化,就是一种都市文明。即如日本,在以前的时候,也大致与中国相仿佛,本来不是一种工业国家;可是现在已经变成工业国家了。现在他的农民,虽然还是占全国人口的大多数,乡村虽然还是很重要;可是他的国命所寄托,已是寄托在工业而非寄托在农业,寄托在都市而非寄托在乡村了。中国则一直到现在还是以乡村为本,以农业为主;国民所寄托,还是寄托在农业,寄托在乡村;全国人靠什么活着?不就是靠农业靠乡村吗?

> 因学都市文明便破坏了乡村

中国的国命既然是寄托在农业,寄托在乡村,所以他的苦乐痛痒也就在这个地方了。乡下人的痛苦,就是全中国人的痛苦;乡下人的好处,也就是全中国人的好处。试看在过去的中国历史上,可以说什么事情都是为满足"以乡村为主"的生活的。以这样一个以农业为主的国家,以乡村为本的文化,近几十年来却遇到一个以工业为主,以都市为本的西洋文明,我们又一天一天地在那里跟着他学,这哪能不与自己原有的文化矛盾冲突以致日渐崩溃破坏呢?当西洋工业发达都市兴起的时候,他们的农业也受到妨碍,乡村也受到压迫;不过他于工业发达都市兴起之后,就又赶快回过头来救济乡村救济农业,所以他的乡村农业还不致落在纯被破坏的地位。现在中国就不能如此了!中国学西洋的结果,除了明着暗着直接间接地破坏乡村之外,并不见有都市的兴起和工业的发达——在中国虽然也有都市,如北平、天津、青岛、汉口、上海、广州等地方,也可以算是都市;可是这都不能算是真的都市。因为这种都市里面的人虽然也很多,也很热闹;而那种热闹全是空的,那很多的人,多半是为避乱或者为谋事而来的,并不是以工商为业的人。都市的重心原来是在工商业,而中国的都市工商业并不发达;都市本来应是一个生产的地方,而中国的都市则成了一个消费的地方。这与西洋的情形恰好相反。在中国像西洋一样的都市,可以说没有。中国虽然学西洋学了二三十年,而至今还没有学成功哩!没有学成功新的还不要紧,而因此却把我们旧的破坏了!把乡村破坏了!

因乡村破坏而有乡村建设

中国学西洋如果真能顺利地摹仿成功为工业国家都市文明,像日本那样,那也没有什么不可;因为所谓"以乡村为本""以都市为本",也只是两条不同的路而已。现在改了另走以都市为本的路，只是换了一条路罢了。只要有路走，就算有办法；只要有办法，那么，都是可以的。无奈中国终未能像日本一样学成都市文明工业国家；不但没有学成都市文明工业国家，而反因学走以都市为本的路，却把乡村破坏了！新路没有学成功，而旧路已被破坏不堪了！这一面单见破坏，那一面不见建设，这是让中国人最痛苦，最没有办法的原故。

当最初破坏的时候，大家尚未感觉到十分痛苦；可是等到破坏日益加深加重，大家才渐渐地感觉到痛了！这是个很浅近的道理，我们原来就是个农业国，直到现在大家仍然是全靠农业吃饭，全靠农民吃饭；那么，农业不行了，则商业亦不行；农民没饭吃，大家亦都没饭吃；乡村破坏到深处，大家将都受不了。大家就不由得不一致起来讲求乡村建设了。

因中国文化不得不有一大转变而有乡村建设

开头我们说过："因为近几十年来的乡村破坏，中国文化不得不有一大转变，而有今日的乡村建设运动"。因为乡村破坏而有救济乡村运动，这尚是乡村建设之由来的浅一层的意思；更深一层言之，乡村建设之由来，实由于中国文化不得不有一大转变，因为要转变出一个新文化来，所以才有乡村建设运动。但是我们又说过：中国乡村的被破坏，完全是由于中国文化的改变。换句话说，如果当初不变，照老规矩过下去，乡下日子一定比现在要好些。照这样说来，我们现在就不要再变了？这可不成！如果不变能行，当初就不变了。过去虽然没有变成功，但往下去我们仍然是要变的。况且已经变了多少次，一变再变地都变过了，现在再想不变也不行了。不过以前因为盲目地变而破坏了乡村；所以以后再变，我们就得商量商量，看怎样变法合适再怎样去变。本来不怕变，只要看准方向，料度明白，心里有准儿有把握，能一步一步地向前变出个什么样子来，这样的变我们是不怕的。换句话说，以前每一次的转变，都没有变成功；以后呢？据我的推测，他就要成功了，就要转变出一个新局面来了。这个新局面的转变，就全靠我们的乡村建设；翻转来说，乡村建设就是由于要转变新局面创造新文化而来的。

二　乡村建设的意义

乡村建设的意义

从以上所说的许多话来看，乡村建设的意义是什么，大概也就可以明白了。总言之：救济乡村便是乡村建设的第一层意义；至于创造新文化，那便是乡村建设的真意义所在。乡村建设除了消极地救济乡村之外；更要紧的还是在积极地创造新文化。所谓乡村建设，就是要从中国旧文化里转变出一个新文化来。

> 救济乡村创造新文化

什么叫创造新文化？

那么，所谓创造新文化这句话又怎么讲呢？要讲明这句话，就不得不先说一说什么叫文化。所谓文化，本来有狭义的和广义的两种讲法：狭义的讲是单指社会意识形态说；广义的讲，则一个社会的经济、宗教、政治、法律，乃至言语、衣食、家庭生活等等，通统包括在内。换句话说，所谓文化，就是一个社会过日子的方法。一个社会有一个社会的过日子的方法（西洋人有西洋人的一套生活方法，中国人也有中国人的一套生活方法），他那个过日子的方法，便名之曰他的文化。那么，怎样叫创造新文化呢？从这旧文化崩溃告诉我们：非换一个新办法不可，非换一个新办法不能适应这个新环境。但是怎样换法呢？就把西洋的办法全盘移植到中国来吗？就把中国变成一个纯西洋式的近代中国吗？这个也不行。因为中国自有他相演数千年的历史背影，想让他完全学西洋变成一个纯西洋式的近代国家也是不可能的。

> 什么叫文化？——一个社会过日子的方法

以上我们说过：中国文化将要有一个大的转变，将要转变出一个新的文化来。"转变"二字最切当，这便是我们创造新文化的办法。我们就是要从旧文化里转变出一个新文化来。"转变"二字，便说明了将来的新文化：一面表示新的东西；一面又表示是从旧东西里转变出来的。换句话说，他既不是原来的旧东西，也不是纯粹另外一个新东西，他是从旧东西里面转变出来的一个新东西。用比喻来说：中国好比一棵大树，近几十年来外面有许多力量来摧毁他，因而这棵大树便渐就焦枯了。先是从叶梢上慢慢地焦枯下来，而枝条，而主干，终而至于树根；现在这树根也将要朽烂了！此刻还是将朽烂而未朽烂，若真的连树根也朽烂了，那就糟了！就完了！就不能发芽生长了！所以现在趁这老根还没有完全朽烂的时候，必须赶快想法子从根上救活他；树根活了，然后再从根上生出新芽来，慢慢地再加以培养扶植，才能再长成一棵大树。等到这棵大树长成了，你若问："这是棵新树吗?"我将回答曰："是的！这是棵新树，但他是从原来的老树根上生长出来的，仍和老树为同根，不是另外一棵树。"将来中国新文化的创造，也正和这棵新树的发芽生长的情形是一样，这虽是一种譬喻的话，可是道理却很切当。

> 所谓创造新文化即从旧文化里转变出一个新文化来

什么叫中国文化根本动摇?

以上我们以大树作譬，说中国文化的根本就要崩溃了，就要动摇了；但指实来说，什么叫中国文化根本动摇？什么是中国文化的根呢？前边我们说过：中国文化是以乡村为本，以乡村为重；所以中国文化的根就是乡村。不过这个说法，还未详尽，现在我们可以这样说：什么是中国文化的根呢？

> 什么是中国文化的根

1. 就有形的来说，就是"乡村"——乡村就是我们中国文化有形的根；

2. 就无形的来说，就是"中国人讲的老道理"——那真有道理的老道理就是我们中国文化无形的根。

中国文化有形的根就是乡村，无形的根就是老道理。所以所谓中国文化已崩溃到根，已根本动摇；也就是说中国的乡村已经崩溃，中国的老道理已经动摇了。前面我们也曾说过：中国文化自近百年来即开始在哪里变化，在哪里破坏。最初的破坏，还没有到乡村——无论是变法维新，或者是辛亥革命……等，都是先从上层中央政府改变起，再渐渐地间接地影响到乡村；先从沿江沿海通都大邑破坏起，才渐渐地延及到内地乡村。所以我们说他是先从叶梢焦枯起，才渐渐地焦枯到身干老根；他是一步逼紧一步，到最近十年来，可就真的逼到乡村来了！乡村真的大受破坏了！

> 破坏已到乡村

最近的破坏，已经破坏到中国文化有形的根，已经破坏到乡村，这是第一层的意思。再说第二层：最近的破坏，也已经破坏到中国文化的无形的根，已经破坏到中国的老道理了。换句话说，我们中国，偌大一个民族，有这么些人在一块生活，他总有他过日子的方法，总有他的规矩、制度、道理一套东西；这一套东西到最近几十年来就渐渐地受到破坏了！在最初的时候，还只是破坏了粗的地方。如从前有皇帝，以后没有了；从前的种种礼节仪式（作揖跪拜等），现在也改了；这都是些粗的破坏——有没有皇帝，作揖跪拜等，都比较是粗而见于外的办法制度，初时只破坏到这些。至于那深处细处道理的根本处，还没有被破坏，还没有怎么动摇。可是慢慢地一层一层地就破坏到深处细处了；到最近十年来，道理的根本处，也真的动摇了。现在有的中国人，所信从的道理，与从前的老道理真的大不相同了。例如现在的共产党，他就有他的主张办法，他的主张办法……自有他的道理……让人信从；其他党派也是这样。所以因此就把中国的老道理破坏了。老道理的根本处也已经动摇了。但真要根本破坏了吗？不会的。

> 破坏已到老道理

从真精神里开出一个新局面来

我们相信,中国的老道理是站得住的。从粗处看自然是有许多要改变的地方,但根本深处细处是变不得的。现在虽有邪僻的学说在摧毁他压迫他,而"真金不怕火炼",正因为有这种种的摧毁压迫,反可以把他的一段真精神真本领锻炼出来,显得他到底是经得住火烧水烫,到底是破坏不了的。等到经过一番锻炼之后,中国的真精神就要透露出来,将为人人所信从了。所以我们可以说:中国的老道理,不但能够站得住;并且要从此见精采,开出新局面,为世界人类所依旧——不过我们要注意,新局面的开出,是从老道理的真精神里开出来的。必待老道理的粗处浅处须要改变处,通统破坏完了,然后才有转机,才能从真精神里发出新芽,转出一个新局面来;不然,不追问到底,不追问到根本处,新局面是转变不出来的。换句话说,最近的破坏,已经破坏到中国文化的根;既已破坏到根,所以新文化的开创,亦非从头另来不可,亦非从老根上再转变出一个新局面来不可——以乡村为根,以老道理为根,另开创出一个新文化来。无论是政治、经济……什么组织构造,通统以乡村为根,以老道理为根。从此开出新道路,救活老民族。"开出新道路,救活老民族。"这便叫做"乡村建设"。

从创造新文化上来救活旧农村就叫"乡村建设"

总括以上的意思来说,"乡村建设"的意义是什么呢?"乡村建设"包含两个意思:一因乡村破坏而有救济乡村之意;二因中国文化要变而有创造新文化之意。现在我们想把这两句话前后倒转过来说,倒转过来说则更切当,就是"从创造新文化上来救活旧农村",这便叫做"乡村建设"。开头我们说过:自中西两个不同的文化相遇之后,中国文化相形见绌,老文化应付不了新环境,遂不得不改变自己,学西洋以求应付西洋;但结果学西洋没有成功,反把自己的老文化破坏了,把乡村破坏了。老文化破坏殆尽,而新文化未能建立，在此青黄不接前后无归的过渡时期，遂陷于混乱状态。这是中国最痛苦最没有办法的时候；所以现在最要紧的就是赶快想法子创造一个新文化，好来救活旧农村。"创造新文化，救活旧农村。"这便叫做"乡村建设"。

第二段　乡村建设顶要紧的是什么？

乡村建设顶要紧的是什么？

乡村建设的意义我们已经明白了，是要从创造新文化上来救活旧农村，要用新方法来救济旧农村。但是"在许多新方法中，究竟哪一个要紧呢？例如改良农业，办合作社，办乡村教育，办乡村自治乡村自卫等等，究竟哪一项是要紧的呢？"你若是以这个话来问我，我将回答你说："那一项都要紧。"比如问："改良农业要紧吗？"我说："要紧。""组织合作社要紧吗？"我也说："要紧。"照我看来，东一项，西一项，都是要紧的。不过你若问我："哪一项顶要紧呢？"我又要回答你说："那些都不是顶要紧的。改良农业不是顶要紧的，办乡村教育也不是顶要紧的。"那么，顶要紧的究竟是什么呢？照我说顶要紧的有两点：

1. 农民自觉；
2. 乡村组织。

乡村建设所包括的事情固然很多，而顶要紧的则在这两点。有了这两点一切事情才好办；如果没有这两点，乡村建设简直没有法子谈。以下我们就来讲明这两点的意思吧。

救济乡村要靠农民自觉

我们常爱说："救济乡村"，"救济乡村"，但是谁能救得了乡村呢？除了乡下人起来自救之外，谁也救不了乡村；单靠乡村以外的人来救济乡村是不行的。事情单靠人家是靠不住的。即退一步说，就是要靠人家帮忙，也得自己先起劲呀！外国有句话："天助自助者"，这就是说：天帮谁的忙呢？他帮助那自己能帮助自己的人。中国古人也有一句话："自求多福"，自己努力，才能得到幸福。这都是说人要自强的意思。大概一个人自己不要强，别人对他没有办法；一家人不要强，别家人对他没有办法；同样的道理，乡下人不自己起来想办法，不起来自救，乡村以外的人就能救得了他吗？单靠乡村以外的人是救不了乡村的。必须乡下人自己起来想办法，才能把乡村救得好；并且这个好才能保得长久。若单靠旁人拿钱来救乡村，哪里来这么多的钱？单靠外边人才来救乡村，哪里来怎么多的人？即退一步说，就让一时靠外边的人力财力，表面上把乡村救好了；而这个好也不能长久呀！几时外边的人力财力不供给，所有的好也就要完了。更何况单靠外力往往不但不能把乡村救好，反而祸害了乡村——外边人虽然满心想让乡村好，想帮乡村的忙；而以不了解乡村的情形，不知道乡村的需要，所用的方法不合，结果往往祸害了乡村。例如政府所办各种新政，哪一项不是原想造福于人民，而结果竟害了人民呢？为害人民并不是他的本意呀！不拘什么人，没有天生就给人作对，想害人的；对人原来都是有好意的。政府作了许多事情，害了人民；但他并不是原来有恶意，错误点完全在于上下隔阂。因为他（指政府）不是你（指乡村），不能深切地了解你，不清楚你的情形，不知道你的需要；所以虽有心对你作好事，而所用的方法不对，不适合乡村，结果就作出坏事来了，这完全是单靠外力的毛病。

<small>救济乡村要靠乡村自救</small>

总之，天下事无论什么都要靠他本身有生机有活气；本身有生机有活气，才能吸收外边的养料。譬如一棵树木，必须他本身有生机，才能吸收养料（水分、肥料、阳光等）。一个小孩子必须是活的，他才能够吃东西。一家里头有生机，一家才能渐往好里去；一村一乡里头有生机；一村一乡能渐往好处去。如果乡下人不能自己起来向前去打

<small>什么事都靠本身有生机</small>

算，乡村成了个半死的，没有了生机，没有了活气，外边人怎能使他向上，使他好起来呢？所以想要乡村向上长，必先让他本身有生机。可是这生机又从哪里去开呢？这就要靠启发农民自觉了。

> 农民自觉

什么叫农民自觉？所谓农民自觉，就是说乡下人自己要明白现在乡村的事情要自己去干，不要再和从前一样，老是糊糊涂涂地过日子，迷迷糊糊地往下混，这样子是不成了！现在一切事情，都要自己起来想办法，去打算，不要再等着候着了！等候谁呢？等候真龙天子吗？真龙天子是不会出现的了！等候官吗？我们（乡下人）也不能靠官来替我们办事。我们不是说过吗？单靠官府替乡村办事，往往是祸害乡村的。所以现在等候谁都不成，必须我们自己起来想办法，去打算，必须自己去干。乡下人如果能明白了这个意思，这便叫做农民自觉；乡下人如果真能照此去干，这便叫做乡村自救。农民自觉，乡村自救，乡村的事情才有办法；所以我们说乡村建设顶要紧的第一点便是农民自觉。

救济乡村要靠乡村组织

农民自觉了，乡下人明白乡村的事要自己去干了；但是怎样干法呢？这还要靠乡村组织。天下事无论什么都不是一个人干所能干得好的。如果你干你的，我干我的，大家各不相顾，各不相谋，结果谁也干不成功；必须大家组织起来，也就是说必须大家合起来一齐去干，才有办法，才能干得好。无论作什么事，都要如此。试想

> 什么事都靠大家齐心协力

什么事情不是靠大家齐心协力才能干成功的呢？一个人能把事情干得好吗？我们不说远的，即就乡村治安来说吧：要想维持乡村治安，防御土匪，必须大家合起来齐心协力地去做才行；一人一家的力量，是无济于事的。一人一家能防得住土匪吗？能保得安全吗？这显然是靠不住的，要防御土匪，最小限度须一村人合起来才有办法。比如乡村里面若有不良分子，一经查出，便大家合起来共同监视他，不准他与外面来往勾结，这便除去了土匪的引线；大家再共同守夜，共

同打更，一旦发生匪警，大家共同抵御，这样便可以挡得住土匪。这都是要靠全村人合起来的力量才能办到的。一村如此，全乡各村如果能联合起来，力量更大一点；全县或邻近几县联合起来力量更大了。如果能有这样一个大的联合力量，那还怕土匪吗？简直可以让土匪消灭无踪了。现在鲁西的乡村治安，就是这样维持的。最初他们也是先从一家作起，但结果他们知道了一家防御土匪是不行的；所以才全庄联合起来。后来庄与庄又联合起来，有所谓联庄会、联乡团等等组织。大家合起来防御土匪，治安问题就解决了。

再就谷贱问题来说：原来乡下人全指望拿粮食换几个钱来度日；而现在粮食便宜不值钱，这让乡下人痛苦极了！但是一个乡下人对于这个问题又有什么办法呢？市价就是这样低！人家都这样卖！自己哪能独卖高价？高价卖不到，而又等着用钱，不得不卖；所以就只得认吃亏，自己暗叹了！你也认吃亏，他也认吃亏，大家都认吃亏，这个问题遂没有了办法。可是大家如果能组织起来，办法就可以有了。例如大家组织合作仓库，把粮食储存起来，等市价涨高时再卖，或运往别处去卖；这样便可以多卖几个钱，并可以免受商贩的居中抽剥。若等着用钱，有了合作仓库，对外也可以有了通融，以合作仓库的名义，便可以向银行借款——如果没有合作仓库，以一个乡下人向银行借款是借不来的；必须大家合起来，设法结成团体（组织合作仓库），有了信用保障，银行家对你放心了，才肯借款给你。再则团体借款是成总的，成总借款，银行里才好办；不然，零零碎碎的，银行里也不愿意受那个麻烦。

又如造林，也须要大家合起来才有办法。邹平西南一带多山，本宜植树；可是每一个山上，都是童山濯濯，很少树木。问他们本地人："为什么不种树呢？"他们回答说："我们也知道种树是好事；但种树容易保护难。"我们告诉他："你们可以组织林业公会，大家共同种植，共同看护，不就可以免被人偷了吗？"他们照样作去，现在果然有几个林场了。

还有整顿村风，改良陋俗，也须要大家合起来才有办法。例如禁赌博，禁缠足，禁早婚，禁吸食毒品等等，必须大家同心协力商量好了一齐去禁，才能成功。若只一个人不赌博了，而别人不改，赌风仍然盛行；别家都缠足，一家一人虽然自己想放开或不缠，而亦不敢违反风俗；人家的孩子都早婚，自己纵然想改，又怕别人的讥笑和鄙视；吸食毒品的人，也须要大家共同劝他帮他断瘾．才能完全戒绝。总之，无论什么事情，都须要大家合起来才能办，也就是须要有组织才能办；各自一个人是没有办法可想，是找不出解决之道的。所以我们说乡村建设顶要紧的第二点便是乡村组织。

农民自觉、乡村组织是解决乡村问题的基本条件

乡下人必须明白乡村的事要自己去干，并且能大家合起来齐心去干——即自觉地有组织地去干，这样事情才有办法，乡村以外的人才能帮得上忙；不然，乡下人不能自己起来想办法，乡村成了半死的，没有了生机，没有了活气，则乡村以外的人，是干着急使不上力气去的。现在外边有很多的人都是对乡村有好意的，都是想着来救济乡村的。开头我们已经说过：现在中国朝野上下的人们，都已注意乡村建设；社会团体，政府机关，都在倡办乡村工作；连外国人也有很多是想着来救济中国乡村的。

外国人想帮乡村的忙的例　美国煤油大王每年以好几百万的资金，去作怎样帮助人的事情。例如帮助研究学术的团体，举办各种慈善事业，他都花去很多的钱。其主持的机关名为"罗氏基金委员会"。在北平有个协和医院，建筑得富丽堂皇，比宫殿都好，规模宏大，设备齐全，每年医好无数的病人；这个医院就是他们办的。他在东方，不但是中国，其他如日本、印度等地方，都有大批捐款去做各种有益于人的事。对于中国，他最近决定要救济中国乡村，提倡乡村建设，所以他想把那项捐款全用来帮助乡村运动团体，也就是间接地帮助乡村了。再如定县的平教工作，他的经费是从哪里来的呢？有好多是从外国募来的。像燕京大学、金陵大学都以研究乡村或办乡村事从外国募款。

总之，现在有很多的外国人，愿意来帮助中国乡村。不过我们要注意：必须农民能自觉，乡村有组织，外国人才能帮得上忙；不然大家散散漫漫，外国人怎能跑到乡间去帮助每一个人呢？

<small>政府想帮乡村的忙的例</small>　开头我们说过：现在中央政府设有一个农村复兴委员会，还有中央农业实验所，在那里研究试验，作各种农作物的改良——如改良棉种，改良麦种等等，并且要将试验改良出来的好种子设法推广，想从改良农业上帮助农民；可是如果农民不自觉，乡村无组织，大家仍是散散漫漫的；那么，他就是有好的种子好的方法，想介绍给你（农民）也没法介绍呀！你们零零散散，各不相顾，想找一个说话的人都找不出来，又怎能把好种子好方法介绍给你们呢？再如南京有个卫生署，是专注意公共卫生的，他对于各地流行的传染病——如霍乱、伤寒、发疟子等症，都极力加以研究，想法子预防或治疗；但他所研究出来的方法，也须靠各地乡村有组织，才能推行得广呀！如果你们散漫没有组织，夏天的时候，虽有传染病流行，而不能把详细情形报告上去，他们（卫生署）怎能帮助你们？就是有防治的办法，也没有法子传送到乡村啊！必须乡村有组织，能把各地传染病流行的情形作个报告，上边得知下情，才好研究；防治办法，也才能传布下来；送给你们的药物，也才有个法子分散。

<small>银行界想帮乡村的忙的例</small>　还有银行界的注意乡村，投资乡村，前边我们也已经说过。现在天津上海各银行里，囤积着无数的资金。大批的现金停滞在都市，不能流通，这让银行家着急到万分！所以现在再有人要想存几十万几百万的款在银行里，则他不但不能要利息，反要倒贴给银行多少钱才行，这很可以看出都市资金的充斥了。因此银行家便想方法投资农村，到农村来找他的出路。若是都市上囤积着的资金，果能流通到乡村，有这么一大批款在乡村里活动起来，不是很好的事吗？乡下人借钱最少要出二分三分的利，多者或者要到五分六分，而银行贷款利息不过是几厘，这对乡下人实在是一个莫大的便宜了。但

是前边我们也曾说过，以一个乡下人向银行借款是借不来的。一个乡下人向银行借款，没有担保，数目零碎，银行里决不肯借给你。所以乡下人要想得到这个便宜，必须乡村有组织，大家结成团体，信用有了保障，借款也是成总的，银行家就乐意贷款给你（乡下人）了。

> 社会团体教育机关想帮乡村的忙的例

再说社会团体教育机关想着来帮助乡村的，更是不胜枚举。例如在开头已经说过的北方的平教会，南方的乡村改进区以及我们的山东乡村建设研究院，都是来帮乡村的忙的。不过我们只能站在帮忙的地位，不能直接的就去替乡村办事，如本院在邹平倡办种种社会改良运动，社会建设事业，都要以邹平地方人为办事的主力，研究院只能站在旁边，从旁帮忙，从旁供给些材料办法，不能就由我们替大家来作。换句话说，事情还要大家先起劲，大家能自觉地有组织地起来为作事的主体，然后我们才能帮得上忙；不然，大家不起劲，我们想帮忙也帮不上去，纵有一点好办法也就无用了。所以现在我们所希望的就是邹平地方人能够明白这个意思，能够起来齐心协力地谋自救，把乡村建设的责任，自己负起来，自己先起劲多用力，不要让外边人的苦心白费，不要辜负了这个好机会。

……

> 顶要紧的是乡村自己振作

总之，乡村建设顶要紧的是什么呢？就是这两点："农民自觉""乡村组织"。这两点实在是解决乡村问题的根本条件；有了这两点，乡村的事情才好办，乡村的事情才好进行。换句话说，现在顶要紧的就是乡村自己振作。乡村自己能振作，自己里面先有生命有生机（即能自觉有组织），然后才能吸收外边的滋养料，才能接受外边的帮助；不然乡下人不能自觉地有组织的去谋自救，而单靠乡村以外的人来救济乡村，讲求乡村建设，那么，讲也是白讲，干也是白干，结果是不会有真的成功的。乡村的事，乡下人不自己起来办，乡村以外的人干着急也没有办法，想帮忙也使不上力气去——现在中国的大病就在此，就在内（指乡村）外（指南京上海等）上下不通气。内地乡村顶需要外边材料方法的帮助，而外边也正想以材料方法帮助乡村；可是无处用力，想帮忙帮不上去，这真痛苦极了！所以现在顶要紧的就是赶快想法子启发农民自觉，促进乡村组织，让乡村有生命有生机，能与外面沟通，吸收外边所供给的方法材料，像花木吸收肥料一样，渐渐地就可以发荣滋长了。

第三段　乡村组织

一　什么叫组织

通常见的种种组织

以上我们把乡村组织说得那么要紧，但是"组织"二字究竟怎么讲呢？浅着来讲，所谓"组织"就是大家合起来的意思。乡村的事，必须乡村有组织才有办法；也就是说乡下人能齐心协力地合起来办才好办。一个人不好办事，无论办什么事情都须要大家合起来去办才方便，效力才大。所以我们在社会上可以随处见到各种组织。例如合伙做买卖算是一个组织；一同烧香赶会，结队旅行，也都算是一个组织。我们不必说远的，即就乡村里边所有的各种组织来说吧：如红枪会、在礼的，以及各色教门，各种秘密结社，都算是组织。再说社会上的三教九流五行八道，都各有他们的组织。尤其是中国社会里的大家族，更可以算是一种组织。因为中国的家庭，不单是夫妇二人小范围的结合，而每每是很大的家族，有父子、有兄弟、叔叔伯伯，堂叔兄弟等等；常有好几辈子不分家，几十口人在一个锅里吃饭，并且有家长有族长，总管一家一族的事，这在旧社会里很可以算是一个组织了。我对邹平的情形不很熟悉，邹平的家族组织是怎样我不知道。可是我在广东的时候，看见他们的家族组织都很大，一个庄子里边，多半是一族一姓的人。一个大族就有好多的祠堂——有最久最远的一个老祠堂，从老祠堂再分下来，一房一房，一支一支，又各有祠堂。就是土匪的结合，也可以算是组织；一个杆子头率领着许多伙计，也很有他的组织。总之，如果浅着来讲组织，则这种组织随处都可以见到。也可以说：人活在社会上，随时随地都在组织中。这样来讲"什么叫组织"就很容易明白了。

一个组织必须具备四个条件

照以上所说，人活在社会上，随处可以见到各种组织，随时随地在组织中活着。那么，东也是组织，西也是组织，有种种不同方式的组织，组织是很多的了；不过虽有各种不同方式的组织，而分析起来，凡是一个组织，总都具备四个条件：

1. 许多人合起来；
2. 一个共同目标；
3. 有秩序；
4. 向前进行。

若把这四个条件，用一句话包括起来说就是"许多人合起来，向着他们的一个共同目标，有秩序地进行"。所谓许多人，即不限定人数之意，十个八个，三十个二十个，几千几万，不管多少人都行。所谓目标，也不管是什么。可是总得向着一个共同的目标；并且是为有秩序地进行，才能算是一个组织。一个组织，必须具备上述四个条件，缺一不可。"许多人合起来，向着他们的一个共同目标，为有秩序地进行"这一句话，看似很平常，但仔细讲起来，意思也很深。只是在这里我们没有功夫细讲。

二　中国缺乏组织——缺乏团体生活

浅着来讲组织，诚如以上所说：人活在社会上，随处可以见到各种组织，随时随地都在组织中，东也是组织，西也是组织，组织是很多的。但认真讲来，那所说的种种组织，都不能算是真的组织，中国社会是缺乏组织的。我们不是常爱说："中国社会太散漫""中国社会像一盘散沙"吗？这都是说中国社会是没有组织的。的确中国社会是太散漫，散得像一盘沙一样；太缺乏组织，太缺乏团体生活了。以下就来讲一讲我们中国社会是怎样的缺乏组织。

中国有两大缺欠

我们中国有两大缺欠，这两大缺欠是此刻中国所急切需要补充的；可是这急待补充的两件东西，又正是我们一向所顶缺乏的。好像一个人顶干渴了，而他家正没有水一样，那么，中国顶缺乏什么？顶需要什么呢？

1. 便是团体组织；
2. 便是科学上的知识技能。

这两点是我们顶缺乏的，而同时却正是西洋人的长处。西洋人擅长这个，我们顶缺乏这个；所以自中西相遇之后，我们就着着失败，敌不过他了。尤其是缺乏头一点，更是我们敌不过西洋的最重要的原因。

缺乏团体生活为更要紧的一点

有的人说，中国所以敌不过西洋，是因为中国没有新的科学技术。这一点我也承认，不过在我看，这尚不是顶要紧的一点；我认为顶要紧的，乃在于西洋人有团体组织，而中国人则没有这个。中国现在所苦的，自一面说，固然是在物质的缺乏，如缺乏飞机大炮坦克车之类；但这些都是家伙；家伙都靠人来制造，靠人来运用。要看重人的关系，不要看重家伙。如果中国以这么多（四万万五千万）的人，而能成为一个团体，那么，一个团体就是一个力量，中国能有这么大的一个力量，什么家伙不能有呢？外国又何足怕呢？一切外患，我们都可以抵御，一切事情，我们都有办法了。有了团体，便能够行动一致，说一声要什么，大家便一齐都做什么，这样，天下事还怕有不能办成功的吗？例如抵制外货，说一声抵制，大家便一齐抵制，全国人没有一个人买外货；那么，外货自然就可以抵制住了。这还是就对外来说；即就对内言，若有了团体，一切事情也就有了办法。例如乡村若能成功一个团体，则不怕土匪的祸患，不怕军队的骚扰，也不怕官府的虐政或暴敛苛征，……什么都不怕，我们对于一切，都有力量制止他。现在我们为什么不能制止他？就是因为没有团体组织的原故。没有团体，所以就只有任人鱼肉了。再说对外，没有团体，抵制外货也不会成功；我抵制你不抵制，你抵制他又不抵制，这不是等于不抵制吗？无怪乎外货仍是畅销无阻了！总之，所有的过错，都怨大家不能团结。这并不是哪一个人的不好，问题之所在，就在关系没弄好，就在缺乏团体组织。

从以上所说看来，就可以见出中国社会是缺乏团体组织。的确中国社会是太散漫了，在从前的中国老社会中，大家都是各自关门过日子，我不问你的事，你不问我的事，从来没有过过团体生活；所以《老子》说："鸡犬之声相闻，而民至老死不相往来。"中国社会，的确有那种情形。

三　中国人因无团体生活致有两大缺乏

中国人没有过过团体生活，由上所述，大概就可以知道了。而因为中国人没有过过团体生活，没有受过团体生活的训练，所以就有了两种毛病，也就是有了两大缺乏。那两大缺乏呢？兹分别言之。

（一）缺乏纪律习惯——人多时不能有秩序

纪律习惯是多数人在一块行动时所必不可少的。许多人在一块，必须大家都能够守纪律，事情才能进行敏速顺利。在前面我们曾说"许多人合起来，向着他们底一个共同目标，为有秩序地进行。"所谓"有秩序地进行"，也就是要有纪律的意思。更明白点说，必须大家步伐整齐，行动一致；不然，我这样，你那样，互相妨碍牵掣，则一步难往前进行了。那么，要想大家都能守纪律，怎样才能办到呢？这就要靠每一个人练习着把自己收敛约束，要用自己的耳目心思去注意听从团体的命令。大家都能这样，养成习惯，遇到集合开会，自然秩序好。但中国人对于这一点顶不会做。

<不能有秩序之例一> 我们常听到人这样说："中国人太不守秩序了！每逢在公共会场里，总是吵吵嚷嚷，闹个不休，真是了不得！例如在戏院、电影院等娱乐场里，你们听吧，说话的、嬉笑的、卖水果的、卖花生糖的、嗑瓜子的、吸烟的……种种声音，直闹得嘈杂不堪。"由此我们便可以见出中国人是如何的没有纪律习惯了。我们再看外国人的情形是什么样呢？外国人每逢到开会的时候，都是非常整齐严肃，进退周旋，一丝不苟。即在戏院里，也是静观台上的演做，台下观众，一声不响，他们决不肯因为自己的说话，扰乱大家。他们在团体生活中，是很能够自己收敛的。不因为自己妨碍大众，这便叫作守秩序，有纪律习惯。

<不能有秩序之例二> 我们又常听到留学生或久住外国的华侨们这样说："当我们坐船回国时，到上海一登岸，就感觉到诧异！感觉到扰攘难堪！你看，码头上的脚夫、洋车夫，以及客栈里的茶房，都在那里吵吵嚷嚷，跑来跑去，争夺行李；乘客们亦是争先恐后，拼命地向前挤；市内大街上来往的行人车马，亦是乱碰乱撞；这样情形，若在外国，一定是发生火警了；不然，决不会这样紊乱！"的确，在国外处处都是很有秩序的，无论是在街上走着，或者是上船下船，上车下车，都有一定的秩序，断不会你推我挤，争前抢后。

<不能有秩序之例三> 再如中国人每逢在码头上、车站上、或戏院、电影院的门口买票时，则无不争先恐后，乱得了不得。在外国则自能秩然有序，他们并不用警察拿着棍来指挥，自然会站成一行，常是排到几里路远，而后来的人仍是

按次站到最后去。他们对于这守秩序，守纪律，简直是已经养成习惯了。他们为什么能如此呢？因为他们知道有纪律有秩序，事情才能办得爽快便当。如果大家抢先，则事情不但不能进行得快，反倒要受妨碍，而进行得慢了。所以他们每逢多数人在一块时，都很能守秩序，守纪律。

> 西洋人之所以守秩序与中国人之所以无秩序

西洋人所以能守秩序，有纪律习惯，也是因为他们过团体生活久了，自然训练出来的。中国人因为从来没有过过团体生活，没有受过团体生活的训练，所以也就没有了纪律习惯。反过来说，亦正因为缺乏守纪律的习惯，团体生活也就老过不好，老不能结成一个团体。二者循环相因，遂让中国益形散漫了。

（二）缺乏组织能力——不会商量着办事

所谓组织能力，简单的说，就是会商量着办事的意思。乍听"商量着办事"，这不是很容易的吗？商量商量，又有什么不会呢？其实不然，商量着办事，与独断独行不一样；与单是听着随着做事也不一样。真正有组织能力，会商量着办事的人，他是遇事便抱着一个商量的态度。对于团体的事情，自己肯用心思，肯出主意。

> 会商量着办事的讲法

但同时也知道尊重别人的意见，参酌别人的意思。他既不是漠不关心，也不是揽到自己身上。事情怎样办法，他是要尽着大家来决定，要大家来共同磋商讨论，以期商量出一个都首肯的办法来。自己的主意如果得不到大家的同意，便自己让步，把他拿回来修改；修改了再提出，仍不通过，则再修改；就是说十句大家一句也不采用，那么，也得跟着大家的公共决定去做，不能说因为己意不得行，便不管不问了。总之，所谓商量着办事，就是大家对于团体的事，彼此都要用心思、出主意。在磋商讨论的时候，一方面不肯随便牺牲自己的意见；而同时也要知道尊重别人的意见。大家总是彼此牵就，彼此让步，末了自会商量出一个各都首肯的办法来。但怎样才能使大家彼此牵就，彼此让步呢？这需要大家都有很大的耐烦性，都知道顾全大局——所谓耐烦性，就是耐性的去磋商，好像做买卖一样，要价还价，彼此磋商，这非有耐烦性不可。所谓顾全大局，就是说无论如何不让团体分裂，为维持团体，不让公共的事情停摆。（不会商量，便容易让团体分裂，公共事情停摆，此理后详）自己可以尽量的牵就让步，乃至牺牲自己的意见亦无不可。这样知道顾全大局，能耐性地去商量，则事情总会有一个公共决定，团体的事情总会不致停摆。那么，这个样子的商量着办事，中国人就从来不会了。对于中国人，你让他自己出来当家作主，也许能行；或者让他随着别人去做，也能办到；而最难最难的就是让他们大家商量着办事。

> 不会商量着办事的例一

曾任县长多年的徐树人先生，曾向我说："乡下人的脾气，我可知道了！他们是不识抬举的！凡事你若用强硬手段，下道命令，要他如何如何，很痛快的可以办到；若一尊重他，说：'请你们各自发表意见，你们大家商量着来办吧！！'那么，就糟了！他们很容易商量不到一块，因而事情反办不动了！这时再下命令强制他们如何，亦不愿听了。"这话似乎也很有道理，乡下人听着随着的习惯尚有一点，而商量着办事的习惯则一点没有了。

> 不会商量着办事的例二

我没有常住过乡间，对于乡间的事情不很清楚；可是对于城市学校里的学生的情形却很知道。据我所知道的，学生也不会商量着办事。例如各学校的学生会、自治会等等，多半不能干得好，那是什么原故呢？就是因为会员们有的是马马虎虎对于团体的事情不关心；而热心的学生又很容易落到强人从己，独断独行。如果大家听从他的意思，他很高兴干；对他稍有不赞成，不照他的意思去办，那么，他就马上心灰意冷，甚而至于不管不干了。在热心的时候，要按自己的意思去做；冷淡起来，对团体的事便不管不问，过犹不及，都是不会商量着办事的明证。

总之，商量着办事是中国人最不会的。无知识的乡下人固然不会；有知识的学生也不会。要想让中国人商量着办事实在是很难很难的。因为不会商量着办事，所以就不容易结成团体了。人人都说："中国没有三人以上的团体"，为什么三人以上便不能结成团体呢？就是因为不会商量着办事的原故——因为不会商量着办事，常常发生以下三种不好的现象：

1. 因为大家不会商量，就容易落到一两个少数人来垄断操纵，大家只是听着随着。事情由少数人垄断，则难免于少数人有利，而于多数人有害。例如现在有许多事情——政治上的种种设施，对于多数人多半是不利的。为什么如此呢？不就是因为那些设施办法，皆未经大家商量讨论的原故吗？未经大家讨论商量，而能行得通，亦是因为大家不会商量只会听命的原故。如果大家会商量，能结团体，则于大家没有好处的事情，少数人决行不通，苛捐杂税横征暴敛等，都可以设法制止他了（此理前边已说过）。无奈多数人不会商量，不能结团体，故势必落到一两个少数人来作主，而于多数人不利。

2. 因为大家没有商量着办事的习惯，所以遇着事都不肯牵就让步，都不肯牺牲自己的主张；于是各行其事，互相冲突，结果常常让团体分化破裂。中国最近二三十年来，所以闹得四分五裂，连年内乱不已，不都是因为这个原故吗？大家政见不同，说不到一块去，便彼此冲突打架，这都是不会商量的贻害；如果大家会商量，中国早就可以统一了。

3. 因为大家不会商量，彼此说不到一块去，即不分裂，而团体的事情亦往往因之停摆。大家商量一件事情，你不肯牵就我，我不肯牵就你，相持不下，事情得不到一个决定，无从进行，于是就停摆了。彼此情愿事情停摆，也不肯牵就让步，这实在是没有组织能力，不会商量着办事的一个大毛病。

{西洋人之所以有组织能力} 关于商量着办事这一点，西洋人实胜过我们，在西洋的团体里面，每一个分子对于团体的事情，都很肯用心思，出主意；同时又能尊重别人的意思。他既不是漠不关心，也不太固执己见，自己的主张得不到别人的赞同，他便牵就让步，或者牺牲自己的主张去服从公共的决定。他这种组织能力，会商量的习惯，是怎么有的呢？这也不是一天来的，他们所以会商量着办事，也是一两千年习惯成的。我们要知道，西洋人的生活完全是靠团体的，他离开团体便不能生活；所以使他不得不维持团体，不得不耐心地去商量。在商量的时候，也能牵就让步，也能牺牲自己的意思，他无论如何不肯使团体的事情停摆。这好像一家人在一块过日子一样，须要天天做饭吃，谁也不愿意让饭停了；因为这就是大家生命之所寄托呀！既然大家生命寄托在此，总希望能有一个决定进行——不拘怎样一个决定，都好过没有决定。因为有决定，才有方向；有方向，才能进行，才不致让团体的事情停摆。

中国人之所以无组织能力

西洋人最怕团体的事情得不到一个决定，不能进行；可是中国人则不怕，只要他家能天天烧火做饭吃，团体的事情进行与否，于他无碍，他并不看重这个问题。他为什么如此呢？因为他的生活并不靠团体的原故。前边我们说过，从前的中国人都是各自关门过日子的，俨如《老子》之所谓："鸡犬之声相闻，而民至老死不相往来。"不和现在一样大往大来的常常开会。在那个时候，顶多也不过是乡里之间，遇有小事，大家亲亲热热通通融融地立个规约而已；此外便没有了什么组织，各人的生活是完全不靠团体的。生活既然不靠团体，所以团体的事情，有没有决定，能不能进行，于他就无关重要了，他也就不肯耐烦地去商量了。两三千年来他都是这样散散漫漫地活着，现在你想马上让他耐烦地去商量，他一时哪能改过这个脾气来呢？普通说中国人最和平；但从另一面看，中国人的脾气亦最大。当大家商量事情的时候，如果自己的意见不得通过，就老不舒服，老不肯忍这口气；对别人的意见也不去参酌了，公共的决定也不遵从了，这实在是一个顶大的毛病。这都是不会商量着办事，没有组织能力的明证。

四　中国没有团体组织的原因

中国人没有团体组织的原因

中国人为什么没有团体生活？西洋人的团体生活又是怎么来的呢？这说起来话长了。大概根本上从中国无宗教西洋有宗教就两下分家了。例如从前西洋人多半是迷信宗教的；并且他们的那

> 因无宗教

个"教"与中国的佛教很不相同（与中国甘肃省的纯正回教尚有点相似），他是有组织的。他那个教会真可以算是一个团体组织，对于个人真有一种拘束力，真能够管理个人。换句话说，他那个团体真有团体权。同时团体里面的各个分子，也真愿意受团体的约束管理。因此宗教教会就训练成西洋人的团体生活了。而中国则从来没有宗教团体。在中国的回教徒虽然尚能团结，好像有点团体组织了；但回教徒为数甚少，占中国人口最大多数的汉族，则多半是不信宗教的。中国人几千年来都是念孔子的书，信孔子的道理；而孔子的道理是适与宗教相反的：宗教是让人"信他"，让人信从教条。换句话说，他是把是非标准放在外面，让人信从外面的一个标准；拿外面的一个偶像来统摄大家，拘束大家。而孔子的道理，则是让人"自信"，让人信你自己心里的是非，不把标准放在外头；所以常有"反求诸己""汝安则为之"等话。这样便适与宗教相反，不能成功宗教了。西洋养成团体生活的主要条件之一既然是靠宗教，而中国没有了宗教，所以也就不易养成团体生活，就缺乏团体组织了。接着经济生活上又不同，中国尽是小农制和手工业。所以在

> 因是小农制和手工业

中国的老社会中，大家都可以安安稳稳地各自过各自的日子，生活用不着靠团体。例如种地的各自种自己的地；做生意的各自做自己的生意；念书的各自念自己的书。就是念书念够了之后，去赶考的时候，仍是各人考各人的，谁也用不着组织团体。组织团体干什么？种地

用得着组织团体吗？念书用得着组织团体吗？无论种地或经商，顶多只是一家人合起来去经营就够了，都用不着组织大团体。而同时政治生活上又以缺乏国际竞争而趋于消极无为，与西洋国际竞争激烈，国家依靠人民来抗敌，人民靠国家来保护者大不同。自然而然一则不关心国家，一则国家观念明强。例如在欧洲的局面是小国林立的，欧洲全面积比中国并大不了许多；可是在那么大小的一个地面上，竟有好几十个国家。国家既多，则国际间的冲突也一定要多，国际竞争一定厉害；而国际竞争越厉害，也越让他自己（一国一国的）团结坚固严密；团结越坚固严密，则团体（国家）的权也越大。因为他既然要常常对外，则上面的代表团体（国家）的政府，非用命令来指挥调动大家（人民）不可，非让大家听从团体的命令不可；故越是有对外竞争的时候，团体的支配权亦越大。而团体里边的分子，因为如果没有国家的保护，便不能生活；所以他也不得不靠国家，不得不结团体，他为自己的生活得到保障，亦愿听从团体的命令。政府有统摄力，人民有向心力，这样就易于养成团体生活了。但中国在过去的历史上并没有剧烈的国际竞争，所以也就不易有坚固严密的团体组织。中国在周末春秋战国时代，虽然也曾分为若干国家，有点国际竞争；但是那种局面，并未持久，到了秦汉，就又统一为一个国家了。南北朝时，再告分裂；而至唐宋，又复先后统一。总之，在中国历史上，这么大的一个地面，多半是统一的局面；所谓"天下一统"，所谓"普天之下，莫非王土……"都是说明中国过去多半是天下统一的。地面虽然这么大，而能成为一个国家，不是小国林立，所以就不致有什么剧烈的国际竞争了。唐宋之后，虽然与外族的接触渐渐增多，并且元清两朝，都曾一度入主中国；但是这些外族，其文化都比汉族低，说不上与汉族有真正的竞争（此意前面已说过）；所以我们仍然可以说：中国在历史上是没有什么剧烈的国际竞争的。既然无剧烈的国际竞争，国

〔因无剧烈国际竞争政治消极无为〕

家无须常常对外；所以也就不大管束支配人民，人民亦不依靠国家（中国人没有国家观念是人人都知道的），二者的关系极其松软。国家不管束人民，人民不依靠国家，团体（国家）就不能坚固严密了。因为国际竞争不激烈，致使中国没有团体组织，这尚是外边一面的原因；此外还有内里一面的原因：就是中国的国家构造与外国不同。因为中国非阶级统治，故政治趋于消极，此益使人民散漫，忘了国家。在外国都是一个阶级来掌握大权，统治其他阶级——此所谓阶级统治；而中国的统治者，则不是一个阶级，乃是一个"个人"，他是一个人来统治天下万众。所以我们可以说：中国的国家构造，是一人在上，万人在下；而外国则是一个阶级在上，一个阶级在下。一个阶级在上统治其他阶级，其统治力量必大；若一人在上统治万人，就不能用大的统治力量了。一人对万人，没有很大的力量，他不能过于用力量来统治大家，对于人民，不能采取干涉的态度，不能够积极地去作事；他只能用消极的，不扰民的法子，以求上下的相安。所以中国历来的政治，都是消极的，不扰民的，以"消极无为"为尚。如吕新吾《治道篇》所说："为政之道，以不扰为安，以不取为予，以不害为利，以行所无事为兴废起弊。"这就是中国历代帝王所奉行的治道原则。的确在中国的老社会中，乡下人与国家的关系，极其松软；乡下人除了完粮纳税或因诉讼见官之外，便与国家没有多大的来往；甚而可以说中国人民几不知有国家的存在。尤其是在天下太平的时候，天下越太平，人民越忘了国家，国家亦越

{皇家亦不许人民结团体} 忘了人民，这样，不是让中国又不能有团体组织了吗？更兼过去皇家亦不许人民结团体，这也是让中国不能有团体组织的一因。在过去的中国社会中，天下太平，是由大家散漫，各自安分过日子才得到的。所以我们可以说过去中国社会的太平之道，就在大家散漫；而你如果不愿散漫，反要惊师动众地去结团体，这便与太平之道相反，皇家一定感觉不安，一定对你不放心。（因为有了团体，便有了

力量；有了力量，便容易闹乱子，便不大妥当）大家都是散散漫漫的，你偏要结团体，这是想做什么？想造反吗？皇家哪能允许你呢？一定要加以制止，这是很自然的道理。皇家既然不允许人民结团体，因此，中国亦就不容易有团体组织了。使中国没有团体组织的原因，固然不止以上所述，但这是最重要的几点；且于这几点之中有了一点，也就很可以让中国不能有团体组织了，更何况中国兼而有之呢？

五　团体组织的必要

中国因无团体故处处失败

在从前西洋人还没有过来的时候，我们散漫无力没有团体，还不要紧；那个时候，我们爱怎么样，便怎么样，很可以各自关门过日子。可是到最近几十年来，国际竞争已经压迫到中国，我们就不能再像从前那样散散漫漫地各自关门过日子了。现在中国已是国际竞争中的一位，再像从前一样没有团体散漫无力，已经不行了。在此世界中，欲图生存，非注意结合团体不可；无论是讲文的，或者是讲武的，都须要靠团体去应付这个剧烈的竞争。讲武的如国际间的武力竞争，固非有团体不可；即讲文的如国际间的经济竞争，亦非有团体不可。我们且不往深处说，暂从近的地方，容易使大家明白的地方来说吧：例如外国的货物为什么比中国的又好又便宜呢？这就是因为人家是大规模的生产，而我们则是零零碎碎的小规模的生产的原故。在此科学进步，利用机器的时候，越是大规模的生产越合算；小规模的生产，则产品成本比人家的高，而品质反不如人家的好；这当然就不能与人家竞争了。再则我们零零碎碎，力量单弱，也敌不过人家的大力量。比如种地，你种三亩，我种五亩；再如做生意，你开个作坊，我开个铺子；这样零零星星的，力量单弱，怎能敌得过人家的大力量呢？照现在说，货物最便宜，对外倾销能压倒一切国家

〔因无团体故经济上失败〕

的，要算是苏联了。他为什么能如此呢？就是因为他对于生产与贸易，都是由国家来经营；他是合全国的力量为一个，以全国的力量对外竞争，无怪乎谁都敌不过他了。其他欧美各国现在也都要学着这样做。现在各国既然都在结合团体，以团体的力量作经济上的竞争，这个时候，我们中国若仍是散散漫漫，没有团体，没有组织，照旧各不相顾，各不相谋；那么，就绝对没有法子与人家竞争，就不要再想活着了！我们看现在事实上不就是这个样子吗？这些年来，中国在工业方面，比前些年还要失败，如火柴、面粉、纱厂、煤矿种种工业，通统一年不如一年，通统不能维持；这是什么原故呢？不都是因为力量单弱？抵不住人家的压迫吗？人家以全国的大力量，我们以各个纱厂煤矿的力量，相与竞争，我们当然要失败了！不但如此，并且工业失败了，而其余的中国人仍是见死不救，眼看着工厂都关了门，还是不买中国货，这又是因为什么？也是因为没有团体，没有组织的原故。因为没有团体，没有组织，大家仍是散散漫漫的，尚未转过头来走往合作里去，所以仍是各不相顾，各不相谋，各自打小算盘；打小算盘，只要便宜，便买外国货，至于本国工厂的关门不关门，漠不相关。现在再拿眼前事实上的例来

> 眼前事实上的例

说吧：邹平各机织合作社此刻多已关了门，这是因为什么？就是因为机织合作社所织的布不如外国布便宜，远近邻舍家都买外国布，合作社的布卖不出去，所以就歇业关门了。这都是因为大家尚未能组织起来，仍是各自打小算盘的原故：打小算盘，则贱一个铜子，也要买外国布。其不知为沾这一个铜子的小便宜，却上了大当，钱都花给外国，自己的工业就失败了。这能怨谁呢？都怨大家未能真的合成一家：如果大家能合起来成为一个大团体，打一个大算盘，到那时候，就知道了用自己的布，方是真的合算，方不肯再用外国货了。无奈现在不但不能如此，反倒要自己互相竞争；商人们彼此争利，同时又想多赚农民的钱。人各一心，不能互助，这谁也不能怨，只能怨没有团体，不能合作。在大家尚未合作之前，当然是各不相顾，各不相

> 最要紧的是结合大团体

谋，失败受苦，是免不了的。所以现在中国最要紧的，就是赶快想法子结合大团体。非结大团体不可，非打大算盘不可；不然将来一定要更糟糕！不要再想活着啦！但我们要有什么样的组织呢？下节言之。

六 此刻中国人讲求组织时所应特别注意的两点——亦即乡村组织的要义

此刻我们所需要的组织，我想有两点意思是应特别注意的；这也就是乡村组织的两个要义。兹分述其意：

（一）让团体里面的每个分子对团体生活都渐为有力地参加

前边我们说过：中国人缺乏纪律习惯，缺乏组织能力，不会商量着办事；现在这一点就是要救正此病的。所谓"有力地参加"，就是要大家学着有组织能力，要大家商量着办事。换句话说，就是要团体里面的每个分子，对团体的事情，都要在心里想一想，从心里过一遍，然后再大家商量商量，磋商出一个共同的决定来，一致向前去进行，这便叫做有力地参加。本来对于团体的事情，若能听着随着去做，也不能算不参加；但这不能算是有力地参加。有力地参加，必须是每一个分子，都能用得上一份力量，都是主动的。要

> 进步的团体与不进步的团体

知团体有进步与不进步的之分；怎么样是进步的团体？怎么样是不进步的团体呢？简单地来说，其分别就在团体中的多数分子是主动抑是被动。在旧式的团体生活中，多半是少数人作主，多数人被支配，多数人只是随着主脑人物走；换句话说，即多数分子都是被动的，这便叫做不进步的团体。到最近二百年来，西洋人的团体生活，其团体中的多数分子，不单是听着随着了，对于团体的事情，多数人都已用了一份力量；换句话说，他已由被动转为主动。这样的团体，便叫做进步的团体，或者说是民主的团体，民治精神的团体。等到有了这样进步的团体，则又胜过单是有团体；因为团体中

的多数分子，都是主动的，对于团体的事情，都已用了一份力量，则团体的力量将要更大，比单是有团体者更要厉害。比如说一个国家里边的国民，都很关心国事，都能用得上一份力气；那么，这个国家比那只有团体而团体中的多数分子皆为被动者，其力量不更要大得多吗？而在后者的国家里，多数分子对于国事，都不关切，使不上劲去。这种国家，哪里还会有更大的力量呢？所以要想让团体有力量，必须要里面的每个分子都为有力地参加。团体里面的多数分子，如果不能都为有力地参加，则不但团体不能有大力量！并且结果往往多数分子自己受祸害。如现在中国的情形，多数人民受祸害，不都是因为这个原故吗？大家想一想是不是呢？请大家这样想就明白了：现在中国大多数人为什么受祸害？不就是因为大多数人落于被动的地位，自己不能当家的原故吗？（此意前亦已说过）如果是自己当家，哪里还能自己祸害自己呢？比如办一件事情，是本着大多数人的意思去做的；那么，这件事情一定不会为害于多数人。而现在多数人落于被动地位，人家说办什么就办什么，说怎么办就怎么办，而他的意思又未必与你相合，结果自己就受祸害了。所以今后要想不受祸害，就不能再是单听着随着，必须自己当家；不能再让少数人来垄断操纵，必须每一个分子都为有力地参加。

> 因多数分子不能为有力地参加自己往往受祸害

> 多数人自己既不会当家亦不能听随着少数人走

因为多数人是被动，不能自己当家，以致自己受损害，由此而要每个分子都为有力地参加，这尚是一个很浅明的道理。底下跟着再说一层深的意思，请大家注意：大多数人自己不能当家，若能名正言顺地让一两个少数人出来当家，大家都真能听着随着他走，也不要紧，事情也有办法。例如日本与欧美各国，在从前也都是少数人（贵族皇帝）作主在支配多数人，多数人只是听着随着，居于被动地位。再如德国，他们的人民要算是世界上最有纪律最守规矩最整齐的国民了，他们对于这听着随着的习惯练习得再好没有,可以说是做到家了;所以他们能成功为一个有力的国家。可是我们中国怎么样呢?这可就糟糕透了!多数人既不能自己当家,而全国亦不能老老实实地跟着一个人走。二三十年来的政争内乱,不都是因为这个原故吗?大家想一想对不对呢?如果大多数人自己虽不能当家,而能名正言顺地说:"我们不当家了,请你来当家吧!"那么,这个人不管他是谁,随着他一个人走,事情也一定好办得多;无奈这个办法,现在是做不到了——现在的中国,名义上已是中华民国了;既云民国,便是要大家来当家,不允许一两个少数人再出来当家了。而正因为如此,就把中国苦了。名义上是要大家都来当家;而实际上又谁都不会当家,谁都不能当家,谁也捞不着当家,所以就产生出许多假造民意伪托民意的事实来。试看民国二三十年来的政争内乱:这个说"我是代表民意",那个也说"我是代表民意",主张袁世凯做皇帝的人说这是民意,反对袁世凯做皇帝的人又说那是民意,甲打乙说是代表民意,乙倒甲也说是代表民意;但究竟谁是真正代表民意的呢?其实谁也不是真正代表民意的,因事实上没有民意可言,所以才有这假造民意伪托民意的出现。那么,要想免除这种事实,就要大家结合起来商量着当家,以表现出多数人的意思;有了真民意,自没有假民意。换句话说,必须每个分子对团体生活,都为有力地参加,中国才能太平。固然中国人没有组织能力,不会商量着办事;可是现在因为只有这个办法可用,所以虽然不会商量,也得学着去商量。一个人当家,尚可以独断独行;多数人当家,则非商量不可。商量着办事虽然是很不容易,亦非学着去做不可。换句话说,现在中国要想结合团体,非把这个组织能力培养起来不可。所以我们的乡村组织的第一要义就是:"培养组织能力,实现团体生活。"

> 事实上无民意故有假造民意伪托民意的出现

> 不会商量着办事亦得学着去做

> 实现团体生活为乡村组织的第一要义

这十二个字看着虽很简单，可是他就可以把乡村组织的第一要义包括净尽了。这是乡村组织的第一个要义，也就是此刻我们中国人讲求组织时所应特别注意的第一点。

（二）让内地乡村社会与外面世界相交通

此处所谓交通，当然不是单说道路的交通，不是单指火车轮船的走来走去，而是说精神上的交通，如一切知识、风气、见闻等等的交通。换句话说，就是要把内地乡村社会的情形——如缺乏什

> 内外相交通的讲法

么，需要什么，可能做到什么等等情形，送达于外面世界去；而把外面世界的科学上的新知识方法，送达于内地乡村来；这样的交通，才是我们所说的交通。可是或者有人要问："为什么乡村组织必要与外面世界相交通？又为什么内外相交通必须靠有乡村组织呢？"以下就来说明这个道理。

> 中国缺少科学上的知识方法

我们要知道。我们中国若与现在的欧洲人美洲人或日本人比较起来，我们有一个很大的缺欠，就是他们的科学上的知识方法太多太妙，我们的太少太笨了。换句话说，在知识方法上，我们是个落后的国家；缺少知识方法，这实在是此刻中国人的一个大的缺欠。不过有许多的人却见不及此，他们说中国是缺乏的缺乏钱，说中国社会太穷，外国人太富。记得曾有人计算中国全国各大银行的资本，说："中国全国各大银行的资本总计起来，在我们看去，自然算很多很多了；可是若与外国比起来就不行了。不要说欧美，就以日本论，我们总合起来，也不过刚及三菱三井两家的资本。"又有人说："中国是缺乏的缺乏军事设备，如缺乏飞机大炮军舰坦克车等等。人家的飞机飞起来遮满天；而我们只有几架，飞在空中稀稀郎朗的。人家的海军，我们也简直不配相比。不要说海军飞机了，即以火车轮船而言，我们的铁路若与外国比起来是少得多么可怜呀！说到船只，那更少了；在中国海上或内河行驶的轮船，差不多可以

说全不是中国的；中国的船只若与外国比起来几乎等于零。"总之，有许多人认为中国就是缺少许多东西：缺这个，短那个，总是一个穷，总是一个短，什么都短，所有的都短；所以中国人就很着急了。可是因为着急就赶快想法子买飞机大炮，这个办法就行了吗？在我想是错误的。这些缺短我也承认；事实上缺短，我能说他不缺短吗？没有，我能说他有吗？并且没有的当然要想法子让他有，缺短的当然要想法子把他补上。可是要想把所短的补上，却不能光在东西上补，要在知识方法上补才行。换句话说，现在我们虽然是短东西，可不能光补东西，光补东西是补不完的；要紧的还是补知识方法。例如钱短了光拿钱来补能补得上吗？钱短要学会人家赚钱的方法，钱就不短了；不学方法，光拿钱来补，钱又从哪里来呢？即令有点钱，钱完了又怎么办呢？再如短飞机，必须自己有方法会造飞机，飞机才可以源源而来；短粮食，必须学着种地改良农业，粮食才可以源源不断。总之，我们不怕东西短，就怕方法短；所以我认为此刻中国顶缺乏的就是缺乏方法；顶要紧的就是赶快想法子把我们所缺乏的方法学进来。

西洋人顶见长顶过人的，乍看好像就在他有飞机大炮火车轮船了；其实这种种的发明，种种的制造，都是由于科学上的知识方法而有的。试看他们对于什么事情都有了很深奥的学问，一样一样的都成了专门知识专门技能，一行一业都由专家来料理，这实在是他们顶见长顶过人的地方。反观我们中国怎么样呢？在从前的时候，为农为工为商都不成学问，所有的高文典册，都是讲的人生道理，从来没有谈到过为农为工为商的方法；即令有点方法，也都是老农老工老商的积年经验，肚子里头所记得的一点，从来没有上过书本。所以说到科学上的知识方法，事事精益求精，不断地改良进步，那实在是我们所顶缺乏的了。我们既然顶缺乏科学上的知识方法，所以现在顶要紧的就是赶快想法子把我们所缺乏的知识方法学进来。

怎样引进科学上的知识方法

但怎样才能把知识方法学进来呢？这就要靠乡村组织做到"使内地乡村社会与外面世界相交通"这一点了。乍一想，我们缺短新知识方法，派留学生到外国去学就行了；又何必定要靠乡村组织做到"使内地乡村社会与外面世界相交通"呢？例如不会造飞机，就派留学生去学吧！其实这是不行的，单派留学生是没有用的。派留学生中国老早就派了，曾文正公时就已经派过，那时派的老留学生到现在都已七十多岁了。老早就派，一直到现在还是派，这能说派的学生少吗？并不是少，以我说还嫌多哩！为什么说多呢？记得我有一位朋友是在法国学造船的；学会了造船，及至回国却没处用，学了一顿回来用不着，到处找事没有事做。他如学农业的学工业的回来都没事做，找事很不容易，很多留学生回国后都是闲着；这不是多吗？学了人家的那一套回来在本国的工业农业上用不上，结果只能光教教外国语；这不是单派留学生没有用吗？若问为什么如此？这就是因为他犯了一个错误，他们不知道知识方法是不能整套的往家搬的。缺短东西，光搬东西是固然补不上；缺短方法，光搬方法也是搬不来。总之，整套的往回搬就不成，想搬人家的那一套来填补自己的这个空，统通不成。我们要知道人群社会的事情，原来是活的，不是死的。死东西缺短一块，可以拿另外一块来补上；而活东西若有缺短，就必须靠他自己生长来补，要慢慢地在那里往上生长，从生长中来补足他那个缺短。

须就着自己原有的改良进步

所以我们要想让中国的缺短能够补上，必须让中国自己慢慢地往上长，往前进步，方能长得上。比如说我的个儿矮，那就得慢慢地往上长啊！不能说矮就接上一块吧！接能接得上吗？再如农业，法国美国的农业很有名了；可是我们决不能就把人家的搬到中国来呀！我们只能借着人家的作参考，把自己旧有的农业逐渐地加以改良进步：从没有的上面让他有一点；从不好的地方让他改一点；有一点再有一点，改一点再改一点……长，长，长，进步，进步，这样自己长进就行了。农业如此，教育也是如此。我们中国从前就犯了这个毛病：把西洋的教育理论教育制度等，都整套的搬到中国来了。殊不知这样办教育是无用的，甚而是妨害社会的——这种妨害，先还不觉得，到最近几年来大家才知道了，知道如此办教育是愈办与中国社会离得愈远，甚且是妨害了社会；所以大家才起来亟谋教育的改造，不再盲目地去学人家了。其实当初就不应当光学人家，只要拿我们原来的教育加以改良进步就对了。其他社会上很多的事情，如法律政治等，亦统通应该如是，统通要就着自己原来的加以改良进步，把人家的拿来当个样子，或者说把人家的拿来当养料，去咀嚼、融化、摄取、吸收他的长处，好让自己慢慢地往上生长。可是过去派留学生是怎么样呢？中国的留学生到外国去学农业的，对于本国的农业情形却一点也不知道，自己没有一点农业经验，学来人家的一套，硬要用在自己的农业上，那无怪他用不上了。那么，要想改良进步怎样才能做到呢？

> 想让社会进步要在为社会开生机

社会中各项事情都是相连的，这件事情进步那件事情也跟着进步——农业进步教育也跟着进步，教育进步政治也跟着进步。其他类此，总是互为因果连环前进；要进步都进步，要不进步都不进步。要紧的就在能为社会开生机——生长进步之机。没有生机不但不进步并且要退步。什么事情都有个根，开生机要在根

> 生机须从根上开

上开；各项事情虽然相连相通，但其间亦自有个本末。譬如花木枝叶与根干相连，根固则叶亦茂；叶子都毁了，根亦吃亏；但生机只能在根上求，不能在枝叶上开出生机。中国社会无论从过去历史来说，从现在处境来说，乃至为未来打算，都必以乡村为根，农业为根——由乡村而都市，由农业而工业，此一定顺序。现在我们就要四面八方从种种安排上为乡村开生机，为农业开生机。此处生机一开，整个社会一切事情随之进步。生机怎样开呢？此固非一句话说得了，然其中一个要点即必须将学术研究与社会事实相沟通。这两面不通，事实固不会进步，学术亦

不会进步；若两面环转相通，打成一气，则不但社会进步，学术亦从而创造猛进。我们说"乡村组织要使内地乡村社会与外面世界相交通"用意即在此。因我们内地乡村文化太低，而人家外面世界文化程度高，所以需要成立一个文化上流通输送的机构；而乡村组织就要在这机构中站一个位置。并且这机构不单是文化的（学术的、教育的），同时也连带上经济、政治才行。例如农业一事，不要以派留学生为主，而要以内地农业改良试验为主；试验又不要单以设试验场为主，而要以普遍推广机构为主。我们理想的乡村组织就是一个好的农业推广机构。同时下级地方自治以及合作指导金融流通等等行政的或经济的机关，亦要让他相融或相连。农业进步不单是技术问题，还要有他的社会条件，总要各方都顾到才行。果能如是，则派留学生自然可以发生作用。即必须有了乡村组织，再接上农业试验场；有了试验场，再接上留学生；这样，新知识方法才能引进来。不然，没有乡村组织，则农业实验场不发生作用，没有农业试验场，则留学生不发生作用。我们可以这样说：生产事业的科学化，乡村生活的科学化，才算是科学技术在中国扎根。若科学没能于生产发生关系，于乡村发生关系，则始终不会有什么科学在中国成功。所以要想引进新科学知识方法，不但不能单派留学生，亦不能单设农业试验场；我们必须找着那个窍。那个窍是什么呢？就是要靠乡村组织使内地乡村社会与外面世界相交通。有了乡村组织，才能内外相交通；内外相交通，一切新知识方法才能引进来。（此意在讲"救济乡村要靠乡村组织"一节中已说到，可参看。）

> 开生机的要点必须将学术研究与社会事实相沟通

总之，我们中国现在说来是短这个，短那个，什么都短，一切都短；其实所有的这些缺短，不外一句话，就是："缺短知识方法""知识方法缺短"这一句话就可以把所说的种种缺短都包括进去了。而知识方法又怎样才能引进呢？如上所述：那就要将新知识新方法

> 内外相交通为乡村组织的第二要义

的研究与社会生活事实互为推动，相携并进。而此则又必须靠有乡村组织使内地乡村社会与外面世界相交通——有乡村组织，才能内外相交通；内外相交通，才能引进新知识方法。所以在乡村组织中，对于"使内地乡村社会与外面世界相交通"这一点意思必定要讲，这实在是乡村组织的第二个要义，也就是此刻我们中国人讲求组织时所应特别注意的第二点。

总括以上两点意思来说：此刻我们中国人讲求组织时有应特别注意的两点；也就是我们所要有的乡村组织需要包含两个要点：

一、如何使乡村里面的每个分子，对乡村团体的事情，都为有力地参加，渐以养成团体生活；

二、如何使内地乡村社会与外面世界相交通，借以引进外面的新知识方法。

如果是这样的一个乡村组织：最能使乡村社会与外面通气，吸收外面的新知识方法；最能使乡村里面的每个分子，对乡村团体的事情，都为有力地参加，渐以养成团体生活；那么，这便是一个顶好的乡村组织，便是我们所要有的乡村组织。

七　我们的组织从何处做起？

我们要有什么样的组织和此刻中国人讲求组织时所应特别注意的两点，由上所述，大概就可以明白了。如问："我们的组织从何处做起呢？"我们既然说是"乡村组织"，当然是从乡村做起，从乡村入手来培养我们所需要的组织。但为什么必须从乡村做起？以下就来说明这个道理。

事实上必须从小范围的乡村做起

事实上我们的组织天然不能不先从小范围着手。一定要先从小处慢慢地做到大处；先从近处慢慢地做到远处；我们没有法子一上来便从远处大处去做。这个意思也就是说：我们的组织，必须要先

从小范围的乡村做起,才比较容易、可能。怎么说呢?这有两点缘故:

1. 从乡村做起容易引起人的关切注意——乡村这个地方是与我们(乡下人)的生活关系最亲切的;乡村的利害,就是我们的切身利害。例如一村摊款多了,自己的负担也一定要跟着加重,这与自己的利害关系太切了;所以我们平日对于乡村的事,都很有一种关切心。那么,我们从这个地方入手去组织,才容易引起大家的关切注意;不然,范围大了,利害虽然也与自己有关,可是一时尚不致及于自身,那便不容易让大家关切注意了。因此我们要想养成团体组织,培养分子对于团体的关切心,对团体事情的过问,则非从小范围的乡村入手不可,非从大家注意力所能及的地方去组织不可。

2. 在小范围的团体里面自己的意思容易表达——在小范围的团体里面,自己对于团体有什么意思才容易表达。例如自己说话别人听得见,自己活动能影响别人;自己说话活动能够让别人听见看见,引起别人的反应,以后才更容易使其再说话再活动;不然,团体的范围大了,自己有什么意思便不容易表达,自己说话活动得不到别人的反应,那么,他便索性不说话不活动了。换句话说,他对团体的事情便不管不问了;这不是失去团体一分子的意义了吗?所以我们要想养成团体组织,要想培养每个分子的组织能力,让每个分子都为有力地热心参加,则非从小范围的乡村入手不可,非从大家活动力所能及的地方去组织不可。

根据以上两个缘故,我们的组织,事实上必须从小范围的乡村做起;不过我们并不是单顾乡村,并不含有排外的意思,将来我们的组织是要扩大的。

> 从乡村做起还有两点理由

除了从事实上说,我们的组织必须从乡村做起之外,我们为什么要从乡村做起,还有两点理由:

一点就经济上说

在今日经济竞争剧烈之秋,散漫的中国人,非联合起来组织起来不能自立自保。譬如生产，零散的生产就不行；必须生产者联合组织起来，采用进步的技术，运用团体的力量才行。但是中国的生产者就是乡下农民（因工人太少），所以说组织就要从乡村起了。又如消费多用外国货，则中国工业便起不来，中国必亡；但非消费者联合组织起来，则人人各顾自家，设法不买外国货。说到消费者又是乡下人（城里人消费虽大，但人数仍不如乡下多），所以组织又要从乡村起。

一点就政治上说

就政治上说，不外国家施政行政的一面和人民参与为政作主的一面，都必须靠有地方组织来发挥运用；那在中国社会的基层就是乡村了。譬如行政不达到乡村，即空浮等于没有；要想达到乡村，即必须乡村有组织。又如政权的运用（按照孙先生政权治权的分法），民意的发挥，更非乡村有组织是不行的。

八　乡村组织要以中国的老道理为根本精神

这里还有要紧的一点，就是"乡村组织要以中国的老道理为根本精神"。开头我们说过：乡村建设就是要创造一个新文化，创造新文化要以乡村为根，要以中国的老道理为根。所谓乡村组织就是要从乡村做起，从乡村开端倪，来创造一个新文化，创造一个新社会制度，所以说创造新文化要以老道理为根，也就等于说乡村组织要以老道理为根了。

要想说明为什么要以老道理为根，须先说一说西洋的风气及其与中国精神的不合；明白了西洋风气与我们的精神不合，才可以明白我们为什么必须以老道理为根。以下就先来谈一谈西洋的风气吧：

谈谈西洋的风气

说到西洋风气，须知有近代和现代之不同。我们以前曾说过：

西洋人从来就是集团生活，到了近代，有了一个新风气，就是要求团体对于个人的尊重，承认个人的自由和参与公务的权利。这实在是对于团体过强干涉和少数垄断公务的一个反动。所有自由、平等、民主一切的说法，皆由此而来。这种思想主张，支配了二三百年的人心，影响了世界远近。及至最近，情势变迁，又转到一个不同的风气，认为个人自由（尤其经济上的自由竞争）妨碍社会，要求抬高团体，总揽大权，统制一切，这实在又是对于近代的一个反动。所有专政、独裁、统制等又成了时兴的主张，在现代世界上亦已风靡一时。这前后两种西洋风气，都与中国不合，我们要讲求团体组织，都不能完全用他。试举几点来说：

1. 在近代风气中所讲的自由，就是拒绝团体干涉个人私事，凡我个人所作所为，无论是好是歹，如果不碍大家的事，则谁也管不着。公私之间的界限划得很清楚，国家的权力虽大，而于个人的私事亦不得干涉。

2. 在近代风气中所谓民主，就是将团体公众事情由大家开会商讨决定。全体一致，那自然最好；不过很少遇到，通常皆是取决多数。因此多数表决就成了民主这句话的内容。

这便是民治里头的两个要点，也就是西洋近二三百年来最为盛行的风气。这两个要点，若细讲起来，须用很多的话；不过他的要义，我们也可以用八个字来代表他。

> 权力为本法律解决

这八个字是什么呢？就是"权利为本，法律解决"。他们那个公事多数表决的根本意思，就是由"权利为本"来的。他们好像是说："我既然是团体里面的一分子，我就有我的一份权，你也是团体里面的一分子，你就有你的一份权。那么，我们既然各有一份权，彼此平等，则对团体里面大家的事，就应当由大家来表决"；

> 公事多数表决是由权力为本的意思来

表决的时候，谁的意思占胜利，那就得要由票上见。例如一个团体，有一百个人，就有一百张票，表决的时候，若这边有五十多票，那边有四十多票，那么，五十多票的为多数，那四十多个人就得服从这五十多个人的意思，就得跟着这五十多个人走。由此看来，我们就可以知道西洋服从多数的道理，多数表决的理由，就是由于他那"权利为本"的观念，由于每一个人有一份权的意思而来。

多数表决之后就发生法律效力了，因为这多数人所表决的就算是法律。西洋的所谓法律，就是团体里面大家的一个公意；而团体公意如何见呢？就得由票上见。例如前边说的这边有五十多票，五十多票为多数，多数人的意见就算是团体的公意，公意就算是法律，大家就得遵守。不过这个地方有一个限制，什么限制呢？

> 私事不得干涉亦由权利为本的意思来

就是这五十多票所决定的一个意思或说是一个办法，却断乎不能干涉个人私事。关于公共的事情，可由大多数人来决定；而于个人的私事，则根本不许过问。他认为："我个人的私事，则我有我的自由处理权。"所以这种个人私事公家不得干涉的风气，也是从"权利为本"的意思来的。

公事多数表决与私事不得干涉，前者即所谓"公民权"，后者即所谓"自由权"。

我们常常爱说"权限""权限"，一言权，就要有限，这是必然的。西洋人既然是处处以自己权利为本，所以他对于彼此之间的界限讲究得很清楚：国家对于人民有他的国权；人民对于国家有他的民权；人民对于人民——我对于你，你对于我，彼此之间也各有一种权限；我有我的权，你有你的权，这个权，那个权，处处是权，人人有权，无处不是讲权，无处不是各以自己的权利为本。各以自己的权利为本，所以权限就必须划得很清楚了；此疆彼界，丝毫不得侵犯，这便是最近二三百年来西洋最盛行的风气。

> 一切皆归法律解决

"法律"这个东西怎么讲？他就是要把这个权那个权来规划订定明白的。比如说：我能如何，你能如何，我不能如何，你不能如何，把这些弄明白，划分得清清楚楚，这便是"法律"。有了法律，彼此之间再有什么交涉，有什么纠纷冲突，便一概归法律解决了；不但人民与人民有什么纠纷要归法律解决，即国家与人民或人民与国家有了纷争也可以去打官司——代表国家的是政府，在西洋政制中就有一个可以审判政府的机关，所以一个人就可以与国家打官司。其他如人民的一切纠纷，那更是归法律解决了；乃至闹家务，在西洋亦要归法律解决。闹家务，在中国说，本来是一家里的事，不愿到法庭去；可是在西洋便须要到法庭相见。我们看西洋人打官司太容易了，动不动便到法庭去，刚有一点纠纷，本来算不了什么的，彼此牵就一点就过去了；可是在他们就不行，丝毫牵就不得，非说得清清楚楚不可，一说得不对胃，便到法庭讲话，说话之间就去了，说话之间也就完了，他们把打官司实在是看得太平常，把打官司走成熟道了。中国人便不是这样，在中国则非到万不得已，实在没有办法了才打官司。他把打官司看成是一件非常了不得的事。在中国人，如果两面一打官司，则彼此便同仇敌一样，有的好几辈子都和解不开；这与西洋人的打官司也完全不是一个味道。他们原来就是一切事情皆归法律解决，他们看打官司并不是什么了不得的事；虽然朋友法庭相见，也不致伤了感情。

总之，在西洋，处处都是以权利为本，事事都是归法律解决，"权利为本，法律解决"实在是最近二三百年来西洋最盛行的风气——如果详细地来讲西洋风气，本来须用很多的话才能说明白；不过现在我们无暇多说了，就此打住吧。

西洋风气与中国精神之不合

关于这个意思，我想仍然就着以上所说西洋风气的两个要点来说：看那两个要点与中国精神到底有什么不合。现在先就第一点来讲：

1. 公事多数表决与中国尊师敬长的意思不合——"多数表决"这句话，是西洋风气进来后，近几十年来，中国人才学会说的。在前些年，中国人从来没有人说过这句话。按中国的风俗是尊师敬长的，多数人要听老师及尊长的话。如果动不动便要多数表决，那就把老师与尊长取消了；抹杀了老师与尊长，这怎能与中国人的意思相合呢？例如一个老头，有几个儿子，又有许多孙子；那么，如果他们家中实行多数表决的时候，则他的子孙算是多数，老头一个人非失败不可，当爷爷的便没有了地位，这能合乎中国的人情吗？再如请老师，原来是为的咱不会，所以才请老师来教导咱；那么，既然请了老师，就应当听从老师的话，如果遇事我们都要多数表决，那还要老师有什么用呢？但是，或者有人要问："多数表决虽然与尊师敬长的风气不合，那么，我们就不能把尊师敬长的风气改了来学多数表决吗？"在我看这是错误的；因为尊师敬长在人类社会中是个必要。我们暂且不要说"长"，先就"师"来说吧：我们研究研究在人类社会中是不是须要有"师"？我们看看在社会上是不是有的人明白，有的人就差一点？有的人知识多，有的人就少一点？有的人德行高，有的人就差一点？在这里既然是有高有低，那么，是不是从个人说，应当跟德行高知识多的人（师）来学？从公家说，应当托付德行高知识多的人来领导大家？这一点恐怕谁都承认是应当吧！因为若令一个贤者智者（德行高知识多的人）仅去跟着多数愚者走，那不是越走越向下吗？社会都是要求进步，哪能越来越向下走呢？从这一点说，我们认为尊师实在是个必要，尊师敬长是应该的；所以我们不能改了这个去学"多数表决"。

2. 私事不得干涉与中国重道德的风气不合——在西洋是个人私事旁人绝对不许干涉。一件事情，只要不妨碍公共秩序，就不算犯法；不犯法，就可以随自己的意思去做，谁也问不着。可是在中国人看，则一件事情，虽然不算犯法，而在私人道德上或者成问题；这样的事情，在中国是要受干涉的。这种不同是什么原故呢？这就是因为西洋把法律与道德分开了，分得完全不是一回事；在中国人看，则道德与法律是相连的。中国的礼与法（礼俗与法律）很相连，在他认为不道德的就是犯法的，所谓出于礼即入于刑，这便与西洋的法律观不同了。在这里我想起了一个故事：我已记不清楚是在光绪末年抑是宣统年间，总之就是中国初次修改法律的时候。当时因为中国旧日所用的法律有些不合适了，所以皇帝便主持着参酌西洋法典，另行修订。那时请了刑务名家沈家本、伍廷芳等许多人担任其事。当修改的时候，有一个很大的争执，各人有各人的理由，相持不下。他们争执什么呢？就是为讨论"男女合奸不为罪"这一件具体的事实而发生了争执：有的说合奸不为罪，有的说虽合奸亦为罪。西洋男女合奸，本来是不为罪的；因为他们两个人既然是各自愿意，又不妨碍到旁人，没碍到公共秩序，那么，你就用不着管他，你也不应当管他，那是他们的自由呀！若是有夫之妇，出了奸情，算是妨碍了夫权，还算是犯罪；至于寡妇或在家的闺女与人家合奸，那就没有问题，他既然谁也妨碍不着，便谁也管他不得。西洋的道理就是这样讲法。中国可就不是这样看法了。在中国特别看重道德，就是说个人常常在改过迁善中；自己有了过失，无论大小轻重，总要常常去改，常常存个改过向上的意思。中国人既然如此着重道德，那么，在公众团体中如果把道德看着没关系，个人的不道德也不许旁人过问，这怎能合乎中国人的意思呢？而人生向上亦是真理，亦是不能让步的。我们不能改了这个去讲自由。

总之，在中国有他的老道理，为人类所不能废。此老道理虽多，要不外两点：一是互以对方为重的伦理情谊；一是改过迁善的人生向上。何谓伦理？伦理的意思就是说：一个人生下来即与人发生了关系（至少是有父母，再许有兄弟姊妹），从出生一直到老死，一辈子总是有与他相关系的人，一辈子总是在与人相关系中生活。最初有父母，再则有兄弟，大一点就有妻子，再大一点又有子女，出外读书就有师友，经商就有伙伴，这些都是与他相关系的人。在相关系中就有了情；有情就发生了义。例如父母有爱子女之情，即有教养子女之义；子女有爱父母之情，即有孝顺父母之义。总之，因情生义，大家都在情义中；大家从情分各尽其义，这便是伦理。不然，父母不能教养子女，那便是没有尽父母之义，就不能算是好父母。反过来说，子女不孝敬父母，那还能是子女吗？兄弟不能相敬爱，那还能算是兄弟吗？夫妇没有夫妇之情，朋友没有朋友之情，也就不能算是夫妇朋友了。所以必须彼此有情，彼此有义，有情有义，方合伦理，方算尽了伦理的关系。伦理关系怎么讲？就是互以对方为重，彼此互相负责任，彼此互相有义务之意。所以我们也可以说：伦理关系就是一个义务关系。说到义务关系就与西洋个人本位的权利观念相反了。按权利的意思来讲，就要说："我是你的儿子，你可得养活我！我有叫你养活我的权利！"反过来说："我是你的老子，你可得孝敬我！我有叫你孝敬我的权利！"他这种说法，仿佛是把我们的说法恰好倒转过来。盖一个是以对方为重，从对方讲起；一个是以自己为本，从自己出发。

{何谓人生向上} 何谓人生向上？人生向上就是不以享福为念，而惧自己所作所为有失于理。如古人所说的"食无求饱，居无求安，敏于事而慎于言，就有道而正焉"。所谓饱，所谓安就是人生幸福；所谓有道，所谓正就是人生之理。人生之理不假外求，就存乎人类自有的理性。理性虽自有，每借一个更有理性的人，即所谓"有道"之指点而得省悟开发。故人生向上必尚贤尊师。这与西洋"公事多数表决，私事不得干涉"的风气又不同。

但所谓中西不同，只是各有所偏，并非绝对不同。那么，既非绝对不同，便有沟通调和的可能。此沟通调和，盖自西洋风气最近之转变而事实上已有可见者。

西洋风气的转变

以下即来看西洋最近如何转变。在这里我想仍然就着西洋风气的两个要点"公事多数表决，私事不得干涉"来说：

1. 公事多数表决的风气之转变——本来在西洋公共事情所以要多数表决也是出于不得已，因为自中世纪以后西洋人皆认识了

"自我",肯定了"自我",认为我既是团体的一分子,便有我自己的一份权利,对于团体的事情便要有一份过问的权;可是每一个分子都要过问,不肯放松自己的一份权利,那便容易因意见不同而争论,而相持不决,事情便没有法子进行了。所以这个时候,要想让大家不致老是争论不已,不得决定,那就得多数表决。多数表决了,大家一致遵行,便可以省却了多少争论麻烦,这实在是一个最省事的办法。但是我们要知道,多数表决固然是省事,而多数所表决的不一定就算是对。所以现在西洋也渐渐地觉到这个办法的不合适了;现在西洋亦已慢慢地在那里改,在那里转变。例如在政治上有所谓"专家立法""技术行政"等等,那就是说:我们要想政治的事情做得好做得对,还不能就由多数表决;必须请问专门家、学术家,必须听从他们的话才行。这个意思也就是说:我们要尊重智者。在这里我们就可以找到一个中西的沟通调和点了。在我们中国从前的时候,尚贤的风气与他们尚智原同一理,所谓贤智,按中国的名词来说就是一个"师"字;尊师,尊尚贤智,实在是人类社会中的一个必要。

2. 私事不得干涉的风气之转变——前边我们已经说过:在西洋从前的时候,团体干涉个人太厉害,以后又一下子翻过来,个人要求自由,拒绝团体的干涉,这种私事不得干涉的风气,完全是从个人对团体的抗争反动而来的(如教徒对教会的抗争,人民对国家的抗争,在西洋史中,这种记载很多)。那么,团体原来是由众人合起来的,团体原来的拘束力很强,分子都有一种向心力;而现在多数分子都一个个硬起来,岂不是都由向心力变为离心力了吗?是的,近代西洋的"个人主义",就是由向心力变为离心力。换句话说,近代的西洋因为从前太偏于合,太偏于向心了;所以现在就以离心救正向心,以分救正合,以求大体上得到一个平衡,使两边都不要有所偏。"个人主义""权利观念"之所以在西洋用着合适,也就是因为这个原故。可是,到现在怎么样了呢?因为救正从前的偏,走上了离心的路,走上了分争的路,一走走了几百年之后,到现在又不合适了，又太偏于离心了（原来事情最怕的就是偏，偏了就要生流弊）；所以西洋最近的风气就又反对离心。西洋到最近代又有一个新的风气；这个风气是什么呢？就是现在所常说的"社会主义"。"社会主义"怎么讲？他就是反对"个人主义"的。在西洋近二三百年来，因为政治上、经济上处处都讲"个人主义"，处处都以个人为重，而"个人主义"一发达，就妨碍社会了。我们不必多举例，即就最显明的经济上的个人资本主义来说吧：什么叫个人资本主义呢？就是说：在工商业上个人可以自由竞争，个人营利赚钱不受干涉，个人的财产不受限制，个人的发财在法律上是没有什么拘束的。因此他就可以把个人的财产发展得很大，资本完全集中在少数个人之手，以致造成贫富悬殊，劳逸不均的现象。再则因为个人可以自由竞争，你也想营利，我也想营利，彼此互相竞争着营利，那么，就不能再顾社会了；不顾社会，就妨碍了社会。例如生产过剩、失业问题、经济恐慌等大病就来了。社会受妨碍，大家都感觉不合适。等到大家都感觉不合适，那么，连他个人自己也就感到不合适了。所以现在西洋就又翻过来讲"社会主义"，以社会为重，以团体为重，大家一致主张：个人不能妨碍团体，必须受团体的拘束干涉。等到这个思想发达起来，就又倒过来看重义务；权利观念就被压下去，在团体中不再讲有什么权利，而反倒要说须有什么义务了。例如选举，在从前是把他看成个人的一种权利；而现在有的人就把他讲做是个人应尽的义务了。再如对于自由，现在西洋也有一个新的解释。以前讲自由是一直地讲到底，认为凡是个人的私事，只要在法律上没有问题，那么，即使在私人道德上成问题，旁人也不得干涉；而现在他们觉着不能这样讲法了。现在他们是说：自由诚然得讲，可是，要知道国家所以承认你的自由，是为的让你好，让你能发展你的个性；那么，如果你对于自己太不经心，自甘堕落，残害你自己，那便违背了国家当初承认你自由的意思，到那时候，国家对你也要加以干涉。他这个讲法，是对于自由的解释又转了一个弯。在这里我们又可以找到一个中西的沟通调和点。前边我们说过：中国是不把道德与法律分开的，并没有把道德问题与法律问题看成是两回事；所以如果个人私事，虽在法律上无问题而在私人道德上成问题时，亦得干涉他。现在西洋既然也转到这个方向来，那么，在这一点上，中西又有沟通调和的可能了。

总之，现在西洋是正在那里转变：变"个人主义"为"社会主义"；变"权利观念"为"义务观念"。此刻西洋人对于"权"的话，大家已经不大高兴讲，对于自由亦已有了新解释；这样一来，便与我们相近了——在这里大家要注意，我只是说他相近，并不是相同；因为现在西洋虽然是以社会为重，以团体为重，而这仍然是一个偏；我们则是要团体与分子互相为重：团体尊重分子；分子尊重团体。现在西洋还不到这一步；不过等他再往前进一步，就可以与我们相合了。

中国的转变——变往团体组织里去

现在再来看我们中国将要如何转变。在未说中国将要如何转变之前，我想还是请大家先看中国原来的情形是个什么样子；知道了他原来的所偏，才能够看清楚他将要往哪里变。那么，我们中国原来的社会情形是怎么样呢？人人常说："中国社会像一盘散沙"，我们也曾说过：中国人从来没有过过团体生活，没有纪律习惯，没有组织能力；这些就是我们中国的偏弊。那么，中国既然是原来散漫，现在就应当赶快求组织了。换句话说，中国的病原来就在分散，就在分子是太离心；现在就应当投之以合，投之以向心的药了。如其不然，你现在反要提倡"个人主义"，"自由主义"，"权利观念"，岂不是药不对症吗？因为"权利观念"发达了，则此疆彼界，分划清楚，更容易有纠纷；"自由主义"发达了，则团体里面的分子一个个都硬起来，更往离心的方向去；这岂不是让他散而更散，离而更离了吗？现在讲权利，讲自由，实在不是让中国走上团体生活之道。本来在西洋人，从前是借"自由主义""权利观念"走上民治的路子的；可是现在我们中国却不能借此走上民治政制的路，中国要想走上民治的路，必须救之以合，救之以向心。换句话说，必须发挥义务观念。不过，这个义务观念与以前说的义务观念又不同一点。以前所说的义务观念只是此人与彼人彼此个人间的（如父对子，子对父，君对臣，臣对君等）；而现在所要有的是：个人对团体，团体对个人的义务观念。本来这种义务观念在中国也不是绝对没有的，但总算是不够，总算是欠缺。例如从前的中国人，他看国家并不看成是个人与团体的关系；他看国家就只看见君与臣的关系。这仍是这个人与那个人的关系；彼此负有义务，也仍是彼此个人间的义务观念。现在我们对于这种义务观念，得要改了，得要救正了，应当把他改成：个人对团体，团体对个人的义务观念。从小范围来说，我对于我一村一乡的团体应有义务，对一村一乡的事情应尽力去做；而翻过来说，一村一乡的团体对我也应当有义务。例如我有了不幸，团体就应当顾恤我。再如一村的团体，对于村中的人应有教育他的义务，对于村里的小孩就要负责教育他。这类的事情很多，一时说不尽。总之，是要发达这个观念：个人对公家（小之一乡，大之一国）要有义务，公家对个人亦要有义务；彼此休戚相关，患难与共，这样就对了，就是我们所要发挥的义务观念了。我们也可以这样说：中国原来就有所谓父子、君臣、夫妇、长幼、朋友等五伦，现在我们是要再给他加上一伦，或者说是替换上一伦；替换哪一伦呢？即拿团体对分子分子对团体这一伦，代替君臣一伦。所以现在我们仍然可以说是五伦，仍是要发挥伦理关系，发挥义务观念，才能让中国有团体；不然，你越发挥权利观念，越让中国人走入分争的路；走入分争的路，就更不能有团体了。

乡村组织即——中西具体事实的沟通调和

总括以上的话来说：我们中国现在所急切需要的就是要有团体组织，就是要往团体组织里去变；而求得团体组织之道，在中国是必须发挥伦理关系，发挥义务观念。换句话说，就是必须以中国的老道理为根本精神。恰巧现在西洋的团体组织之道也正在那里变：由"权利观念"变为"义务观念"。这样一来，便与我们相合了。这个事情很巧，好像天造地设的一样；历史迫着我们往西变，同时也迫着西洋往东变，我往西变，他往东变，两方就沟通了，调和了。沟通调和之后是个什么样子呢？那就是现在我们的乡村组织；我们的乡村组织，就是一个中西具体事实的沟通调和。

第四段　乡村组织的具体办法
——村学乡学

一　村学乡学的意义

关于乡村组织的意思，我们已经讲了许多话；但都是偏乎理论方面的，尚没有提出具体办法，所以恐怕大家还不很明白。底下就要提出具体办法来讲一讲，讲明白了这个，就可以让大家清楚乡村组织是怎么一回事了。这个具体办法就是现在邹平实行的村学乡学；村学乡学就是我们乡村组织的一个具体方案。以下就先来讲一讲村学乡学的意义。

村学乡学即——乡村组织

大家要知道：村学乡学不单是一个学校。本来从字面上看，既然称曰村学乡学，就不能说他不是一个学校；可是，他虽是一个学校，你却不要把他当做是一个学校。最好是说他是个学校，而同时也就是一个乡村组织。比如说乡学，他固然是一个学校；可是，你不要看他就是乡里头的一个学校（当然也不是在乡外头），这个学校特别大，他把整个的乡都包括在内，他是包括全乡而等于一乡；可以说乡学即乡，乡即乡学，乡有多么大，乡学亦有多么大，一乡有多少村，多少人口，那么，所有的村，所有的人口，也就都包括在乡学里头。试看《设立乡学村学办法》第二条："乡学村学以各该区域之全社会民众为教育对象而施其教育。"这个意思就是说：

一个乡学（或村学）要把一乡（或一村）的全社会民众，通统当做学生，把全乡（或全村）里头的男妇老幼一包在内，都算是乡学（或村学）的教育对象。再如前项办法第九条："酌设成人部、妇女部、儿童部等，……"在这条文上虽只开出三部，但不限定就是三部，因为底下还有"等"的字样。意思就是说：成人部以上还可以添设老人部，儿童部以下还可以添设幼稚部，妇女部以上还可以添设老太婆部，等等。总之，一个乡学，是要把全乡的人都算做学生。也可以说乡学就是以一乡为一学，村学就是以一村为一学。既然是以一乡为乡学，以一村为村学；而乡学村学不就是一个乡村组织了吗？在前项办法中，还有好几条都可以证明乡学村学即一乡村组织。如第三条："乡学村学以各该学董会于县政府之监督指导下主持办理之。……"这就是说明乡学要以乡学学董会来办，村学要以村学学董会来办；而各该学董会，都是以本乡本村人来组织的（学董会之组织以下要讲到）。再如第四条："乡学村学由各该学董会依该区民众群情所归，推举齿德并茂者一人，经县政府礼聘为各该学学长。……"乡学村学里的学长，也是一个本地人。办学的人，来学的人，都是本乡本村的，从这一点来看，也可见出乡学村学就是一个乡村组织。如其不然，我们设立一个乡学，虽然把全部的男妇老幼也都包括在内，而办学的人都是由上边政府派下去的；那么，所谓乡学便成了政府从外面给他安上去的一个机关，而不能算是乡村组织了。现在乡学里边只是把这一乡里边的人组织一下：谁当学长，谁当学董，谁当学众，这些人合起来办了一个乡学，学长学董学众都是自家人，这样才可以叫他是一个乡村组织。再看第五条："乡学村学之经费以由地方自筹为原则；……"不但办学的人，来学的人，都是本地的；即办学的经费也要本地自筹。第六条又说："乡学村学之一切设备为地方公有，应开放于一般民众而享用之。……凡各地原有之体育场图书馆等，均应分别归并于乡学村学设备中而统一管理之。"这个意思就是说：乡学村学不单是少数学生读书的地方；里边的设备，一般民众都可以享用。图书馆里的书,都可以来看;体育场里,都可以来玩玩;乡学村学原来就是一乡一村的。从这里也可以见出乡学村学就是一个乡村组织了。总之,乡学村学,是花自家的钱,用自家的人,办自家的事,设备为大家所公有,大家都可以享用;处处都表示他就是一个乡村组织。

二　村学乡学的目标

村学乡学即一乡村组织,其意既如上述,那么,底下一定接着要问:我们的这个组织是要干什么的呢?换句话说,这个组织的目标是什么呢?(前边我们说过:凡是一个组织就是"许多人合起来,向着他们的一个共同目标,为有秩序地进行"。故一个组织必有他的目标。)

村学乡学的目标即"大家齐心学好向上求进步"

村学乡学这个组织,他的目标就是"大家齐心学好,向上求进步"。村学乡学,就是一村一乡里的父老兄弟子侄们,大家伙合起来,为"齐心学好,向上求进步"而有的一个组织。这个组织的用意就在这里——"齐心学好,向上求进步"。若问:这个组织将要干什么?就是干这个;将要往哪里进行?就是往这里进行。所以在《村学乡学须知》中的《学众须知》开头即说:"……我们现在更进一步,要使父老兄弟合村的人结团体,成立村学;全乡的人结团体,成立乡学。结这个团体干什么呢?为的是齐心学好,向上求进步。……"

与其他目标的比较

大概组织农村,普通所用的目标,也不外这几个:自治、自卫、合作……等等。现在就拿这几个目标来与村学乡学的目标比较一下,看哪个目标最合适,最妥当呢?照我们说:自治、自卫都不合适，都不如我们这个目标妥当。因为一言自治，便有要自己作主的意思；什么事情都要由自己作主，自己来办，这样便有一个很大的缺欠，与前我们所说"此刻中国人讲求组织时有应特别注意的两点"之第二点意思不合了。照我们看，现在内地乡村很多缺乏，需要补充，需要吸收外面的科学技术；而现在若以自治为题目，什么事情都要自己作主自己来办，那便无形中含着不需要别人，乃至排斥别人的样子。这就糟了！把吸收外面长处的意思就完全没有了；岂但不吸收，他简直拒绝，简直是说："我自治，你可不要干涉我！"这样，岂不是于内地乡村需要引进科学技术接受外面指导的意思不合了吗？现在有很多事情，你真的交给乡下人自己去办，还真的办不了；他不能办，也不去办。例如我们看见乡间有许多应当改良的事情：妇女缠足、男孩早婚（此风邹平尤甚，有七八岁即娶妻者；普通亦多在十一二岁。）、吸食毒品、好赌博、不清洁等等坏习惯，说起来实在很多，都应当赶快改除；可是，如果以自治为题目，提倡自治，说："这些事情你们自己去解决吧！"那么，他们就都不办了，就永无改除的一天了。试想，他如果肯办，不早就办了吗？以前并没有人拦阻他不让他办，而他到现在还是没有办，这不就可以知道他自己是不能办的了吗？所以我们要想改除这些事情，非加以推动，加以教育的功夫不可。现在我们在乡间，很应当提倡这个教育的意思，时常对乡下人说这个话："有许多地方，你们得受教育，你们得改，你们得求教于人。"乡下人都有了这个意思，自己都肯向上学好求进步了，事情才有办法；不然，就永远不能办了。因此，我们就不能以自治为目标。至于以自卫为目标，那更不合适了。我们一看"自卫"这个题目就未免太狭隘，单单是为了自卫来组织乡村，这个意思太窄了。总之，以自治、自卫为目标，都不合适，都不如以"齐心学好，向上求进步"为目标能包括得宽。他能包括自卫、能包括自治，亦能包括合作。说个"学好"，说个"求进步"，就可

（以自治为目标不合适）

（以自卫为目标不合适）

以把任何事情，任何题目都包括进来了，这实在是一个最完善、最妥当、最和平而无流弊的目标。

村学乡学的目标最合乎中国的老道理——乡约的意思

以向上学好为目标，不但平妥无弊，并且最合乎中国的老道理，最合乎中国本来的风气。中国宋朝的时候，关中吕和叔先生曾经发起乡约，在他那本乡里倡导实行。后来历代儒者如朱晦菴吕新吾王阳明诸先生也都非常努力倡导。即到清朝皇家亦竭力提倡。其用意与我们村学乡学的目标亦很相近，他就是要一乡之人彼此相约共勉于为善；也就是大家齐心向上学好的意思。试看他相约的事情共分四大项：一德业相劝；二过失相规；三礼俗相交；四患难相恤。所谓"德业相劝"，就是说：大家要相勉于为善，大家都要向上学好；"过失相规"就是说：对于游手好闲、好赌博、好喝酒、好斗殴等事情，大家都要互相劝戒；"礼俗相交"就是说：乡党之间要有长幼之序，相亲相敬之礼；"患难相恤"就是说：对于水火之灾、防御盗贼，疾病、死丧、孤弱、诬枉、贫乏等等，都要互相帮助，互相顾恤。总之，他的用意与我们村学乡学的目标正相仿。也可以说：我们正是要师法古人；我们就是接续古人乡约的意思下来的。

村学乡学较乡约更多含一点求进步的意思

我们的村学乡学就是师法古人；不过，稍微有一点不同，我们比古人又稍微多了一点意思。多了一点什么意思呢？就是我们仿佛又多含了一点求进步的意思。这在古人的乡约里面也不是没有，而现在我们更要多含有这个意思了。现在我们所处的世界已与古时不同，所以我们于师法古人相勉为善的意思之外，还要多注意求进步；必须讲求进步才能适应现在所处的新环境。开头我们已经说过：此刻中国有很多缺欠需要补充，有很多地方需要进步；必须讲求进步才能应付现在的新环境。现在我们的村学乡学所以要比古人多包含有这一点意思就是因此。

村学乡学的目标能合乎三点原则——普遍性、恒久性、自觉性

村学乡学的目标是最平妥而无流弊,又最合乎中国的老道理了;同时又合乎三点原则——普遍性、恒久性、自觉性。第一他很有普遍性,因为"齐心学好,向上求进步"是谁都应当如此的,任何人都应当向上学好。以"齐心学好,向上求进步"为目标,便谁都可以加入,谁都应当加入。不然,若单以某一种狭隘的意思为目标,加入的分子便不能如此普遍了。再则他也很有恒久性,不像自卫组织一样,只是为临时防匪而有的,等到没有了土匪,组织也就没有了必要;而"齐心学好,向上求进步"是人类永远应当如此的。说到自觉性,这在开头的时候,加入的分子虽然未必全能自觉;可是,慢慢地也可做到。因为我们成立村学乡学就是教育全村全乡人众的:教他们都自觉地来加入这个组织,大家齐心学好,向上求进步。这样,个人就可以慢慢地明白,慢慢地自觉了。

三 村学乡学的工作

组织必待事实来充实

从上边所说许多话来看,我们知道:村学乡学即一乡村组织,即一齐心学好向上求进步的团体;可是,我们要知道:一个组织不是摆空架子的,必须靠事实来充实。换句话说,一个组织必须能真的做事,真的干些什么。真能干些事情,才能促进大家的生活关系;大家的生活关系密切一点,组织也就充实一点;组织充实一点,则更能做事;更能做事,则组织更充实;如是辗转相成,组织即日臻完固。那么,我们这个村学乡学的组织,他能做些什么?换句话说,他的工作都是些什么呢?

村学乡学的工作分甲乙两项

关于村学乡学的工作,大家可看《设立乡学村学办法》第九条所规定的甲乙两项工作:"(甲)酌设成人部、妇女部、儿童部等,施以其生活必须之教育,期于本村社会中之各分子皆有参加现社会,并从而改进现社会之生活能力。"所谓"施以其生活必需之教育",如成年农民要种田,就教他些改良农业的法子;妇女们要做衣、做饭、育儿、理家,就教他些家事。让他有参加现社会的生活能力,并从而改进现社会。"(乙)相机倡导本村所需要之各项社会改良运动(如反缠足、早婚等),兴办本村所需要之各项社会建设事业(如合作社等),期于一村之生活逐渐改善,文化逐渐增高,并以协进大社会之进步。"村学除对本村的人加以教育功夫之外,还得看本村有应办的事(或为社会改良运动,或为社会建设事业)即提引倡导让大家商量着去办,这就是对本村整个社会的教育。要想让"一村之生活逐渐改善,文化逐渐增高,并以协进大社会之进步。"就不能单教个人,不能单教个人进,必须大家一齐协助着往前进才行;单教一人或一家进,是进不动的。反过来说,前后左右的街坊邻舍都进步,而一家一人不进,也影响大家。例如劝大家放足,一家不听从,大家都受影响;一人不动,大家都要观望游移。所以要想社会能进步,必须大家一齐进。在《村学乡学须知》中的《学众须知》开头即说:"……一家兄弟同居,弟弟要强,哥哥不正经干是不行的;夫妇俩过日子,这个好好的过,那个不好好的过是不行的。阖村的人大家不齐心,没有能办好的事。不但一人不好,连累一家;一家不好,连累一村;并且村里情形不好,影响一家;家里的情形不好,影响到一个人自身。要一身好,还须要一家好,要一家好,还须要一村好才行。因此我们阖村的人要联结起来,共谋一切改良的事,大家振作,合力整顿。"必须大家振作,合力整顿;无论是社会改良运动,或者是社会建设事业,都要大家协力共谋,商量着一齐去办才行——村学乡学的工作就是包括以上这两项。

<与现在教育作比较>村学乡学的工作若与现在的教育作比较，我们甲项工作中的儿童部，便像普通的学校式教育；妇女部与成人部以及乙项各工作，便算是社会式教育（普通是把这种教育归之于民众教育或补习教育，但都算是社会式教育）。所以我们的村学乡学，他就是包括这两种教育：学校式、社会式。我们的村学乡学，他就是一个乡村改良求进步的机关，就是一个乡村改良求进步的团体。

<与普通村立小学之不同>在这里大家也就可以见出我们的村学与普通的村立小学不同。普通的村立小学只是呆板地教小孩念书；而我们的村学除了教小孩念书之外，还要讲求乡村建设，讲求社会的改良进步。

讲到这里，我记得很有些人问我："所谓社会改良运动与社会建设事业，究竟指些什么事？又先做些什么事情呢？"这个话实在不好回答，如果勉强的说，所谓"社会改良运动与社会建设事业"，范围包括得很广，什么事情都包括在内，什么事情都可以做。若问先做些什么？那你要看什么事情要紧，什么事情可能，你就去做什么；切不要有成见，非如何不可。换句话说，村学乡学的工作要因时地之宜。

村学乡学的工作要因时地之宜

关于谈这个意思的，在《村学乡学须知》中有这么两段话："村学乡学的工作尽可能的做，不勉强着非如何不可——村学乡学办法上规定工作，明有'视力之所及又事之所宜'字样，又有'酌设成人部……''相机倡导……'等字样，可见是尽可能的做，不勉强着非如何不可。成人部妇女部儿童部可以全设，亦可以设两部，还可以多设出几部（如耆年部幼稚部或其他）。社会改良运动社会建设事业更是活动的，可以办这件，亦可以办那件，可以多办，可以少办。……""……例如传染病流行时则卫生运动即宜乘机进行，有匪患地方则地方自卫组织正好着手。农工生产事业尤从自然地理自然节候的关系而各异其提倡改良之所宜。……"《乡农学校的办法及其意义》上也曾这样说："山地可以造林……又如产棉的区域，我们要帮助他选用好的种子，指导种植的方法，然后再指导他们组织运销合作社。……因此乡农学校可以随时成立种种短期的职业补习班，或讲习班，在实地作时就与他讲解；如种棉、造林、织布、养蚕、烘茧等等。又因此可以随宜成立种种组织，如林业公会、机织合作社、棉花运销合作社、储蓄会、禁赌会等等数不尽。"村学乡学的工作实在包括得很宽；不过，应当注意的是要拣可能的要紧的去做，切不要拘执。但是，所谓"要紧与可能"，又如何认定呢？这就又有时间与空间的问题了，究竟什么要紧，什么可能，又因时因地而不同。这个全靠村学乡学教员的相机酌量；如果教员能够因时制宜，因地制宜，相机倡导，酌量办理，村学乡学的工作就活了。

村学乡学的工作须以教育功夫行之

这里大家还有要注意的：我们的乡学村学，像是代替了从前的区公所乡镇公所等机关；但自一面来说，他是把行政机关教育机关化了。试看《村学乡学须知》中所说："本县整个行政系统，悉已教育机关化，应知以教育力量代替行政力量——邹平实验计划上说：本实验计划既集中力量于推进社会，则自县政府以次悉为社会改进机关。社会改进即教育。不过此教育机关化的县行政系统，愈到下级（如村学）愈成为教育机关，愈到上级（如县政府）愈不能不带行政机关性质而已。愈到下级即愈近社会而直接民众，愈应当多用教育工夫而不用行政手段。……村学虽像是代替从前的乡公所，乡学虽像是代替从前的区公所，但村学乡学本身实是教育机关，并非以地方自治组织兼下级行政机关者。不过内容隐寓有自治组织之意，至多是自治组织的一种预备，不是正式自治组织。又不过以其中的一个办事人（常务学董）接受上级行政机关委办事项，至多这个人算行政人员而非这个机关（村学乡学）是行政机关，此等处不可混淆。"从这一段话里，我们就可以看出村学乡学这个团体，他是把行政的事情用教育功夫来办。换句话说，他是把团体的公务当做学务，把村学乡学的工作（甲项乙项都在内）一切学务化。可是如果要问："为什么要把公务当做学务？把行政的事情用教育功夫来办呢？"底下我有几句很要紧的话回答大家：如果把公务就当做公务来办，则可以用一种强制性的命令来作，要你怎样办，就得怎样办，没有多少话说，没有商量的余地；那么，这样就成了一种死板的办法，失掉了教育的意味，村学乡学就变为县政府的一个下级佐治机关了。村学乡学变为下级佐治机关，村学乡学的工作都以行政手段来办，则一定不容易办好；并且与我们设立村学乡学的初意不合。我们最初的意思，原来是想借村学乡学来组织乡村，用教育功夫引生乡村自力，靠乡村农民自己的力量来改进社会，让社会进步，如其不然，完全用行政手段，用硬性的法令来办事，则村学乡学变为一个下级行政机关，没有了生气，没有了活力，就不能再尽其改进社会之功了。同时亦就不能养成真团体，真组织。

四　村学乡学组织之内容配置及其运用

现在再来看村学乡学这个组织的内容是如何配置？又如何运用向前进行呢？

村学乡学的组织由四部分人构成

我们可以说这个组织的构成是由四部分人：

1. 学众——村中或乡中男妇老少一切人等；
2. 学长——村中或乡中品德最尊的人；
3. 学董——村中或乡中有办事能力的人；
4. 教员（乡学又有辅导员）——乡村运动者。

村学乡学就是包括这四部分人。我们为什么定要有这四部分人呢？这在我们有很深的用意；照我们的安排，四部分人便是四个独立不同的作用（辅导员与教员地位虽不同，其作用亦相似）。

四部分人即四个独立不同的作用

村学乡学的组织就是由四部分人构成，四部分人即四个独立不同的作用；明白了这四个独立不同的作用，就可以明白这个组织是如何的运用了。村学乡学这一整个的组织完全靠这四个独立不同的作用来进行，四个作用缺少一面也不可，缺少一面，这一架大的机器（一个组织就好像一架机器）就全盘运行不好了。那么，这四个独立不同的作用都是什么呢？我们先来看学众的作用。

学众的作用

学众的作用是什么？按我们的安排，他就是改进乡村社会解决乡村问题的主力。因为所谓"学众"即指村中或乡中的一切人等而言，全村或全乡的男妇老幼通统包括在内，他就是乡村社会的主体。所以乡村社会的改进乡村问题的解决，当然要以这部分人为主力了。关于这个意思，开头我们已经说过：救济乡村要靠乡村自救。以下仍要说到：解决乡村问题要靠乡村自力。总之，我们认为乡村社会的改进乡村问题的解决，只有靠乡村自力，用乡下人自己的力量来解决他自身的问题。所以在

> 乡村自力

《村学乡学须知》中说："村学乡学应处处着眼为地方自治团体之完成——原所为设立村学乡学之意，即在促成自治。是以村学之组织隐然即一村之自治组织，村学之工作（尤其是乙项社会改良运动社会建设事业的工作），实即一村之自治工作。乡学之组织隐然即一乡之自治组织；乡学之工作实即一乡之自治工作。"村学乡学既然是个乡村自治组织，村学乡学的工作就是乡村自治工作，设立村学乡学的用意，原来就是为的促成地方自治；所以村学乡学的工

作就必然要靠乡村自力来办了。可是乡村自力怎么会有呢？零碎散漫不会有力量，要想有力量必须大家联合起来，联合起来才能够有力量解决问题。换句话说，乡村问题的解决必然要靠农民自己的齐心合作。任何一个问题——大事、小事、新事、旧事，无论什么事，除非他不想解决，如果想求解决，则非靠大家齐心合作不可。无奈现在乡下人自己尚没有看出这个路子，尚缺乏合作的自觉要求。现在问题虽然已经压迫到每一个乡下人的自身；可是，他们尚缺乏一种同在问题中的自觉，尚缺乏一种共同起来想办法的要求。诚如《村学乡学须知》中所说："盖今日天灾人祸，国际的经济压迫，国内的政治压迫，固无不加于乡村人之身；而在乡村人则尚缺乏一种起来想办法之自觉。"乡下人既然尚缺乏这种共同起来想办法的要求，尚没有看出这个须要齐心合作的路子；所以我们要启示提醒他，让他慢慢地往这个路子上走。

<u>引发自力</u>　如前边所引《村学乡学须知》中的《学众须知》开头即对他说："我们先要知道村学是个团体，乡学是个更大的团体，自己是在团体中的一个人。邻里乡党本来相依，古人所说的'出入相友，守望相助，疾病相扶持'便是。我们现在更进一步，要使父老兄弟阖村的人结团体，成立村学；全乡的人结团体，成立乡学。结这个团体干什么呢？为的是齐心学好，向上求进步。一家兄弟同居，弟弟要强，哥哥不正经干是不行的；夫妇俩过日子，这个好好地过，那个不好好地过是不行的。阖村的人大家不齐心，没有能办好的事。不但一人不好，连累一家；一家不好，连累一村；并且村里情形不好，影响一家；家里的情形不好，影响到一个人自身。要一身好，还须要一家好；要一家好，还须要一村好才行。因此我们阖村的人要联结起来，共谋一切改良的事，大家振作，合力整顿。"这就是让他明白：乡间的事情要想有个改良进步，决不是一家一人分散单个所能办到的；必须大家联结起来，共谋改良，合力整顿。可是这个"共谋""合力"又怎样才能做到呢？这里有根本要紧的一点，就是让学众知道如何作村学

（或乡学）一分子；换句话说，让每一个学众对村学（或乡学）团体的事，都要尽他团体一分子的作用；亦即前边我们曾经说过的：团体里面的每个分子，对团体生活都为有力地参加。那么。如何才算有力地参加？如何去做团体一分子呢？在《学众须知》中我们是这样对他说："第一，要知道以团体为重——村学是个团体，我们各人是团体中的一个人。团体事靠我们各人；我们各人还要靠团体。若一个人只图自便，不热心团体的事，团体散了，累及众人，还害自己。第二，开会必到，事事要从心里过一遍——公众集会，众人到，我必到。凡关本村之事或开会宣布的话，都要在自己心里想一想。知道不清的事要勤问。第三，有何意见即对众说出——我们既关心团体的事，自然就要有一些主张，应即说出请大家参酌。凡事经过讨论才妥当，各出己见，实不可少。有话便说，不必畏怯。"这几条是作团体一分子必须具备的条件。总其意有两层：第一，须对团体有关切心；第二，须常常过问公事不肯放松。所谓"关切心"，就是说：团体里面的每个分子，对于团体的事都要知道关切注意。单是关切注意还不够，所以第二必须跟着再去过问。比如你对于某件事情不赞成，不能只以叹气了之，还要把你的心表达出来。该反对的就反对；如果赞成的便用上你自己的力量去参加。可是团体里面每一个分子对团体都有关切心，都过问公事不肯放松，这样，又很容易落到争执不决；所以这个时候，就不得不再有这么一条："第四，尊重多数，舍己从人——自己意见虽要说出，但不可固执己见，凡众意所归，应即服从。不要太过争执，致碍公事进行。"但是，尊重多数之义明白了，又怕死板地归到"多数表决"，不衷于情理；所以就又有第五条："第五，更须顾全少数，彼此牵就——有时少数人的意见亦不可抹杀。若以多数强压少数，虽一时屈从，终久不甘服。总以两方彼此牵就，商量出一个各都同意的办法为好。团体之内，和气为贵；倚强凌弱，断乎不可。"村学开会时，总要和和气气商商量量彼此牵就为是。以上这几条都是学众应特别注意的——

（如何作村学一份子）

这里还要补说一句:《学众须知》各条都是为村学学众说的,但村学学众同时也便是乡学学众,所以那些话不独为村学而说,在乡学亦应如此。如《学众须知》第十四条:"要知推村学之义于乡学——我们为村学学众同时亦便是乡学学众。村学是小团体,乡学是大团体。……凡上面所叙一层一层道理,不独为村学而说,在乡学亦应如此;在村在乡原是一理,可以推知。"《学众须知》共十四条,通统是讲如何作团体一分子。如果学众能照样作去,那便算是一个很健全的团体分子,便算是尽了团体一分子的作用。大家都能如此,根本要紧的一点意思就算有了;有了这一点,则团体一定可以坚固,组织一定可以充实,力量可以发生,什么事情就都有办法了。

学众知道如何作村学(或乡学)一分子了;乡村自力露出来,解决乡村问题的主力已经有了;这样就够了吗?这还不够,还要再加上一个副力,主力副力合起来才能解决了乡村问题。那么,这个副力是什么呢?这便是我们的教员。底下就接着来讲教员的作用。

教员的作用

一说到教员的作用,我们第一想到的就是教书;但这只是说的普通学校的教员,我们村学乡学的教员就不能单以教书为足,且不能单以教校内学生为足。也应当以阖村人众为教育对象,而尤以推进社会工作为主。我们在《村学乡学须知》中曾说到这个意思:

> "村学乡学的教育是广义的;教员的责任亦即是广义的教育功夫——村学乡学的教育,本以阖村人众为教育对象,要在推进社会为主,而亦将通常学校教育归包在内。故教员责任不以教书为足,且不以能教校内学生为足。"

那么,他到底应干些什么呢?"1. 应时常与村众接头,作随意之亲切谈话,随地尽其教育功夫。2. 应注重实际社会活动,向着一个预定目标进行(此目标或为村学公议要进行之一项社会改良运动,或一项社会建设事业,或教员自己心中想做之事亦可)。3. 更要紧的是吸引阖村人众喜于来村学内聚谈。"为什么说:"吸引阖村人众喜于来村学聚谈"是更要紧的呢?因为我们不是说过吗?我们认为乡村问题非靠乡下人齐心合作不能解决;而现在的乡下人,虽然是普遍的同样的感受到问题的压迫,问题已加在每个乡下人的身上,使他们同在问题中;可是,他们自己尚缺乏一个同在问题中的自觉,尚没有一个齐心合作的要求,他们尚没有看出这个路子。如在《村学乡学须知》中所说:"盖今日天灾人祸,国际的经济压迫,国内的政治压迫,固无不加于乡村人之身;而在乡村人则尚缺乏一种起来想办法之自觉。"所以现在顶要紧的就是如何让他能有自觉,发生合作要求。因此"吸收阖村人众喜于来村学聚谈",便是教员顶要紧的责任,及应尽的作用了。亦因此所以我们说:"如能将村学作成村众有事无事相聚会的地方,此教员即算有头一步的成功。"我们在《乡农学校的办法及其意义》中也曾说到这个意思:"……在一乡村社会中,他们的乡村领袖不一定常常见面。就是彼与此此与彼常常见而,也不一定是大家聚合,也不一定同多数民众一齐聚合。我们办乡农学校的第一个用意,就是使乡村领袖与民众因此多有聚合的机会。在平常的时候,没有聚合的机会,有什么困难的问题,只是心里苦闷,各自在家里为难叹气。现在聚合了,就可将他们共同困难问题拿出来互相讨论,相向而叹气。自然就可以促他们认识他们共同的不幸命运,促他们自觉必须大家合力来解决。如匪患、兵祸、天旱、时疫、粮贱、捐重、烟赌等盛行,见面的时候,最易谈到。谈到以后,自然就要设法解决;因此或许就能发生大作用。假使他们不十分聚合时,我们的教员(乡村运动者)要设法从中作吸引的功夫,撮合的功夫,使他们聚合。……"

> 提引问题促使讨论

不过,许多人聚合到一块,也很容易东拉西扯的谈天;所以我们接着又说:"假使他们虽聚合而谈不到问题上,则我们要提引问题,促使讨论。……"吸引撮合的功夫固然很要紧,提引问题的功夫也很要紧。

还有现在乡村有许多不好、不对、不应当的事；可是，习惯既久，大家亦不觉其非，遂相安不改，所谓"习非成是"者。这类的事情很多，如妇女缠足，男孩早婚等问题，一时说之不尽。遇有这类的事，教员就得给他开心窍，就得点醒他，让他自觉其非，自感不安，自己认此事成问题；然后再怂恿他要纠正的劲。这个窍一开，这个劲一有，从前不好不对的事，就可以渐渐地改除了。光改除旧的还不算，更要紧的是发动他进取的心。我们要知道，现在中国因"国际与国内的两重压迫，天灾与人祸的两种摧毁，使得乡村命运，益沉沦而就死。"乡村农民"几丧其乐生之心，无复进取之意"，如在《乡农学校的办法及其意义》中所说："在我们看现在中国的乡村社会，不止是经济破产，精神方面亦同样破产。这是指社会上许多旧信仰观念风俗习惯的动摇摧毁，而新的没有产生树立。以致一般乡民都陷于窘闷无主，意志消沉之中。此其所以然：（一）是因我们文化或社会生活的变化太厉害。农业社会照例是最保守的，尤其是老文化的中国乡村社会有他传之数千年而不变的道理观念。自近百年来与西洋交通以后，因为受国际竞争的打击，世界潮流的影响，乃不能不变。最近二十余年更激烈急剧的变化，或由上层而达下层，如变法维新革命等是；或由沿江沿海而达内地，如一切生活习惯等是；而最后的影响都是达到乡村。他们被迫的随着大家变，却不能了解为何要变，并且亦逐赶不上，但又没有拒绝否认的勇气与判断。失去了社会上的价值判断，是非好歹漫无衡准。即有心人亦且窘闷无主。（二）是几十年来天灾人祸连续不断，他们精神上实在支撑不了。消沉寡趣，几无乐生之心，况复进取之心？此种心理如不能加以转移开导，替他开出一条路来，则一切事业，都没法进行。……"所以我们说"发动他进取心，是更要紧"。无心进取，是大病；老是守旧不想往新的路上走，是不行的。现在一般老先生仍是怀念四十年前的太平盛世，其不知那是不可再见的了；将来的太平日子，必靠我们的进取求得之。必须在农业上、工业上、教育上、

〖发动乡民进取的心〗

政治上各方面都求进步；社会进步，成功团体，有了组织，太平才能再见。可是，乡下人不明白这个道理，不能够开这个窍。所以现在要紧的就是开他这个窍，打动他进取的心，使他乐生进取，发生公共观念，发生齐心合作的要求。乡下人能够乐生进取，齐心合作，成为有组织的力量了，然后乡村的事情才有办法。

但乡村问题的解决，单是有了乡下人为主力就够了吗？这还不够，单是乡下人还解决不了乡村问题。乡下人对于问题只能直觉地感受到痛苦，而于问题的来源不能了解，不能认识。例如复杂的经济问题，乡下人怎能了解？怎会认识呢？对于问题的解决之道，他更是没有办法了！我们认为乡村问题的解决，第一固然要靠乡下人为主力；第二亦要有：有学问有眼光有新知识方法的人与他合起来。没有第一个条件，固然解决不了问题；没有第二个条件，亦不能解决问题。所以在《乡农学校的办法及其意义》中我们说："……假使他们虽谈到问题，而想不出解决之道，将付之一叹的时候，我们要指示出一条道路，贡献一个办法，或彼此两相磋商研究出一个办法。……"——在这里我们还须补充几句：

> 商讨办法

我们为什么说"或彼此两相磋商研究出一个办法"呢？因为问题的解决，固然要靠有学问有眼光有新知识方法的人；可是我们要知道新的知识新的方法，不经过一番切磋陶炼是没有用的。虽然乡下人头脑简单，没有办法，自己解决不了自己的问题；而单有我们的新知识方法，也同样的不能解决问题。我们所有的新知识新方法都是从外边学来的，拿到乡村去很多用不上。所以必须两相磋商研究，如此得来的知识方法，才真有用，才真能解决问题。如《乡农学校的办法及其意义》中所说："因为单使他们设法，往往没法可设；单是我们出主意，又往往不能切合实际而可行。现在我们要他们合在一起，则想出的办法或能合用也。"现在我们所苦的就在这里：新知识方法在上边，在外边；而实际的问题却在下边，在里边；上下里外不接头，问题就老不得解决了。现在乡村里边诚然是很没办法，很痛苦，很着急；可是，上边的新知识方法也同样的没办法，同样的干着急，用不上去。如果强要去用，则更给乡村添痛苦。如现行地方自治，本为一种好办法，而结果反为乡村所诟病，不就是因为这个原故吗？再如农业上的改良种籽、改良技术等等，都不是站在乡村以外的人可以替乡下人出主意，想办法的。要想真有一个能用得上的方法，必须是经过一番切磋陶炼才能得到。换句话说，一个好方法的产生，必须是由这样得来：一面是对问题顶亲切的乡下人，一面是有新知识方法的有心人，彼此逗合接头，一个以他的亲切经验，一个以他的知识方法，两相磋商讨论，经过这番陶炼，好的方法就有了。这个方法，从其效用上说，因其是新的，一定效用大；从其切合实际问题上说，因其是经过磋商陶炼的，一定行得通。能有这样一个方法，乡村问题才得解决。所以我们在《村学乡学须知》中说："……问题既经提引出来，自随之要商讨办法。办法之得有，大抵必赖三个条件：一大众齐心协力；二教员之知识头脑；三本地人之实际经验。所谓商讨办法，意在商得大家同意，更在以教员之知识头脑与本地人之实际经验交换而切磋。许多事所以不能办，都为乡村人零散不齐心合作；只要齐心合作就有办法。许多事所以不能办或办不好，都为上层知识分子所出的办法不切合实际，而乡村当地人又缺乏知识头脑。双方不接头，始终没办法；双方接头切磋，好办法才能产生。所以商讨是极重要功夫。"

好办法之得有，既然赖有这三个条件（一大众齐心协力；二教员之知识头脑；三本地人之实际经验）；那么，我们的教员，能不能代表新知识头脑？换句话说，他有没有充分的新知识方法呢？乡村问题是多方面的，村学乡学的工作是包括得很宽的，不要说农业、工业、经济、教育等许多问题教员包办不了，即就农业一项来说，也分土壤、肥料、种子、病虫害等专门学问；

> 教员是与上级机关或说是后方大本营有联络的

教员哪能会得这许多？教员哪有万能呢？教员既然不能万能，而乡村问题尚不止万端，那么，这将怎么办呢？在我们的安排，对于这个问题也有办法。试看《村学乡学须知》中所说:"教员的责任要在使上级机关与下级机关,于问题研究方法供给上成一连锁循环关系。本来在社会改进机关的系统内,上级机关(如县政府研究院)对于下级机关(村学乡学)具有两项作用:一为最高方针之指导;一为后方材料方法之供给。但欲使此后方机关得尽其功,还须教员善于利用。例如后方有农场苗圃(属县政府或研究院),其棉种树苗有待村学乡学来采用;但教员若不能启发农民棉种改良的要求,鼓舞起造林运动,则推广不出去。又如在地方有防疫的必要,在医药机关亦备有防疫方法;但教员若从中耽误,便可致地方瘟疫大起,而好方法亦失其利用。总之一切的材料,或较专门的知识方法等,在教员自己断不能具备,但他如能善于利用后方供给机关,则凡后方所有者悉等于他自己所有,效用岂不伟大。所以教员遇有疑问,或自己办不了的事,应当请教上级机关,向后方讨取办法。教员若能不断以地方种种问题需要向上级请示索求,则上级机关自不能不为种种问题之研究,以为种种方法之供应。(研究院所办不了的还可请教外面更高学术机关)……"这样安排有一个社会改进机关的大系统,教员只要能尽其上下传递之功,则后方的材料方法可以不断的供给;那就不怕乡村问题的复杂繁多,就不怕自己的知识方法不够了。并且这样的安排更有这个好处:上级学术研究机关得到地方上的实际问题来研究,"则在学术研究上自有切实进步,不断向前。社会既得到满足,学术亦因以进步;学术进步,社会更得到满足。"这样辗转相助,连锁循环之作用渐渐开展,学术研究益以进步,社会改进亦日起有功了。关于教员与上级机关联络,以地方种种问题需要向上级索求请示,由后方供给材料方法之意,在《乡农学校的办法及其意义》中也曾说到:"乡农学校不是一个零碎设置的,此乡校与彼乡校是要有联络的;更重要的是乡校之上须有一个大的团体或机关来指导提携他们的进行。这就是说乡校里边的教员(乡村运动者)不是孤单的,他是大的团体分派出去负着使命作新的运动的——也或者在作乡村运动以后乃与大团体取得联络——如果不这样则他的工作不易进行，就是进行也进行不好。这有两点原因：（一）乡村所遇到的问题是多方面的，而一人不是万能的，如不与大团体取联络为他的后盾，则他一人的能力来不及。所以必须得到后方的帮助，他才可以帮助农民。各地乡校教员，仿佛是出去到前线的士兵，许多材料与方法，都需后方大本营的传递供给；乃至人员的调遣支配，皆需后方有作主脑的总机关才行。（二）如没有此大团体或总机关恐怕他们作推进社会的工夫，没有一定的方向。这个向东，那个向西，乱七八糟，即无效率。必需有总机关高高在上，望着前面确定目标，有计划步骤的指挥着作去，才能应付的得当，而不致散乱走错路向。"这其中第一点原因，也就是现在我们所说的意思。总之，照我们的安排，村学乡学里的教员与上级机关或说是后方大本营是有联络的。有上级机关或后方大本营作最高方针之指导，作材料方法之供给；则不怕乡村问题的多面性，不怕教员本身的知识能力不够了。

{辅导员的作用} 教员的作用大概即如上述，现在再附带着说几句关于辅导员的话。照我们的安排，乡学里面又有辅导员。辅导员与教员地位本来不同，教员是村学或乡学聘请的先生，而辅导员则是代表县政府下乡村去的；但他们亦有相同之点，他们多半是外来的人（不是本村或本乡的人），他们多半是在研究院受过训练或讲习的。换句话说，他们都是大的团体（乡村运动团体）分派出去负着使命作新的运动的。他们都负着帮助乡下人的使命。他们得到后方大团体的帮助——材料与方法的供给，然后再用以帮助乡下人。从这一点上说，辅导员与教员的作用是相同的。

{教员不能就去替乡下人办事} 讲到这里，我们还要重行点明一句：我们的教员辅导员，只能借后方材料方法的供给去帮助乡下人，断不可就去替乡下人办事。前边已经说过，乡村问题的解决还要靠乡下人自己的力量；我们的教员只是一种副力，主力还是乡下人。单是乡下人固然解决不了问题；单是我们的教员更解决不了问题。必须教员与乡下人合起来，两相磋商，共同想办法，乡村问题才得解决。换句话说，村学乡学的工作之能够进行，主要的还要靠每个学众都为有力地参加。可是，话虽这样说，而实际上村学乡学的事务能让每个学众都来办吗？决不能如是。公众的事，不能人人都来办，事实上必得交托少数人员负责掌理。那么，交托哪些人呢？在我们的安排，就是交托各该学董会；学董会的学董就是村学或乡学的负责办事人。试看他的作用：

学董的作用

前边我们说过：村学乡学是个团体；既然是个团体，就必得有他自己内部的公共事务与对外关系（如对上级政府的关系等）。那么，村学乡学的公共事务与对外关系，都是由谁负责来办呢？大凡公共的事，决定虽然要由多数；可是进行的时候，不能公众都去办，势必交托少数人负责掌理。我们这个村学乡学的公共事务便是交托各该学董会；其对外的事（如县政府委办事项）则更是交托常务学董一个人（所谓常务学董就是理事，村学有村理事，乡学有乡理事）。现在我们先来看学董会的组织。在《邹平县村学学董会暂行组织规程》上说："……第三条 本会以学董二人至五人组织之。第四条 村学学董由实验区县政府就本村人士中遴得相当人选，经邀集村众开会咨询同意后，由县政府函聘之。……第六条 本会由全体学董互推常务学董一人常川住会，执行会务；开会时，并担任主席。……"再看《邹平县乡学学董会暂行组织规程》："第三条 本会之学董，分当然学董与聘任学董——（一）本乡各村村理事及未设村学之各村村长，均为当然学董。（二）本乡人士，资望素孚，热心公益者，经县政府礼聘一人至三人为聘任学董。……第五条 本会由全体学董互推常务学董一人或二人住会，执行会务；开会时，并担任主席。

（旁注：公共的事交托学董负责办；学董会的组织）

……"《村学学董会暂行组织规程》共十二条,《乡学学董会暂行组织规程》共十一条,我们虽未全引,但从以上各条看来,就可知道各该学董会就是由本村或本乡里边遴选(除乡学学董会的当然学董外)出几个资望索孚有办事能力的人,经县政府礼聘之后来组织的。他的责任就是办理本村或本乡团体的公共事务。换句话说,他们就是负责来办村学或乡学的。所以在《设立乡学村学办法》中说:"乡学村学以各该学董会于县政府监督指导下主持办理之。……"各该学董会又由全体学董互推常务学董一人常川住会,执行会务。

<small>常务学董的责任</small>

所谓"执行会务",都是办些什么事情呢?这在各该学董会暂行组织规程上都曾说到。如《村学学董会暂行组织规程》第七条:"本会于左列事项付讨议后,交常务学董执行之:(一)推举本村学学长及聘任教员事项;(二)筹划本村村学经临各费及审定预算、稽核支销款目事项;(三)拟定本村村学一切进行计划事项;(四)倡导本村各项社会改良运动及兴办本村社会建设事业事项;(五)答复县政府及本乡乡学咨询事项;(六)本村村理事提请本会讨论进行之县政府令饬办理事项;(七)本村村理事提请本会讨论进行之乡学公议办理事项;(八)其他关于本村学务进行及学长提议之事项。"及《乡学学董会暂行组织规程》第六条:"本会于左列事项付讨议后,交常务学董执行之:(一)推举本乡学学长及聘任教员事项;(二)筹划本乡乡学经临各费及审定预算、稽核支销款目事项;(三)拟定本乡乡学一切进行计划事项;(四)倡导本乡各项社会改良运动及兴办本乡社会建设事业事项;(五)答复县政府咨询事项;(六)本乡奉县政府令办事件经乡理事提出本会讨论进行之事项;(七)其他关于本乡学务进行及学长提议之事项。"以上所列各事项都是各该常务学董(村理事与乡理事)所应负的责任。其他各学董又都办些什么事?这在《村学乡学须知》中的《学董须知》中曾说到:"学董不但为学众之一,且为乡村领袖,于村学乡学应多负责

任。除学众须知者之外，其更须知注意之事约如下：第一，劝学众入学——一村之众皆为村学学生，但一般人多不明此意，或不热心入学。各学董为办学之人，（乡学村学第三条：乡学村学以各该学董会于县政府监督指导下主持办理之。）第一责任即为劝导大家入学。所谓入学，包有三种：一、送学龄儿童入儿童部（即小学）；二、成年者入成年部，如办有妇女部，亦即劝妇女入学；三、有事集会，无事聚谈，大家都要来——此末一种，实更重要。第二，注意开会，用心讨论——学董会应按照暂行规程，有应付讨议之事就要开会；开会并应用心讨论。因为事情规定是几位学董合起来负责，若事情只有一两个人知道，一两个人决定，是不行的。凡该开会不开会，该讨论不讨论，即学董不尽职。第三，凡经决议，即倡导实行。——凡经学董会决议通过实行之事，各学董应首先倡导实行。村中众人向来看领袖行事；领袖果先实行，则事情自然好办。第四，协助理事办事——学董会即是村学（或乡学）的一个办事机关。虽其中一人经县政府委任为理事，算个办事人，其实各学董亦要一样帮同办事。理事忙不过来，可以从学董中再添一位助理。即没有助理名义的，亦应遇事协助，不分彼此。……"《学董须知》共十二条，我们不必全引，从以上各条就可见出：各该学董会即村学或乡学的一个办事机关；各该学董即村学或乡学的办事人。村学乡学遇有事情，各该学董就应开会，用心讨论；不过执行时，是各该常务学董多负责，而各学董亦应协助办理，不分彼此。

> 其他学董的责任

> 理事的作用能让村学乡学仍不失其教育性质

在这里还有应当特别申明的一点，就是常务学董（村理事或乡理事）的作用：我们说过，村学乡学是一教育性质的组织，不单是个下级行政机关。那么，关于上级政府（如县政府）委办事项，将怎么办呢？这个时候，我们不敢把上级政府委办的事，就直接交给村学或乡学去办；因为一交到村学或乡学，让村学或乡学接受上级政府的命令，转用强硬性的命令去办事，则把原来的教育性质变坏，变为一个下级行政机关了。所以我们把这种公事，只交给村学或乡学里的一个人——村理事或乡理事，让村理事或乡理事直接与县政府接头，接办县政府委办事项。这样，村学乡学就仍不失为教育性质了。如此说来，我们的村理事，就好像从前的庄长或村长了？还不尽同。因为我们的村理事，一面是替县政府办公事的人；一面又是村学里的常务学董；他不就是纯粹一个下级行政人员。还有我们的理事，其作用除了以个人资格（以理事名义而不以常务学董名义）与县政府直接接头，让村学或乡学仍不失其为教育性质外，还可以代表乡村，把乡村的情形时时报告政府；代表政府，把政府的政令向乡民解释。换句话说，他还可以沟通上下，减少政府与乡村间的隔阂。如《学董须知》中特为常务学董兼理事者所说的话："第十，要代表乡村对县政府说话——理事虽是县政府委任的人，但原是地方上人，为地方办事的，所以要代表乡村说话。在县政府委任他之意，亦非单为县政府跑腿，而实是意在与乡村接头好办事。第十一，要善将政府意思转达于众——凡县政府要举办的事，理事应将其意思善为转达说明，以免乡下人误会。这是理事对县政府应尽的责任。如理事本人对这件事有不赞成的意见，可在县地方会议上陈述，或面见县长陈述，不宜勾结乡下人与县政府为难。"理事对于这两条，如果都能做到：一面代表乡村对县政府说话；一面善将政府意思转达于众；则政府与乡村间的隔阂便减少了。这个沟通上下减少隔阂的作用，为功实在不小。因为历来政府好意的替乡村办事，结果往往反害了乡村，其故都在上下隔阂；而今我们有理事这个作用，沟通上下，减少隔阂，以后就可以让乡村少受政府的扰害了。

> 理事的作用能沟通上下减少隔阂

普通一个团体组织，多半只有两面：一团体意思决定的一面；二照着决定去进行的一面。而我们的村学乡学这个组织，如上所述已经有三面了——学众一面；教员一面；学董一面。单有这三面还不够；因为村学乡学这个组织，是为向上学好的，所以就必得更有学长一面的作用。有学长、学董、学众、教员这四面作用，我们的村学乡学这架机器的机件，才算全备，才能运行得好。底下就来讲学长的作用。

学长的作用

学长的作用是什么？我们看这几句话就可以明白了："乡学村学由各该学董会依该区民众群情所归，推举齿德并茂者一人，经县政府礼聘为各该学学长。学长主持教育，为各该区民众之师长，不负事务责任。"学长的责任，就是主持教育，教训一村或一乡的人，为一村或一乡民众的老师。可是，我们为什么一定要个老师？为什么特别点明他不负事务责任呢？这有两点意思：

1. 要学长有提振众人的作用——村学乡学这个团体不同平常，他是大家为齐心学好向上求进步而组织的。既然是要向上学好，那么，当然是要有个老师了。如果一个团体单是为着办事，则无须有齿德并茂者为师，只要有一个明白、能干的人就行了。而我们的村学乡学，并不是单为着办事，他是以学为重，以学包含事，把办事包含在向上学好求进步中；所以必须有个老师来时常点醒大家向上学好的心，提振大家向上学好的劲，大家都有了向上学好的精神，整个组织才能运行得好。不然，向上学好的精神提振不起，整个组织的运行也就没劲了。对齿德并茂者尊之为师，实在是个必要。如在《学众须知》中所说："要知道尊敬学长——村学之中自以学长为最尊；不尊学长，何以为村学？学长为一村之师长；吾人果有恳切向上学好之诚心则自然要尊师。抑非尊师亦无以提起阖村人众向上学好之精神，故尊师为要。"这是我们要设有学长这样一个人的第一个用意，也就是学长应有的第一个作用。那么，学长既负有教训大家提振大家的责任，如果有的人不学好不振作，学长就应加以训饬了。如在《学长须知》中所说："于村中子弟有不肖者应加督教——学长是要领导众人学好的。凡不学好的人应本爱惜他之心而训饬他。或背地里规劝他，不令人知，以给他留面子。不要等他小恶养成大恶，触犯刑罪，则阖村之不幸矣。"我们一面对学长这样说，指明学长应对大家负责任；一面也在《学众须知》中对学众说这个话："要接受学长的训饬——学长以其在父老的地位言，众人大都为其子弟；子弟应听亲长的话。更以学长居师位而言，众人都算学生；学生应听师长的话。凡学长对村中众人或哪一个人有训饬教戒的话，众人或那一个人都应接受。"可是，要想众人尊重学长，还须学长自重才行；自己不好，是没法劝人好的。所以《学长须知》中又说："要知自爱自重——学长是经学董会共同推举而县政府礼聘的，于一村之中（或一乡之中）为最尊。人家都尊敬我，我亟须自爱自重。只有自爱自重的人可以让人家尊敬。若不知自爱自重，人家本来尊敬的，亦要渐渐看不上了。应知身为一村师长，处处要为众人作表率。……"学长自己先能好，能作众人的表率；他时时点醒大家，训饬大家，大家向上学好的劲就提振起来了。

2. 要学长有调和众人的作用——学长既为一村之师长，一村之尊长，他就应当抚爱后生，调和大众。如在《学长须知》中所说："要抚爱后生调和大众——村中众人皆在子弟学生之列，应加抚爱。村中人为公事常有两方意见不和者，调和之责全在学长。……"不但为公事两方意见不和要学长负责调解；于邻里有不睦者，亦要学长负责调解，勿使成讼。如《设立乡学村学办法》中所说："（十一）村学学长为一村之师长；……于邻里有不睦者应加调解，勿使成讼。……（十二）乡学学长为一乡之师长；……于乡党有不睦者应加调解，勿使成讼。"再如《学长须知》第四条亦说："于邻里有不睦者应加调解——邻里街坊本为旦晚照顾彼此相依之人，犹家有兄弟，身有手足，一些小嫌隙亟应消泯。若兴讼到官，结怨益深，不但耗财败家，后此子孙亦难共处。乡村不祥之事莫大于此。同村之人均宜劝戒，而调解之责，尤在学长。……"村众与理事为公事有了不和，调解之责更要靠学长。如《学长须知》第五条所说："要监督理事而调护之——理事为村中（或乡中）办公事的人。大凡公众的事，公众没法都去办，必得交托一人负责掌理。在此公众与负责人之间，很容易有问题争执，或发生流弊。所以遇到公事，大之一国，小之一家，总都不易办好。一面是一人难满众人意；众人每每不晓得局中负责人的难处，而责望太过，挑剔太多。一面是事权在手很容易措置失当，或滥用职权横行霸道，或借公营私。此时为学长的须要监督理事勿使生出弊病；同时还要调护他，勿使众人肆行攻击。怎样监督他呢？例如看他有骄横之处就背地忠告他；看他有阴私之处就赶紧规戒他。怎样调护他呢？事先忠告规戒，不让他闹出乱子来，就是调护他。要默察众人之意，而时常转告之，就是调护他。众人要说的话，先都由学长代为说到，自不致激出众人的话来。如果有人反对他，要设法替他解释，而劝阻反对者。总不要众人与他发生正面冲突。……"为什么这样怕他们正面冲突呢？因为一发生正面冲突，则纠纷便不易解决，将如前面我们所说：团体的事情就没法进行，就要停摆了。所以必须有学长这么一个人，一面代表众人监督理事；一面又要调护理事。总是使大家和好无间，乡村的事情才好办。可是，要想学长能调和众人，必须他自己先与人没有不和才行。若自己先与人闹起意见来，又如何能再调和众人呢？所以《学长须知》第二条即说："……独不许学长与人不和。必须自己与人没有不和的，才能调和众人。"但怎样才能让学长自己与人没有不和呢？这就只有让学长不负事务责任了。学长自己不负责办事，才不致与人发生问题争执，才可以避免与众人冲突。所以学长不负责事务责任，自居超然的地位，实在是个必要。如《学长须知》第六条所说："要明白以上的意思而自处于超然地位——总括以上的意思来说，就是要学长超居众人之上，好来监督众人调和众人。所以他自己不可再负责做事；做事就不免惹人反对，落入问题争执之中，再无人可以出来调和转圜。村学乡学办法上规定：'学长为一村师长，主持教育，不负事务责任'；又说：'村自治事务经村学倡导，由理事负责执行，而学长立于监督地位'。其意皆在此。"这些话都是说学长切不可负责作事，自己也落入问题争执中；如果学长也落入问题争执中，则再没有一个人可以出来调和转圜了，这是说村学学长。乡学学长义亦同此；不过他所照顾的范围又更大一点。如《学长须知》第七条："乡学学长义同于上，其所照顾更在一乡——乡学学长与村学学长同一意义；不过他所照顾的范围更大。他为一乡之师长，教导一乡之众，监督一乡之众，调和一乡之众。他要常与各村学长会面，了解各村情形，帮助各村学长。凡各村不能了结的事，就要到乡学学长面前了。"

讲到这里，就可以把以上的提问解答了。我们为什么不让学长负事务责任呢？就是为的要他站在超然地位，自己不致与人争执，自己与人没有不和，好来调和众人。为什么必须要齿德并茂者来做学长呢？就是为的要他能点醒大家向上学好的心，提振大家向上学好的劲。这便是我们所以要设有学长这样一个人的两点用意；也就是学长应有的两个作用。但这里又很容易让人发问——当我定这个办法的时候就有人这样问我："你说的怪好！能有这样（齿德并茂者）一位老先生来做大家的师长，当然是不错；可是，这样好的老先生哪里去找呢？我的回答是：天下事原来是无中生有，有都是从无中来的；现在虽然没有那样好的人，可以暂且对付着——不够十成，就是八九成，六七成，甚而至于五成也行。现在没有，将来村学的风气开了，慢慢地就会有啦！怎么说呢？因为人的好或不好都是活动的，不是死定的，今天他不成，明天也许就成啦！士别三日，便当刮目相待呀！比如说这个人也许偶有被人议论之处；但大体不错，就可以尊他为师。你一尊他，他也得自尊，就不敢再做被人议论之事了。他原是不十分够；可是，一尊他就对付着够了。所以只要你去求，"师"是可以有的。更何况事情不在一人，而全在大家的心理，全在大家能有向上学好的意思；大家都有心向上学好，向上学好成一种风气，则不待学长教导，大家都可以自教，自能向上学好。到那时候，也就不单靠学长一人了。因此我们的着重

〔怎样能有一位好的老先生作学长〕

> 提倡向上学好的风气

点是要提倡人人向上学好的意思，提倡这种风气；等到向上学好成了风气，乡村的事自然就好办了。

总括以上的话看来，大家就可以明白：我们这个村学乡学的全盘组织，就是由四部分人构成；这四部分人就是四个独立不同的作用；四个作用，缺少一面也不可；缺少一面，这全盘的大机器便运行不灵了。这四个独立不同的作用，还可以各用一个名词来代表他，就是：学众即立法作用；学董即行政作用；学长即监督教训作用；教员即推动设计作用。因此从表面上看我们这个组织也有许多地方与现行地方自治组织相似了。——其实不同，内里的意义很不一样。现在就拿他们来比较一下。

五　村学乡学与现行地方自治组织之不同

在现行地方自治组织中，有个乡民大会（或区民大会），那是一立法作用；有个乡公所（或区公所），那是一行政作用。从表面上看，这与我们的学众学董两个作用也很相似；其实内里的意义则大不同。我们学众的作用虽也是立法，学董的作用虽也是行政；而与乡民大会（或区民大会）及乡公所（或区公所）意义很不一样。说到我们学长的监督教训作用与教员的推动设计作用，更为现行地方自治组织所无（现行地方自治组织中虽也有个监察委员会与调解委员会；而与我们以学长行监督调解作用者比较，意味完全不同）。底下就分几点来看我们与现行地方自治都是有些什么不同。

村学乡学不提多数表决的话

前边我们曾一再地说：村学乡学要让团体里面的每个分子对团体生活都为有力地参加，要大家商量着办事；可是，我们虽说要大家商量着办事，却认为断不能用多数表决的方式。这便是我们与现行地方自治之不同。立法即团体意思的决定，当然要取决多数；而村学乡学独不用多数表决的方式，这是什么原故呢？我们曾经说过：一、多数表决与中国尚贤尊师的风气不合；而尚贤尊师为人类社会所必要，故多数表决不能用。二、多数表决是由权利观念来，发挥权利观念则易让人走分争的路；而此刻中国所最需要者为结团体，故多数表决不能用。我们必须发挥情义观念，本着情义关系，大家和和气气商量着办事，团体生活也许可以练习出来；否则一讲权利，各人要求各人的一份权，彼此分争对立，团体生活就永远培养不成了。所以我们在乡学村学办法中，虽然是处处想法子引导大家过团体生活，让大家商量着办事；可是，不敢提多数表决的话，我们只是说："尊重多数，舍己从人……"但仍怕固执尊重多数之义，遂又说："更须顾全少数，彼此牵就……"我们是要发挥伦理上互以对方为重的精神。

_{多数表决于中国不合}

按现行地方自治法令所规定，一村的事，必经村民大会正式开会议决才得进行。我们村学里（或乡学里）遇有事情也要学董常常开会，或召集全村（或全乡）人众开会，大家商量着办理。可是，我们对于这种集会，不直名曰村民大会（或乡民大会），不用正式开会的形式。我们只是对学董说："注意开会，用心讨论——学董会应按照暂行规程，有应付讨论之事就要开会；开会时并应用心讨论。……凡该开会不开会，该讨论不讨论，即为学董不尽职。"对常务学董兼理事者说："遇事公开讨论，以求多得人了解与赞助——无论县政府交办事件，或乡学议办事件，或本村照例举办事件，均应提出学董会公开讨论，并应于村学向村众报告以征众人意见。……"我们只是让学董会遇事开会，公开讨论，并不说多数表决的话；只是让理事于要办什么事情之先向村众报告报告，先向村众说说，并不用正式开会的形式。我们一面对理事这样说；一面也对村众说："开会必到，事事要从心里过一遍——……（全文见前）"，"有何意见即对众说出——……（全文见前）"。这样，理事遇事报告，村众常常来听，事事都听明白了，

_{不说多数表决的话不用正式开会的形式}

事事都从心里过一遍，这就算是我们的村民会议。比如理事报告："现在我们要办一件什么事情了！"这个时候，大家听罢，如果没人说话，没有什么不赞成，即等于大家同意通过，就可以接着去进行。如果这件事情对于大家不利，那么，大家都在场，就不由得要说话，话说出之后，就可以引起讨论，讨论的结果假使都说不行，理事也就设法强办；如系政府委办事项，亦只好将众情转达政府，暂请缓办。这样看来，我们这种办法，不也就是一个立法作用的表现？不也就是一个很好的村民会议吗？还有我们不但要理事于事先向村众报告；并且事后仍要向村众报告。如《设立乡学村学办法》第十三条所规定："理事办理政府委任事项及本村自治事务，除应随时在村学报告于村众外，每月应有总报告一次。"所谓随时，就是说：也许在事先，也许在事后，也许正在进行，总要随时报告。但又怕他报告的少，遂规定每月要有总报告一次。随时要报告，每月又有总报告，这样要理事勤于报告有什么意思呢？在我们看这很有意思。这一条轻描淡写的好像很平常；可是，我们自有深的用意。我们让办事人勤于报告，让村众常常来听，听了表示意见，给他一个练习着表示公意的机会，慢慢地作到有力地参加，这就是一个很好的立法作用的表现，就是一个很好的村民会议。总之，我们是不愿意一上来就采取正式开会的形式，不愿意用多数表决的办法。村民会议如此，村学乡学学董会亦都是如此。试看《村学学董会暂行组织规程》上所说："本会于下列事项付讨议后，交常务学董执行之……"；《乡学学董会暂行组织规程》上亦说："本会于下列事项付讨议后，交常务学董执行之……"我们只是说"讨议"，并不说"表决"。我们总是希望大家在情义上对付着过团体生活；常以全体一致之意思表示于外，不使他有裂痕，不使他强压弱。死板的定下服从少数固然说不通；死板的定下服从多数亦不合适。所以我们都不敢定，总是让大家在情义上对付着商量着办事，彼此牵就，互相让步。有时你牵就他，有时他还要牵就你，总要养成一种合作商量的风气，养成一种彼此相让的礼俗。这样像是太无凭准，但若一从外面求个凭准，便落在法律上，落在法律上便死板，死板便不能讲情义，便不是礼俗生活了。而在中国乡村社会中，大概是要走情义的路，走礼俗的路才行。

<养成一种商量的风气相让的习俗>

村学乡学不提自由权的话

我们认为站在团体的立场来说，是应当尊重个人的；可是，个人自己却不能说："团体非尊重我不可""团体决不能干涉我"。这样说法，落到"个人本位""权利观念"就不合适了，就与中国的伦理道理不合了。不但与伦理的道理不合，尤其是不合此刻中国的实在情形。怎么说呢？因为如果把自由当做权来讲，则乡村有许多事情都不能办了。例如妇女缠足，是一种很不好的风俗，必须劝她放，不放就应当干涉她；可是，她如果把自由权一讲说："脚长在我身上，我缠我的脚，缠大缠小，并不妨碍团体的事，你问不着！"这不是就没有办法了吗？这样把自由当做一种权来讲，岂不是乡间有许多事情都不能办了吗？可是我们认为现在乡间有许多事情不能不办，有许多地方须要改革，须要进步；所以有许多地方还不能一听个人的自由，不能不干涉个人。不过这种干涉个人，并不是抹杀个人的自由，而是对于自由另有一种新讲法。前边我们已经说过：现在西洋对于自由的解释亦已转变，认为国家所以承认个人自由，是为的让个人好，让个人能充分地发展他的个性，所以如果个人不努力向上，反自甘堕落残害自己，则国家仍要干涉他。现在中国也正好这样讲法。换句话说，公家干涉个人，不是从法律的意思来，而是从教育的意思来；所以干涉你，不是因你犯法，而是为的让你

<讲自由权与中国伦理道理不合尤其不合此刻中国实情>

<自由的新讲法>

好，为的帮你的忙。例如戒吃烟，戒缠足，不看成是以法律办你，而看成是教育你的意思。从个人自己说，则是放在道德上看，是为的自己要向上学好；要学好，就有的地方须请教于人，须受人指导；人家指导自己，不能看成是自己受干涉。现在我们就是从这两个意思（教育、道德）来干涉个人：从教育的意思，所以在《乡学村学办法》上说："（十一）村学学长为一村之师长；于村中子弟有不肖者应加督教，勿使陷于咎戾……（二十）乡学学长为一乡之师长；于乡中子弟有不肖者应加督教，勿使陷于咎戾……"《学长须知》中亦说："于村中子弟有不肖者应加督教……（全文见前）"。这都是说学长负有教育村中（或乡中）子弟之责，对于村中（或乡中）子弟，应当本着教育他的意思来管教他，本着爱惜他的意思来训饬他；看他在道德上稍微有点不对，就应当及早督教他，或背地规劝他。不要等他小恶养成大恶，陷于咎戾，触犯刑罪。从道德的意思，所以在《学众须知》中则说："要接受学长的训饬——学长以其在父老的地位言，众人大都为其子弟；子弟应听亲长的话。更以学长居师位而言，众人都算学生；学生应听师长的话。凡学长对村中众人或哪一个人有训饬教戒的话，众人或那一个人皆应接受。"学长是领导众人学好的，众人应当本着向上学好的意思，接受学长的训饬教戒；不要把这种训饬教戒看成是干涉自己，而应认为是教导自己学好的意思就对了。总之，我们是想慢慢地养成一种管教的风气；不愿意在法律上死板的定下一准干涉或一准自由。换句话说，我们是要把自由或干涉放在教育的意思上，放在道德的意思上；不把他看成是法律问题。

> 从两个意思来干涉个人

> 养成一种管教的风气

村学乡学不用无情义的办法

我们要知道：现行地方自治组织是完全按照西洋政治的原理原则（西洋政治的原理原则即牵制与均衡之势，此理后详）来安排的；其运用之道，亦完全是借对立分争之势，一切由法律解决，用强硬手段相对待。这在我们看来未免太无情义了。试看《修正乡镇自治施行法》第四十一条规定：

"乡镇居民有下列情事时，乡长或镇长得分别轻重缓急报由县政府或区分所处理之：

一、违犯现行法令者；

二、违抗县区命令者；

三、违犯镇自治公约或一切决议案者；

四、触犯刑法或与刑法性质相同之特别法者。

有前项第四款情事，乡长或镇长得先行拘禁之；除分别呈报区公所及县政府外，并应即函送该管司法机关核办。"

拿他这个规定与我们的办法（如前边所引的《设立乡学村学办法》第十一条及第二十条来比较，就可以看出他这种办法太缺乏情义，太缺乏彼此爱惜之意了。照他的规定，乡镇居民犯了上列四款情事之一，乡镇长就可以把他如何如何（有的乡镇长自己就可以治他罪，有的乡镇长自己办不了便送区公所或县政府等）。你犯了错，即送官去办；送官之后，是打是罚，我一概不管。这是多么无情无义的办法呀！论理乡长即一乡之尊长，对于乡镇居民应加爱惜，看他有不对处应及早规劝他，不要等他犯了法再治之以罪，所谓"一村学学长为一村之师长；于村中子弟有不肖者应加督教。勿使陷于咎戾……""乡学学长为一乡之师长；于乡中子弟有不肖者应加督教，勿使陷于咎戾……"这样才是尊长的责任，才是尊长爱惜子弟之道。本来一乡一村即等于一家，一家之中彼此应当有情有义，乡党邻里之间也是一样，不能用强硬的法律解决的办法；一用法律则有伤情义了。中国人尤其是乡下人情义特别重，对这种有伤情义的办法如何能受得了？所以我们就不得不把他变了，把原来用法律的我们改用德教，不用法律解决而用教育的意思，从教他向上学好爱惜他的意思来规劝他。如《村学乡学须知》中所说："学长是要领导

〔乡长对乡民无情义〕

众人学好的。凡不学好的人应本爱惜他之心而训饬他。或背地里规劝他，不令人知，以给他留面子。不要等他小恶养成大恶，触犯刑罪……"这样就对了。

<small>乡民对乡长亦无情义</small>　　在现行地方自治组织中，不但乡长对乡民是无情义；乡民对乡长亦同样的是用强硬无情的办法对付他。例如在他的组织中有一个监察委员会，这个监委会的作用就是来监察乡长的；乡长有了毛病，监委会便可向乡民大会检举他，如果乡民都说乡长不好，便可以把他罢免了——四权中有个罢免权，那就是预备着如果乡长违法失职时，便可以开会罢免他。"你不好，罢免你！"这种手段是多么无情呀！中国人最爱面子，这种办法他如何能受得了呢？尤其是位居乡村领袖的乡长，本来在乡间是较有体面的人，一旦被大家罢免，这未免让他太难堪了！可是，我们不用这种强硬无情的办法，又用什么办法呢？我们不能保证乡长准不出毛病呀！因为"事权在手很容易措置失当，或滥用职权横行霸道，或借公营私"；这些毛病都是在所难免的。那么，乡长出了毛病又怎么办呢？本来在西洋政治中有所谓"牵制与均衡"的原理，中国现行地方自治组织也就是按这个原理来订定的。例如这边有个乡公所，那边就有个监委会；乡公所是个行政机关，监委会即一监察机关。彼此对立牵制，互相抵制。其意即想借此得到一个均衡，让乡长少出毛病。但彼此对立牵制，互相抵制，乡长与乡民互有制裁力（乡长可以逮捕拘禁乡民；乡民亦可以开会罢免乡长），互以强硬的手段相对待，这实在是太无情义了，中国人决受不了。我们深知中国人受不了，所以不敢用这种办法。在我们就是要这样办：把监督的责任放在学长身上，如《村学乡学须知》中所说："照乡学村学办法的规定，学长是正监督理事的人。……照现在各处地方自治，对于乡镇长都有监察委员会监察他；我们不设监察委员会，但其事则交给学长了。"我们把这个事情又转了一个弯，把监督理事的责任转到学长身上；不设监察委员会，而让学长以师长亲长的地位本爱惜他的意思来监督他。又如

我们则让学长本爱惜他之意来监督理事

《学长须知》中所说:"……为学长的须要监督理事勿使生出弊病;同时还要调护他,勿使众人肆行攻击。怎样监督他呢?例如看他有骄横之处就背地忠告他;看他有阴私之处就赶紧规戒他。怎样调护他呢?事先忠告规戒,不让他闹出乱子来,就是调护他。要默察众人之意,而时常转告之。就是调护他。众人要说的话,先都由学长代为说到,自不致激出众人的话来。如果有人反对他。要设法替他解释。而劝阻反对者。总不要众人与他发生正面冲突。到必不可调停之时,即劝理事辞职,或速谒县长报告,以便撤换。"这处处都是爱惜他的意思,对他总不忍用强硬无情的办法。学长对理事如此,

学众亦应爱惜理事

学众亦应有爱惜理事之意。故《学众须知》中说:"要知道爱惜理事——何谓爱惜理事?就是要监督他。'君子爱人以德,小人爱人以姑息';监督他,勿使他陷于不义,正为爱人之道。凡有劝谏的话,无妨以友谊进一言。……"但只可以友谊劝谏,对他切不可存挑剔反对之意。如《学众须知》第十二条所说:"要知道信任理事——理事为我们一村办事的人;既要他为我们办事,便应当信任他,不可存挑剔反对之意。他办事若有疏忽错失应原谅他。……凡可以替他省事之处即替他省事。"总应存着一个爱惜他的意思。若真是看他有不对了,亦不要与他正面冲突;最好有话对学长先说,由学长转告他。这样转一个弯,让学长来负规劝的责任,就可以避免强硬无情的办法了。

调委会的办法亦与中国乡村不合

现行地方自治组织中又有个调解委员会,其用意亦不错,是想让乡下人少打官司;可是,若真真按自治法令所规定者来组织,按手续来办事,则不但不能调解纠纷,反让纠纷更多了。这是什么原故呢?就是因为这个调解委员会的办法与中国乡村不合,他仍是走法律解决的道,他虽不是个正式法庭,而按他条文所定亦是要按法律手续办事,与法庭仍是一气,不啻为法庭的下一级;但中国乡村的

事却断不能用法律解决的办法,必须准情夺理,以情义为主,方能和众息争;若强用法律解决,则不但不能够调解纠纷,反更让纠纷易起。所以我们不设调解委员会,而把这个责任也归在学长身上,让学长来负调和众人之责——这个意思在前边讲"学长的作用"一节中已说过,如"村学学长为一村之师长,……于邻里有不睦者应加调解,勿使成讼","乡学学长为一乡之师长……于多党有不睦者应加调解,勿使成讼","……而调解之责,尤在学长。……总期村内自了,不必到官"等话。我们也是不愿意乡下人打官司;但我们不愿用调解委员会的办法,我们是要学长来负责调解纠纷,一面用道理责勉,一面用情感调和。可是,这个责任学长怎样才能做到呢?第一必须如前边所说:"独不许学长与人不和。必须自己与人没有不和的,才能调和众人。"第二必须如《学长须知》中所说:"主张公道,偏私不讲理之人必折之以正义。"这第二点换句话说就是:学长必须准情夺理,按情理来评判是非才行。准情夺理,以情义为主,不囿于法律条文,这才是乡村和众息争之道。

总之,在村学乡学这种乡村组织中,没有监察委员会,亦没有调解委员会;我们把这两项事情都归于学长来负责,让学长来尽监督理事,调和大众的作用。我们为什么要这样安排呢?要紧的一点用意就是:在我们的团体(村学乡学的团体)中,遇有问题发生,不愿意用法律解决的办法,必须彼此有情有义相对待。我们解决纠纷,是要以情义为主,不囿于法律条文。换句话说,我们是要以代表情理的学长来监督教训大众,把法律问题放在德教范围内,这样就对了。这便是我们与现行地方自治组织的一个大不同。

> 把法律问题放在德教范围内

村学乡学中推动设计作用之必要

"推动"、"设计"这是我所想出来的两个名词,别人听了或者觉得很新鲜,看不出是什么意思来;但在我想这是村学乡学中很必要的作用，是中国此刻的乡村组织中所必不可少的东西。我们要知道：中国此刻不是一个平常时候，乃一文化大转变社会大改造时期，此刻的社会，尤其是内地乡村社会，须要赶快进步，更应是有方向的进步。但怎样才能做到呢？这就有待于推动与设计了。本来往前进这件事是很天然的，是谁都会的，人都是活的，哪个地方好，哪个地方合适，他自会往哪里奔，他自会往好处进，论理可以听他自进，用不着你去推动，不要你格外用力；可是，我们说过：此刻乡下人因为国际与国内的两重压迫，天灾与人祸的两种摧毁，已陷于窘闷无主意志消沉之中，几丧其乐生之心，无复进取之意，对这种心理如果不能加以转移开导，则他决不会自进。更兼农民素有因循、苟安、模糊、迂缓等习惯，对于许多重要的事都不知注意，不知改良。例如前边一再举过的缠足、早婚、酗酒、赌博、吸食毒品、不讲卫生等恶习，如果没人提醒他，警告他，催他去改，则永无改除之一日。所以推动他进步实在是个必要。但是单把乡下人推动就够了吗？这还不够，还要代为设计。因为有许多事情，如谷贱、天旱、兵灾、匪患等问题，你对他说："这件事情如何要紧呀！"往往他虽承认了，注意了，而终于想不出办法来。此由问题太大，乡下人脑筋简单知（浅）[识]短浅，实无从了解认识其来源而发见一个解决之道。所以我们还必须替他想办法。换句话说，就是还须要领导他；领导他为有方向的进步更是必要——以上两点意思，在讲"教员的作用"一节中都曾讲过。在《乡农学校的办法及其意义》中亦曾说到："……我们一向认为此刻中国顶要紧的问题，是如何使社会进步的问题。并且要注意，此进步必须为有方向的向前进。原来人是活的，社会亦是活的，自能进步的，无待你推他而后进。但是中国的全社会，此刻是陷于矛盾扰乱之中；再就基本的乡村社会说，又是入于沉滞不动枯窘就死的地步；所以不是摧残进步、妨碍进步的，

（旁注：此刻中国是一文化大转变社会大改造时期）

（旁注：推动作用之必要）

（旁注：设计作用之必要）

便是疲顽不进的。此时非认明白一合适方向把定往前作,不能宁息纷乱;非作推动功夫领导功夫,将必不能进步。……"总之,一切事情都要如此:从对人的提醒上说,谓之推动;从替他想办法上说,谓之设计。推动设计,实在是村学乡学中必不可少的作用。

> 推动设计作用只能在村学乡学中才能有

可是,这种作用也只能在村学乡学中才能有;因为我们开头即点明在村学乡学这个组织中,大家是要"齐心学好向上求进步"的;要向上学好求进步,才肯接受别人的领导,推动设计的机关才有用。如其不然,在自治组织中安上这么一个作用,一定要陷于一种矛盾:一面让他自治,事事要他自己去办;一面又要推动他领导他,事事都要干涉督迫他。这不是矛盾冲突了吗?但

> 村学乡学亦非不讲自治

我们讲推动设计,也不是不讲自治,原所为设立村学乡学之意,即在促成自治。如《村学乡学须知》中所说:"村学乡学应处处着眼为地方自治团体之完成——原所为设立村学乡学之意,即在促成自治。是以村学之组织隐然即一村之自治组织,村学之工作(尤其是乙项社会改良运动社会建设事业的工作)实即一村之自治工作。乡学之组织隐然即一乡之自治组织;乡学之工作实即一乡之自治工作。……"我们也是处处着眼促成地方自治。不过,我们不把自治呆板的死讲,是把他讲活了。团体的事,不一定要正式开会多数表决才算自治;

> 须把自治讲活了

只要是有眼光有知识有头脑的人提醒大家,替大家想出办法,大家都想一想以为不错,都同意承认了,然后再去办,这便算是自治。换句话说,只要能极力启发地方人的自力,让他对团体的事都关切过问,对团体生活都能为有力地参加,这便算是自治。更明白点说,就是:只要多数分子不是好歹不管,完全听受上边的支配,就算自治。总之,我们认为被动固然不对;而在主动中接受别人的领导亦未始不对。在人类社会中,一般人是应受贤者智者领导的——此意前边已讲过,这里不再多说,只说这么几句话:以上我们说此刻中国是一个文化

大转变社会大改造时期，在此时期中推动设计作用是个必要；这也就等于说：此刻需要推动设计的作用乃一变例。那么，将来社会进步多数人程度增高之后，是不是不要这个变例而恢复常态呢？换句话说，是不是取消这个推动设计作用而全听多数乡民自己表决呢？照我看大概不能如此。现在我们设有这个作用，仿佛是个变例；而此变例亦很合常理，他始终是要如此的。这是因为知识学问这个东西，天然是多数人不如少数人，天然不能普遍齐一（知识学问越进步，越专门化；越专门化越不能普遍）；故人类在知识上讲，在生活方法上讲，都要常常受教于人，受人领导。也可以这样说：理性越发达，文化越进步的社会，越应当尊重学术尊重专门知识；这恐怕是一个永远的必要。所以团体的事，应由有专门知识学问有头脑眼光的人来领导大家，常常提醒大家，替大家出主意，等大家了解承认之后再去做，这实在是一个最好的，最理想的，最富于理性的社会（理性社会天然要尊重贤者智者，受他的领导），不然，多数无知识的人妄自作主，那才真是无理性的社会哩！

六　村学乡学的功用

从以上村学乡学与现行地方自治组织之比较，我们更可以见出村学乡学这个组织是一最完善、最妥当、最合中国实情的组织；从此做去，他能够尽其改进社会之功，让中国社会继续不断地往前长进，让中国完成一个没有缺欠的文化。前边我们说过，此刻中国有两大缺欠：一即团体生活；二即科学上的知识技能。故此刻中国人讲求组织时有应特别注意的两点：一让团体里面的每个分子对团体生活都为有力地参加，渐以养成团体组织；二让内地乡村社会与外面世界相交通，借以引进科学技术。现在村学乡学这个组织对于这两点就顶合适，他顶能做到这两点。底下分开来讲：

（一）能使内地乡村社会与外面世界相交通借以引进科学技术

对于这一点，用村学乡学的办法顶合适，别样的组织便不容易做到；我们不用远说外国，即就国内看，除了村学乡学的组织办法之外，无论南北何处的乡村组织以及政府所规定的乡村组织（即指现行地方自治组织），都没有照顾到这一点，都缺短吸收外面新知识方法的意思。而在村学乡学则一上来即提醒点明：在这个组织中大家是要"齐心学好向上求进步"的；点明这个意思，则能开出一个口儿来与外面相交通，吸收外面的新知识方法了。这个吸收外面新知识方法的意思，我们开头即提醒点明；不但点明，并且有办法。我们的办法是怎样呢？试看《设立乡学村学办法》中所说：

> 村学乡学开头即点明吸收外面新知识方法之意

"村学受县政府及乡学之指导、辅助……"我们所以要村学受乡学及县政府之辅助、指导，就是为的要他能与外面通气；村学向上通气，连到乡学；乡学再向上通气，连到县政府；县政府再向上通，就通到研究院；研究院是一全省训练人才研究学术的机关，他包括得更宽，可以通到全国各地的学术团体机关，又可以通到国外的各学术团体机关。这样从小处与大处通，从内地与外面通，一步步通上去，村学就可以与外面大世界相交通了。再看《邹平县政府建设实验区计划》丙项社会改进机关之设置实验："（一）本实验计划既集中力量于推进社会之工作，则自县政府以次固悉为社会改进之机关。于此其间，以所有改进事项之繁，则不能不分门别类，各置机关有其横的组织；又以一县面积之大，户口之多，则不能不划若干大区，更分若干小区，各置机关，上有统属，下有责成，而有其纵的组织。除上级横的组织之机关属于县行政组织，详见甲项计划外；其纵的组织之下级机关，即因乙项计划中所划编之乡村若干大小区域而分别设立之。是即乡学村学是。此项机关之设置，既因其地方原有之社会形势，又即以其地方社会中人为组织主体，居于推进社会之最前线而实施其推进社会之功，特称为社会改进机关。"这一段的意思就是说：村学乡学的设置，因为他是"因其地方原有之社会形势，又即以其地方社会中人为组织主体，居于推进社会之最前线而实施其推进社会之功"，所以

"特称为社会改进机关";可是,社会改进的机关,不单是村学乡学。"自县政府以次固悉为社会改进之机关",县政府以下各机关通统是来推进社会的。例如县政府内各科,虽是不直接推进社会;但他实在是间接地作工夫,他是村学乡学的后方,村学乡学的后盾,村学乡学所需要的材料方法,多半要靠他来帮助供给。这样由村学到乡学,由乡学到县政府,有其纵的组织;由县政府再到研究院,一步步通上去,就可以与外面世界相交通了。若问:所谓"……有其横的组织"这句话怎么讲呢?这是因为一县的社会改良运动社会建设事业不止一端,如风俗习惯的改良,乡村自卫、乡村卫生、合作社、庄仓、金融流通处等等的设办,改良棉种等农业问题,轧棉纺织等工业问题,应该指导的事情实在很多;事项既然繁多,就不能不"分门别类,各置机关",不能不分科分股,各管其事。如县政府里面有一、二、三、四、五各科,就是各有专责的横的组织。总之,我们这套社会改进的机关,横着看是"分门别类,各置机关,有其横的组织";纵着看是"上有统属,下有责成,各有其纵的组织"——由村学到乡学,由乡学到县政府,由县政府再到研究院;后方有这么一个最高机关来指导、辅助,供给方法材料,这套社会改进的机关,才真能尽其改进社会之功。所以若问:我们为什么要这样内外相通上下相连?分开来说,就是这两点意思:

1. 要想内地乡村社会得到外面新知识方法的帮助必须内外相通上下相连——前边我们说过:乡村的事,乡下人自己办不了;乡村问题的解决,虽然要靠乡下人为主力,而因为他知识短浅,对于问题没有办法,故必靠有外面新知识方法的帮助,问题才能得到解决。但怎样才能得到外面的帮助呢?这就是靠村学能作一个上下通气的媒介,内外交通的桥梁;有这么一个村学与外面通气,新知识方法才能吸引进来。村学乡学又怎么能与外面通气呢?这是因为村学里的教员是从后方最高机关派下来的(这里要声明一句:村学教员不一定必是外边人,本地人也行;但他必须与外面联合,与上边机关连成一条线。否则不能发生他应有的作用），他就是代表新知识方法的，由他与外面沟通，新知识方法就可以不断地输送进来了。以上这些意思，前边都已讲得很详细，这里不再多说了。

  2. 要想学术机关得到本地实际问题作研究，使学术有真进步，于社会为有用，必须内外相通上下相连——我们近几十年来，虽然极力想引进西洋的科学技术，但为什么老引进不来呢？这就是因为过去盖徒作空的学理上的探讨，而不能在实际问题上研究；尤其是单研究外国的学理，而未能研究本地的实际问题。所以讲来讲去与实际问题都不发生关系，学术上不能有真进步（仅能摹仿传习，没有创造；没有创造，就非真进步）。从学术本身说是没有真进步；从社会方面说，学术与社会不发生关系，便是无用。那么，这将如何救正呢？这也要靠村学与外面通气，靠内外相通上下相连。如《村学乡学须知》中所说："教员若能不断以地方种种问题需要向上级请示索求，则上级机关自不能不为种种问题之研究，……"教员不断地把地方实际问题送达上级机关，上级机关根据实际问题作研究，这样研究才不落空，才有真进步。"……如是则在学术研究上自有切实进步，不断地向前。"学术进步，研究出来的办法都是有用的，社会亦就得到满足；"社会既得到满足，学术亦因以进步；学术进步，社会更得到满足。"如是则此连锁循环之作用自开展无已，这实在是内外相通上下相连的一个顶大的好处——此意前边亦曾说到。

> 村学乡学的好处就在使内外相通上下相连

  村学乡学的好处，就在使内地乡村与外面世界相通，使下边社会实际问题与上边学术研究机关相连；内外相通，上下相连，学术研究才能有用，新知识方法才能引进来。前边我们不是说过吗？现在中国虽然是顶缺乏科学上的知识方法，顶需要补充知识方法；可是，我们不能就把外国的知识方法整套的往家搬。我们曾举农业作例，说我们不能就把外国的农业方法整套的搬进来，只能借人家的作参考，就着自己原有的农业加以改良（改良才是搬方法的最好的方法，直接搬方法是搬不来的）。所以我们说：与其派留学生到外国去学农业，倒不如在国内设立农业试验场；有了试验场，再派留学生才有用。可是，单设试验场就够了吗？

> 必靠有村学乡学新知识方法才能引进来

试验场也不过是个研究改良的机关，研究改良之后，不能推广也是白搭。所以我们又说：若没有乡村组织，单设农业试验场无用；试验场研究改良出来的方法，必靠乡村组织帮他推广介绍才行。所谓乡村组织，就是现在的村学乡学；必靠村学乡学，新知识方法才能输送进来——这是以上所说的第一点意思。再就第二点意思来申论：试验场要作研究改良的工作，也总得先知道本地农业上有什么问题才好据以研究。如改良碱地，他得先知道这里是什么碱地；改良肥料，他得先知道我们原用的肥料有什么缺点；改良种籽、改良种棉等等，都要先知道本地农业的状况。知道了自己原来的缺点，才好据以研究改良进步。关于这一点，也是要靠乡村组织来帮忙。

> 上级学术研究机关必靠村学乡学的帮助

而村学乡学这个组织，他就顶能够给试验场作一个有力的帮助；村学乡学可以把地方上的实际问题送达试验场。例如要想改良土壤，即可由村学乡学把本地的土壤包一包送给试验场，请他化验分析，看有没有碱性？碱的成分轻重？然后再研究怎样改良？他如改良种籽、改良肥料、治病虫害等等，都要靠村学乡学帮助外面或上级学术研究机关，使他清楚本地实际问题，才好进行他的研究工作。并且研究改良出来的方法，也好借村学乡学输送下来，使上级学术研究机关所有的好方法见之实用，对社会发生实际作用——这是就上级学术研究机关一面说；若就乡村一面说，便是内地乡村社会能够得到外面新知识的帮助，这又属于第一点意思了。

> 总结几句话

总之，问题上达，方法下达，这便是村学乡学的一个顶大好处；不然，若没有村学乡学这个组织使内外相通上下相连，则我们的要求都不容易达到了。如此刻中央在南京设有农业试验所，请了许多外国顾问，许多农业专家；但是如果没有一个下层组织替他作上下传递的工作,那些专家顾问又怎能施展他们的本事呢?他们想了解各地农业上的问题情形很不容易,派专员去考察吧?哪能考察得周到!全国两千多县,三十多万乡村,如何能把各地的情形弄明白?再则就让研究出改良的办法来,不能推广,也是等于没有研究呀!所以必须靠村学乡学这个下层组织,使内地乡村社会与外面世界通气,能通气就成了——村学通乡学,乡学通县政府,县政府通研究院,研究院通中央农业试验所,中央农业实验所还可以再通外国,这样就成了。农业如此,别的事亦如此;通统要内外相通上下相连。村学乡学就顶能够做到这一点。

(二)能使团体里面的每个分子对团体生活都为有力地参加渐以养成团体组织

> 要想组织能尽其功必先本身作得好

由上所述,我们知道村学乡学这个组织,其功用很重要;可是,我们想要他能尽此功用,必须组织的本身先能做的好。换句话说,必须团体里面的每个分子对团体生活都能渐(注意渐字)为有力地参加。能够做到这一点,团体才能有生机有活气;有生机有活气,才能吸收外面的养料,引进外面的新知识方法。团体靠什么?单说"团体"一词是空的,团体全靠一个一个的人;一个一个的人不能有力地参加团体生活,只是少数人在那里操纵把持,借着公家(一村或一乡)名义做事,多数人都不关切过问,团体就空了;一空,就没有了生机活气;没有生机活气,就不能与外面交通;就是外面输送来新知识方法,也不能接受,也不能吸收了。好比一棵植物,必须他本身是活的,有生机有活气,然后才能吸收外面的养料(阳光、肥料、水分等);能够吸收养料,才能生发滋长。不然一块死木头植在地里,虽有充分的养料,他也不能吸收。所以乡村组织,必须内部有生气;换句话说,乡村的事,真真是大家的事,不是一两个人的事,大家都高高兴兴地热心参加,这样组织就活了;组织活了,外面的新知识方法才能输送进来;他自己也才能吸收。不然，如现行地方自治中的乡公所，要想借他引进外面的新知识方法便大不易。因为从表面上看，他这套组织，虽也是乡公所上连区公所，区公所上连县政府，县政府上连省政府，省政府上连中央；中央下命令给省政府，省政府转县政府，县政府转区公所，区公所再转给乡公所；这一套也是节节相连，也是连成一条线，好像也能与外面相交通；可是事实上他为什么不能呢？就是因为乡公所区公所并不是一个真正的乡村组织，他只是从外面安上去的一个机关，乡下人并没有为有力地参加这个团体生活，只是一两个人在里面照顾着办点公事而已；这样的组织，乃是空的假的，没有生机活气，所以他不能吸收外面的新知识方法。那么，我们看村学乡学这套组织能不能让里面的每个分子对乡村的事情都渐为有力地参加呢？我们可以回答说："是能的。"不过，在这里大家要注意这个"渐"字；我们虽然是轻轻地下了这个"渐"字，可是，意义却很重要。

> 乡公所不能引进新知识方法

> 村学乡学能让分子都渐为有力地参加

我们可以说：村学乡学的办法与其他乡村组织（现行地方自治组织等）的不同处，就在这一点，就在我们着重"渐"字。若问我们为什么要着重这个"渐"字呢？这有两层意思：

> 注意渐字

1. 中国人过团体生活尚须学习——开头已经说过：我们深深地看清楚中国人不会过团体生活，缺乏纪律习惯，没有组织能力；所以我们中国此刻最需要的第一点就是"培养组织能力，实现团体生活"。可是，组织能力怎样培养，团体生活怎样实现呢？在我看，这就得慢慢地做到。换句话说，就得慢慢地养成习惯。说到习惯，实在是顶要紧的一件事；人的生活，无事不靠习惯。例如小孩子走路，就是慢慢习惯成的；他原先只会爬，不会走；从不会走到了会走，会走就是习惯养成的。再如小孩拿筷子，也是靠习惯；他原先本来不会拿（拿筷子不是个容易的事，不但小孩子不会拿，外国人就很不会拿筷子），要想会拿，必须慢慢地养成习惯。拿笔写字也是一样，一上来很不容易；等到习惯熟了，才能写得好，写得快，运用自如（老粗军人拿笔比拿枪都费事，即因他没有习惯）。骑脚踏车也是同样的道理，必须养成习惯；没有习惯，一上去就要跌下来。总之，人的生活，无事不靠习惯；对团体生活，如果没有习惯，一定过不好，亦如骑脚踏车一样，没有习惯一定要跌下来。所以现在中国人对于团体生活尚须慢慢地学习着来过，慢慢地学习着有组织能力。在这个入手学习的时候，不能马上就有一个正式团体组织；所以一上来我们只办村学乡学，而并不马上成立一个正式的自治组织，就是因为这个原故。如《邹平县政建设实验区计划》第四条所说："乡村各自治区划确定后，现在且不成立其正式自治组织。所有各该乡村自治事务，参照本计划大纲丙项社会改进之实验计划，以各该乡学村学因应机宜试为进行之。期于从事实上逐渐发展其地方团体生活，养成其公民组织能力。而后其自治组织自然形成出现，国家乃从而正式承认之，著为法规。"我们是等事实上地方团体生活，公民组织能力已经逐渐发展养成，大家已经养成习惯，事实上已经做到；然后国家乃从而正式承认之，照已有的习惯著为法规。这样，才是真的团体。不然，如现行地方自治的办法：先定出自治法规来让人民照法规去组织，说："你们去自治吧！"他们（乡下人）素无这种习惯，怎能做得好呢？总之一句话：我们是先让他养成习惯，然后再把习惯写在条文上；不是把条文写在法规上就算完事。换句话说，我们是先有习惯，后有条文；而他们则是没有习惯，只有条文。这个不同很大。在《村学乡学须知》开头也曾说："……这村学乡学意在组织乡村，却不想以硬性的法令规定其组织间的分际关系，而想养成一种新礼俗，形著其组织关系于柔性的习惯之上。所以实验计划中设立村学乡学办法的各条文，其意都很含蓄，且颇富弹性。须待离开立法口吻，另从教育立场，详为指引点透，而后一般人知所循由，新礼俗习惯庶几得以养成。……"我们的整个《村学乡学须知》，都不是法律条文，都是想养成一种新礼俗习惯；而礼俗习惯，则天然的要渐渐养成。

2. 中国式的团体生活尚待开创——更深切言之，我们所以要着重"渐"字，是因为中国团体生活的规模、样式，尚待开创。本来所谓"团体里面的每个分子对团体生活都为有力地参加"，即普通所说的民主或民治；而现在世界上所有的民主或民治，照我看，其规模样式（注意我说的只是规模样式）我们仿行起来都很不合适，我们须要在民主或民治里边开创一个新规模新样式。这就特别难了；摹仿还比较容易，开创则极难，开创新例，非慢慢地试探着来不可，亦即非"渐"不可。将来中国的民主民治，其规模样式是怎样，我们初不知道，现在我们只能慢慢地试探着摸索着去创，只能慢慢地做到。所以我们要看重这个"渐"字。

总之，我们要想内地乡村社会与外面世界相交通，吸收外面的新知识方法，新科学技术，则非靠乡村组织本身先能作得好，乡村本身有生机有活气不可；而想要乡村有生机有活气，则非让乡村里面的每个分子对乡村的事都为有力地参加不可。可是，这个事情，中国人素无习惯，又无成例可学，所以就必须渐以养成，渐渐地开创出一个中国式的团体生活来。

> 总括以上的话来说

总括以上的话来说，村学乡学的功用是什么？我们安排这套组织，其用意就在：使乡村里面的每个分子对乡村的事都能渐为有力地参加，使乡村有生机有活气，能与外面世界相交通，吸收外面的新知识方法；能引进新知识方法，则乡村自能渐渐地向上生长进步，成功一个真的团体，扩展为一个新的社会制度。所以乡村建设，与其说是乡村建设，不如说是乡村生长；我们就是要乡村好像一棵活的树木，本身有生机有活气，能够吸收外面的养料，慢慢地从一株幼苗长成参天大树。换句话说，乡村建设，就是要先从乡村组织做起，从乡村开端倪，渐渐地扩大开展成功为一个大的新的社会制度，这便叫做"乡村建设。"